사이 · 너머 between & beyond

여해 강원용의 삶과 현대사의 발자취

사이 · 너머 between & beyond
여해 강원용의 삶과 현대사의 발자취

엮은이 여해와 함께
편집 강영숙
멋지음 신혜정 안상수

펴낸날 2011년 12월 10일
펴낸곳 대화문화아카데미
등록 1976년 6월 24일 (제2-347호)
우 110-848 서울 종로구 평창동 473-6
전화 02-395-0781
팩스 02-395-1093
이메일 tagung@daemuna.or.kr tagung@chol.com
홈페이지 www.daemuna.co.kr

ISBN 978-89-85155-37-3 03200
값 35,000원

이 도서의 국립중앙도서관 출판시도서목록(CIP)은 e-CIP홈페이지(http://www.nl.go.kr/ecip)와
국가자료공동목록시스템(http://www.nl.go.kr/kolisnet)에서 이용하실 수 있습니다.
(CIP제어번호 : CIP2011005018)

사이·너머

여해 강원용의 삶과 현대사의 발자취

5년 전 이 땅을 떠난 강원용 목사는, 당신이 역설로서 보여준 신앙의 모습처럼, 우리의 시선을 과거가 아닌 미래로 이끈다. 당신은 언제나 미래 지향적이었고 한순간도 안주하지 않았으며, 시대의 아픔에 직면해 한 번도 고개를 돌리거나 뒤로 물러서지 않았다. 당신은 성직자도, 정치가도, 사상가도 아닌 '빈 들에서 외치는 소리'였다. 사랑이 어둠을 이기리라는 믿음을 양손에 들고 생명을 수단으로 삼는 그 어떤 불의와도 맞선 예언자였다.

돌이켜보면, 불과 반세기 만에 눈부신 고도성장을 하면서, 그 숱한 굴레의 순간에서도, 우리 사회가 이만큼이나마 지탱할 수 있었던 것은 강원용 목사의 땀과 눈물에 빚진 바 크다. 기복신앙의 신봉자들이 왜곡해놓은 신앙의 참모습을 복원하고, 신앙 갱신으로 사회 갱신을 이루어내고자 앞장섰으며, 그 연장에서 크리스챤아카데미를 설립해 우리 사회의 구체적인 문제들을 대화와 합의로 풀어나가고자 헌신했다. 그러고는 그 스스로 이 땅이 처한 문제를 지구적인 관점으로 확장, 세계와 우리 사회가 소통할 수 있도록 믿음직한 가교의 역할을 해주었다. 그렇게 강원용 목사가 이끌어온 인간화와 평화의 두 축은 지금 우리 사회의 중심축으로 자리 잡아, 사회를 극단으로 휩쓸어가는 불의의 바다가 넘보지 못하는 든든한 방파제가 되어주고 있다.

그렇기에, 앞으로 시간이 지날수록 그리고 우리 사회가 선진화로 다가갈수록 강원용 목사가 남긴 유산은 그 가치가 점점 더 빛을 발할 것이다. 왜냐하면 강원용 목사가 소망한 미래는 단지 10년이나 20년이 아닌, 신앙의 자기 갱신으로 이 땅에 하나님의 공의가 실현되는 그날까지이며, 인간회복과 사랑의 완전한 승리까지 불의와 싸우는, '지금' 우리의 모습 안에서 '현실화되어가는 것'이기 때문이다.

"불안이 우리의 영혼과 운명을 갉아먹도록 내버려두어서는 안 된다."
강원용 목사의 이 말이 아직 귀에 쟁쟁한 것은 "우리가 잠잠하면 돌들이 소리를 지를 것"이기 때문이다. 따라서 500여 쪽의 책에 담긴 고 강원용 목사의 삶의 기록에서 우리가 찾아야 할 것은, 단순한 추억이 아니라 당신의 외침, 당신을 통한 우리의 외침이다.

기억할수록, 보고 싶은 사람이 있다. 답답할수록 찾아가 매달리고 싶은 사람이 있다. 그러나 그는 여기에 없고 우리는 아직도 캄캄한 광야의 한복판을 지나고 있다. 여해 강원용 목사가 그토록 열망했던 인간화와 평화는 지금 어디까지 와 있는가. 우리가 자꾸 그의 발자취를 뒤지며 그의 목소리를 기억하려 애쓰는 것은 이곳이, 내 안이, 아직도 캄캄한 광야이기 때문이다.

강원용 목사와 함께 활동한 많은 지인과 후배들이 모은 후원회비로 기획, 제작된 이 사진집의 발간을 계기로 강원용 목사가 하고자 했던 일들, 폭넓은 사랑, 뜨거운 열정을 우리 모두 이어받아 '여해와 함께' 동행하기로 결의하고 노력하는 계기로 삼고자 이 사진집을 출간한다.

2011. 12. 1
여해와 함께

차례

여해의 삶이 오늘 우리에게 주는 메시지

이홍구 전 국무총리, 여해기념사업회 이사장

1960년대 말, 30대 후반에 외국 유학을 마치고 돌아오면서부터 크리스찬아카데미 대화모임에 본격적으로 참여했고, 또 강 목사님이 말년에 세운 '평화포럼'에서도 끝까지 함께 일했다. 근년 돌아가신 김수환 추기경과 법정 스님 모두 아카데미 대화모임에서 만나 많은 대화를 나눴던 분들이다. 한마디로 강 목사님은 대화를 통한 사회참여에 앞장선 대표적 종교인이었다. 그러나 나의 학자적 눈으로 본다면 그분은 지성과 대화에 큰 가치를 부여한 엘리티스트였다고 생각된다.

강 목사님이 격동의 20세기 한국 현대사 속에서 종교인으로, 사회운동가로 다른 지도자들과는 뚜렷하게 다른 활동을 하게 된 철학적 근거는 라인홀드 니버의 『도덕적 인간과 비도덕적 사회moral man, immoral society』의 문제의식이었다. 기본적으로 모든 인간은 다 착하고 이성적인데, 왜 사회는 불공평하고 불합리한가라는 문제의식을 니버와 공유하게 되면서 강 목사님의 사회활동의 스펙트럼이 훨씬 넓어졌다고 생각한다. 그래도 강 목사님은 끝까지 인간에 대한 믿음을 버리지 않았기 때문에, 비폭력적이고 평화 지향적인 '대화'라는 방법을 통해 사회 갈등, 특히 남북 간의 갈등마저도 해결 가능하다는 신념을 굽히지 않았다.

또 엘리티스트의 측면에서 볼 때, 강 목사님은 이 불합리한 사회를 개혁하려면 우선 우리 사회의 권력층, 즉 정치인과 학자, 언론인들이 변해야 한다는 것을 강도 높게 주장한, 반세기 넘게 우리나라 권력층에 가장 큰 압력과 영향을 준 종교지도자였다. 우리 사회가 계속 갈등과 반목에서 벗어나지 못한 채 점점 더 어려워지는 지금, 강 목사님이 우리 곁에 계시지 않는다는 것이 몹시 허전할 뿐이다.

20세기 현대사에서 강 목사님이 큰 역할을 감당할 수 있었던 가장 중요한 힘은 목사님의 굳건한 신앙이었다. 가공할 전쟁의 연속이었던 비관적인 시기를 살았음에도 강 목사님이 인간의 이성에 대한 믿음을 지킬 수 있었던 것은 궁극적으로 하나님의 구원을 믿었기 때문이 아닐까. 일제하의 수모와 분단의 고통을 지나면서 한국인의 삶은 비관적일 수밖에 없었지만, 인간을 향한 끝없는 믿음, 하나님을 향한 궁극적 믿음이 있었기에 긍정적 희망을 품고 우리 사회의 나아갈 방향에 대해 끝까지 고민할 수 있었다고 생각한다. 그 신앙의 힘이 세상의 모든 벽을 뛰어넘어 누구와도 대화의 장을 열 수 있었던 그분의 힘의 뿌리였다고 생각한다.

그것이 오늘을 사는 우리가 늘 강 목사님을 그리워하고 그의 말씀을 되새겨보는 이유가 아닐까. 이 사진집의 출간을 계기로 젊은 세대들에게 강 목사님의 메시지가 새로운 뜻을 지니고 전파되기를 희망한다.

발간사

사이 너머에 길이 있다

이어령 초대 문화부장관

강원용 목사는 평생을 양극의 어느 쪽에 서지 않으면서도 그 중간에 단순히 머물러 있는 것이 아니라, 그 중간에서 '초극하는 길'을 선택한 분이다. 그러나 그 길이 그리 쉬운 길은 아니었다. 늘 힘이 넘치고 쾌활했던 강원용 목사였지만, 내가 기억하는 그분은 달의 뒷면처럼 항상 외로웠던 분이셨다.

야이로가 죽어가는 자기 딸을 살려달라고 예수께 간청한다. 군중에 둘러싸였던 예수가 겨우 야이로의 집에 도착하지만, 소녀는 이미 죽고 말았다. 예수는 소녀에게 "달리다쿰"이라 말한다. 달리다쿰은 갈릴리 지방 유대인들의 언어인 아람어 방언으로 "어린 소녀여, 일어나라"는 뜻이다.

예수가 생명의 소리를 주니 죽은 자가 일어섰다. 예수가 이런 엄청난 기적을 일으키고 절대 이 말을 바깥에 하지 말라 하시며, 딱 한마디 하신 것이 너무도 평범했던, "이 아이에게 먹을 것을 갖다 줘라"였다. 예수도 먹을 것을 주지는 못했던 것이다.

우리는 생명을 얻어도 세속적인 먹을 것을 먹지 않으면 살아갈 수 없다. 영생과 구원을 말하면서도 이웃의 먹을 것을 챙기라는 것이 예수의 가르침이다. 그것이 양극의 한가운데 서는 길이고, 사이를 넘어서는 길이다. 또한, 그 길은 강원용 목사가 평생 걸어온 길이기도 하다.

강원용 목사는 그렇게 성과 속, 하늘과 땅, 이 양극에서 그것을 넘어서는, 사이 너머(between & beyond)의 길을 가르치고 실천했다. 그 때문에 때로는 좌익에서는 우익이라 하고 우익에서는 좌익이라 했다. 그 중간에 서서 강원용 목사는 외롭고 슬펐다. 강원용 목사가 남긴 외로움은 이제 우리의 몫이다. 이제 우리는 그를 세속화도 신격화도 아닌 한 인간으로 바라보며, 제3의 길을 찾으려 했던 그 발자취를 담담하게 기억해야 할 것이다.

이 책을 기회 삼아, 무엇보다 따뜻했던 성직자, 하나님의 일꾼이었던 고 강원용 목사가 남긴 정신이 여러 계층, 여러 사람에게 암울한 시대에 새로운 희망을 반추하는 새로운 계기가 되었으면 한다.

발간사

작은 강원용들을 위해

신인령 전 이화여대 총장

강원용 목사님은 우리 시대의 큰 스승이셨습니다. 청년과 여성의 길잡이셨고, 우리에게 '해방'과 '자유'의 진정한 의미를 깨닫게 해주신 분입니다. 또한 그분은 좁은 시야에 갇혀 있던 우리의 시야를 세계와 만나게 해주셨습니다.

저는 대학 시절, 설교를 통해 목사님을 처음 만났습니다. 설교 시간에 울려 퍼지던 간곡한 목소리 "두려움을 떨쳐버리고 진리를 향해, 자유를 향해 나아가라", "나날이 새롭게!" 그 목소리는 47년이 지난 지금도 생생합니다. 언제나 새롭게 다가오는 소리입니다. 고단하고 힘겨운 세상을 살아오는 동안 늘 지켜봐주시는 든든한 후원자셨습니다. 특히 1970년대 10년 가까이 크리스찬아카데미의 프로그램 스태프로 목사님을 모시고 '한국 사회를 새롭게' 하고자 하는 비전 실현에 동참했던 젊은 시절은 제 삶에 있어 가장 빛나는 축복이었습니다.

목사님은 혼신을 다해 일하신 분이었고, 이 나라와 이 나라의 민중을 그 누구보다 사랑하셨습니다. '대화모임'으로 양극단의 벽을 허물고자 하셨고 '중간집단 육성 프로그램'으로 인간과 인간의 전인격적 만남의 장을 마련하셨습니다. 저를 포함해 그 시절 아카데미운동에 참여한 사람들이 변치 않고 심지 있는 삶을 살아가고 있는 것은 목사님 자신이 삶으로 보여주시고 가르쳐주신 덕분입니다.

가난한 성직자, 평화주의자, 여성주의자 강원용 목사님. 약한 자에게는 한없이 따듯하고 강한 자에게는 엄중한 비판자였던 목사님, 그의 가르침을 삶에서 실천하며 살아가는 수많은 작은 강원용들에게 부디 이 책이 위로와 힘이 되어주었으면 합니다.

발간사

지금 여기에서 다시 만나는 여해 강원용

박종화 경동교회 목사

"언어는 세상의 거울이다. 거울을 들여다보면 우리는 우리의 형상을 발견할 수 있다." 독일의 위대한 시인 쉴러의 말이다. 말과 글로 쓰는 언어가 있다면, 또 다른 언어도 있다. 눈으로 보고 가슴으로 느끼는 언어다. 보고 싶고 또 품고 싶은 언어, 바로 사진이다.

사진은 지난날을 말해준다. 아름다웠던 일, 서글픈 일, 하늘을 향해 두 손을 번쩍 들고 함성을 지르던 일, 발을 구르며 힘을 다해 요동치던 일, 손을 잡고 빙빙 돌며 환희와 기쁨을 나누던 일, 진지하게 토론하고 논쟁하며 얼굴을 붉히던 일, 함께 기도하며 기쁨과 감사의 찬송을 부르던 일…… 사진은 생동하며 옛일을 증언한다.

또한 사진은 내일을 말해준다. 비록 그의 몸은 우리를 떠났지만, 그 정신은 변함없이 여기에 남아 우리와 함께한다. 지난날의 동반자가 꿈과 희망, 아픔과 슬픔을 함께 나누며 우리와 동행한다. 사진 속 그의 모습은 언제나 함께 거닐고 싶은 바로 그분이다. 그분이 떠나시던 날, 우리는 모두 이렇게 노래했다. "그분은 우리를 떠나셨지만, 그러나 우리는 그분을 보내지 않았습니다."

여해 강원용 목사님의 어제 있었던, 그리고 내일에도 있을 날들의 사진을 한 권의 책으로 묶어낸다. 이 사진들을 보고 느끼면서 목사님과 끊임없는 '만남'과 '대화'를 이어갈 수 있기를 바란다. 특히 우리 청년들에게는 단순한 회고가 아니라 내일을 밝혀주는 사진집이 되길 바란다.

"우리는 어찌할 수 없는 이 암흑과 절망 속에서라도 부활하신 주님을 똑바로 바라보면서

증오에는 사랑으로 억압에는 자유로 불의에는 정의로 도전할 것이다." _ 강원용

1935

북간도 용정, 청년 강원용의 꿈을 심다

"나의 뿌리는 내 나이 열다섯에 처음 만난 그리스도의 사랑이고 살아오는 동안 그 뿌리는 더욱 깊어갔다."

나는 러시아 볼셰비키 혁명이 일어난 1917년 한반도에서 태어났다. 그때 한반도는 나라 잃은 민족의 땅이었다. 내가 두 살 되던 해에 3·1운동이 일어났는데, 이후 나의 젊은 시절은 일제의 거센 탄압과 착취의 연속이었다. 그 시절 나는 가난한 화전민의 소년 가장으로 농사를 지어 대가족을 부양했고, 만주와 일본에서는 나라 잃은 설움을 참으며 배움에 목말라하던 식민지 청년이었다.

강원용 연보

1917. 7월 3일(음 5월 15일) 함경남도 이원군 남송면 원평리의 유교 가정에서 태어남.

1921. 4세부터 증조부로부터 한문을 배웠고 6세에 서당에 다니며 한문 공부를 계속함.

1925. 염분보통학교와 차호공립보통학교에 다님.

1932. 15세, 기독교에 입교하여 세례를 받음.

1932. 농사일을 하며 야학에서 농촌 여성들을 가르침.

1935. 18세, 간도 용정 은진중학교에 입학해 1938년 졸업함.

1938. 중학교 재학 중 학생회장을 지내고 농촌계몽에 힘씀. 용강동을 비롯한 5개 농촌에 야학교를 건립함.

1939. 22세, 일본으로 건너가 1941년까지 도쿄 메이지 학원 영문학부에 다니다 용정으로 돌아감.

1940. 23세, 12월 27일, 김명주(金明珠)와 결혼함.

1941. 1943년까지 용정 중앙교회에서 야학원을 담당하며 용강동교회에서 시무함.

1943. 26세, 만주국 동경성 지역 마창툰 개척민 마을로 이주하여 농업과 교육에 종사함.

1944. 회령 함북보육원에서 봉직하던 중 일본 경찰에 사상범 용의자로 체포되어 심문받다가 병보석으로 풀려남.

1945. 9월 20일 월남, 서울에 도착함.

1945. 10월에 선린형제단을 조직하여 피난민 대학생 구호사업을 하면서 기독교청년연합회 정치부장으로 일함.

1945. 12월 2일, 선린형제단과 서울 장충동에 교회(현재의 경동교회)를 설립함.

1946. 임시정부 주최 비상국민회의에 대의원으로 참석, 10월에는 좌우합작위원회 선전부 차장과 위원이 됨.

1947. 민정장관특명 민정실정조사위원에 임명되고 한국기독학생총연맹(KSCF) 조직을 주도함.

1949. 11월 목사 안수를 받음.

1953. 캐나다 매니토바 대학 SCM 초청으로 유학길에 오름.

1954. 5월, 매니토바 대학 신학부 대학원에서 B.D. 학위를 받음.

1954. 미국 에반스턴에서 열린 제2회 WCC 총회와 일리노이 주 맘모스 대학에서 열린 세계기독학생연맹 이사회에 참석함. 뉴욕 유니언 신학교에 입학함.

1956. 뉴욕 유니언 신학교 대학원에서 사회윤리를 전공해 S.T.M. 학위를 받음.

1957. 40세의 나이로 귀국하여 경동교회에서 시무함.

한국 현대사 연보

1917. 이광수 『매일신보』에 장편소설 『무정』 연재를 시작함.

1918. 일제, 전국에 토지조사사업을 완료함.

1919. 고종 사망하고, 민족대표 33인 태화관에서 독립선언서를 낭독함(3·1운동).

1920. 김좌진·이범석 부대, 청산리전투를 이끎.

1926. 여운형, 중국 광둥에서 한인혁명군을 조직함.

1929. 광주학생운동 발생함.

1933. 조선총독부, 압록강·두만강 연안에 국경감시단을 설치함.

1936. 안익태, 애국가를 작곡함. 손기정, 베를린 올림픽에서 마라톤 우승함.
한강 인도교 개통됨.

1937. 소련 시베리아 거주 한인 20만 명을 중앙아시아로 강제 이주시킴.

1939. 국민 징용을 시행함. 경춘선 개통됨.

1941. 초등학교에서 조선어 학습을 폐지함.

1942. 김약연, 간도에서 순국함.

1944. 여운형, 건국동맹을 조직함.

1945. 일본 항복하고 해방을 맞음. 여운형 등 조선건국준비위원회를 발족함.

1946. 좌우합작위원회(공동의장 여운형·김규식)가 7원칙을 발표함. 제1차 미소공동위원회가
열렸으나 결렬됨. 10월 1일, 대구폭동사건이 일어남.

1947. 미국, 유엔에 한국 문제를 상정하여 남한에서의 총선거를 가결함.

1948. 여순반란사건, 4·3제주민주항쟁 발생함. 남한 총선거 시행됨. 이승만 대통령 취임함.

1949. 반민특위 발족됨.

1950. 한국전쟁 발발함.

1951. 중공군 서울 점령 後, 미군이 재탈환함.

1952. 부산정치파동 발생함. 거제도 포로수용소에서 폭동이 일어남.

1953. 한국전쟁 휴전 협정 조인. 북한, 박헌영 숙청함.

1954. 국회, 사사오입 개헌 통과시킴. 최초의 민간 방송인 기독교방송 개국함.

1956. 신익희 서거함. 이승만, 조봉암을 제치고 제3대 대통령에 당선됨.

식민지 화전민의 자식으로 태어나다

나는 일제의 무단통치가 극악했던 1917년 7월 3일 함경남도 이원군 남송면 원평리, 시골에서 태어났다. 남송면에는 모두 18개의 리가 있었는데, 이 중 원평리를 포함한 다섯 마을을 '다보(多寶)골'이라 불렀다. 벼농사도 지을 수 없는 가난한 화전촌이 왜 다보골이라 불렸는지 알 수가 없다. 아마 보배로운 것이 너무도 없는 각박한 현실을 위로하려고 그처럼 아이러니한 이름이 생겨난 것인지도 모르겠다. 네 살이 되어서는 증조부에게 한문을 배우기 시작했다. 나는 증조부 앞에서 온종일 머리를 앞뒤로 흔들며 글을 읽고 저녁이면 글을 써서 바쳐야 했다. 한 자라도 틀리면 할아버지는 어김없이 회초리를 드셨고, 어느 날은 나의 비명과 울음소리에 어머니가 놀라 방에 뛰어들어와선 나를 들쳐 안고 나간 일도 있었다. 다섯 살이 되면서 서당에 다니기 시작했으나 흥미를 두지는 못했다.

아버지는 유교 집안의 장손으로 시골 농부였지만 무척 진취적인 분이셨다. 집안에서 상투를 가장 먼저 잘라 집안을 발칵 뒤집어놓으셨고, 일제 치하의 산골에 살아봐야 아무 희망이 없다며 블라디보스토크를 다녀오시기도 했다. 그런 아버지였기에 내가 만 여덟 살이 되던 해 20리 밖의 바닷가 동네에 있는 염분보통학교에 나를 입학시키셨다. 그 후 차호읍에 차호공립보통학교가 생기고 좋은 학교라는 평판이 나자 그리로 전학까지 시키셨다.

보통학교를 졸업하고 상급학교에 진학하고자 했으나 집안의 반대로 무산되고, 얼마 후 증조부가 돌아가셨다. 이듬해에는 할아버지도 세상을 뜨셨다. 내 나이 열세 살 때의 일이었다. 두 어른의 별세로 운신이 자유로워진 아버지는 이 두메산골에서 자식들의 운명을 망칠 수 없다며 가산을 챙겨 만주로 장사하러 떠나셨다. 일제의 토지조사사업으로 소작농이 급증했고 그나마 소작권을 언제 빼앗길지 몰라 전전긍긍해야 했으니 농민들이 택할 길은 공사장의 막일꾼이 되거

아버지 강호연. 유교 집안의 장손으로 엄했으나 자식 교육에 많은 관심을 쏟았다. 강원용 목사는 1917년 7월 3일 함경남도 이원군 남송면 원평리 141번지에서 장손으로 태어났다. 4년 터울의 누님이 한 분 계셨으며 형용, 이룡, 춘자 세 동생을 두었다.

어머니 염효성. 특별히 장남인 강원용과 관계가 돈독해 강원용 목사가 용정으로 떠날 당시 집안 몰래 소를 팔아 70원을 아들 손에 쥐여주었다. 해방한 해에 강원용 목사가 먼저 월남하면서 이산가족이 되어 둘 다 평생 다시는 만나지 못했다.

나 산으로 들어가 화전민이 되는 것이었다. 말하자면 우리 집은 화전민이 되는 쪽을 택한 셈이었으니, 이런 상황에서 아버지가 돈벌이를 찾아 만주로 눈을 돌린 것은 어찌 보면 당연한 일이었다. 아버지는 트럭을 한 대 사서 목단강과 도문을 왕래하며 화물을 수송하는 일을 하셨다. 그러나 얼마 못 가 당시 극성을 부리던 마적단에게 짐을 털리고 트럭이 길에서 추락하는 바람에 운전사가 크게 다치는 등 불운이 겹쳐 그만 빈털터리가 되고 말았다. 일이 이렇게 되자 아

스무 살 되는 설날에 찍은 사진.
강원용 목사는 8세 때 염분보통학교에 입학,
차호공립보통학교로 전학하고 나서
13세에 졸업했다.

1932년인 15세 때 기독교에
입교, 세례를 받고 농사일을 하며
야학에서 농촌 여성들을 가르쳤다.
18세 때 만주로 가서 간도 용정의
은진중학교에 입학한다.

버지는 집에 연락마저 끊었다. 아버지 대신 집안을 돌보던 작은아버지도 얼마 있다 만주로 가서는 돌아오지 않았다. 이렇게 되니 식구들의 생계를 책임질 사람은 나밖에 없었다. 열다섯 나이에 하루아침에 소년가장이 되어버린 나는 이후 4년간 화전을 일구며 농투성이 생활을 해야 했다. 첫 한 해 동안은 농사일이 끝나면 술로 신세를 달래기 일쑤였고 겨울에는 투전판에도 쫓아다녔다. 희망이 없었기 때문이다. 그러다 어느 날, 내 인생은 일대 전환점을 맞게 되었다. 기독교와 만나게 된 것이다.

동생 강형용(왼쪽)과 찍은 사진.
이 사진을 찍을 때가 언제쯤인지
정확한 기록은 없다.

그 후 3년간 낮에는 농사일하고 밤에는 야학에서 주민들에게 한글을 가르치고 교회에서 봉사하는 생활이 계속되었다. 그러나 기독교에 귀의하고 나서 내 생활 태도는 완전히 바뀌었지만, 현실 여건이 나아진 건 아니었다. 나는 나대로 더 큰 꿈이 있었기에 이대로 농사만 지으며 살아갈 수는 없었다. 문제는 식구들의 생계였다. 거듭 고민을 하고서 나는 결심을 굳혔다. 다행히도 만주 용정으로 떠나 학업을 계속하겠다는 나의 결정을 어머니는 쾌히 받아주셨다. 심지어 어머니는 다른 식구들 몰래 소를 팔아 여비로 70원을 건네주셨다.

"집 걱정은 하지 말고 어서 떠나도록 해라."

강원용 목사의 동생 강이룡.
한국전쟁 때 경동교회를 지키다
공중 폭격으로 목숨을 잃었다.

소 판 돈 70원을 손에 쥐고 나는 기차로 국경을 넘어 간도 용정을 향해 떠났다. 중일전쟁이 발발하기 2년 전인 1935년의 일이었다. 두만강을 건너기 전 상삼봉역까지는 일본인 형사와 경찰들의 감시가 심해 몹시 불안했으나 두만강 건너 개산툰부터는 만주국 경찰들이 총대를 잡고 기차 안에서 졸고 있었다. 그리고 곧 눈앞에 용정이 나타났다.

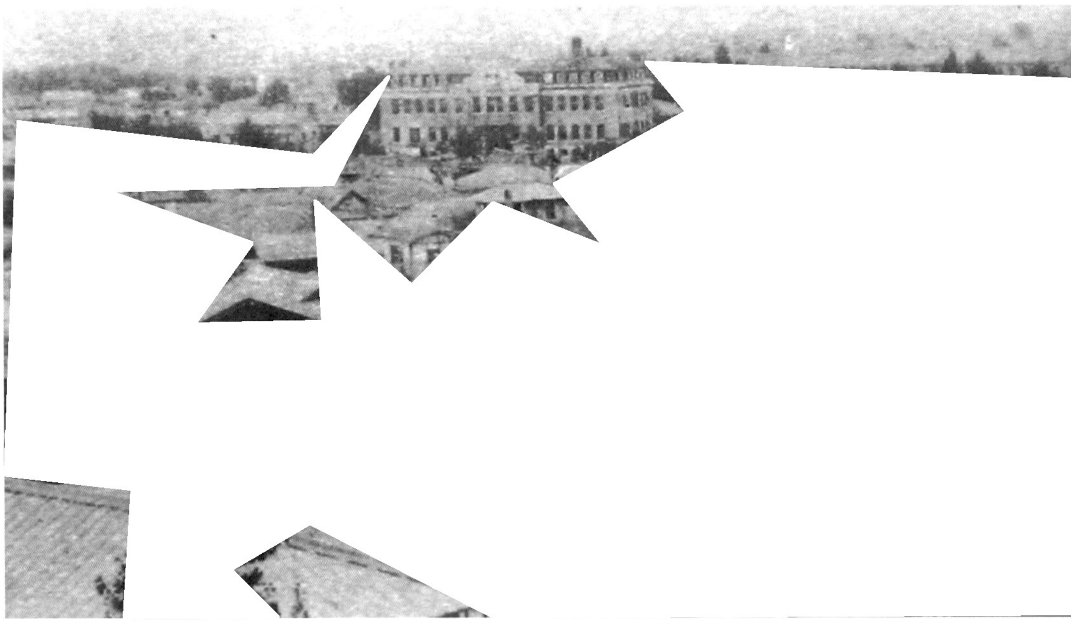

용정은 당시 만주국에 속해 있었다. 만주국은 1931년 9월 일본군이 만주사변을 일으켜 세운, 국가 아닌 국가였다. 일본은 만주에 기반을 두었던 장학량 군벌을 물리치고 청나라 마지막 황제 부의를 만주국의 허수아비 왕으로 앉혀놓고 일본 관동군 사령관에게 실질적인 통치권을 행사하게 했다. 사진은 당시의 용정 시내 모습이다.

은진중학교 시절, 용정의
한 국숫집에서 국수를 먹는
강원용 목사.

용정은 간도의 중심이었다. 중심가에는 은행과 상점, 냉면집, 호떡집 등의 음식점들이 몰려 있었는데 상권은 대부분 한국인이 쥐고 있었다. 용정 주민 대다수가 한국인이어서 중국어를 몰라도 생활에 큰 불편을 느끼지 못할 정도였다. 두메산골에서 온 내게 용정은 무척이나 번화해 보였다. 길거리는 더러웠지만 커다란 붉은 벽돌 건물들이 늘어서 있었고 사람들도 많았다. 일제의 억압으로 숨 막히는 국내에 비하면 느슨한 분위기였다.

국수 가게 앞에서 학우들과.

만 열여덟 살, 지금 같으면 대학에 들어갈 나이에 은진중학을 택해 입학한 이유는 무엇보다 그곳이 기독교 학교였기 때문이다. 은진중학은 규암 김약연을 비롯한 북간도의 교회 대표 15인이 캐나다 선교회에 청원해 명신여중, 제창병원과 더불어 1931년에 설립한 학교였다.

규암이 설립한 명동학교는 1908년부터 1925년 중학부가 폐쇄될 때까지 1,200여 명의 졸업생을 배출했다. 명동 출신의 교원과 학생들은 간도와 노령 등 각지에서 사립학교를 세우거나 교편을 잡고 청소년들에게 반일 민족 독립사상을 전수하고 청년들을 이끌었다.

은진중학교 전경과 당시 은진중학교의 교기, 교가, 학생모. 오른쪽 아래는 2007년에 촬영한 은진중학교 터. 지금은 옛 건물은 사라지고 현대식 건물이 들어서 있다.

1936년 3월 17일의 은진중학교 졸업식. 연단에 있는 이가 캐나다 선교사로 교장을 지낸 조지 브루스. 연단 오른쪽에 한복을 입고 있는 이가 규암 김약연 당시 은진중학교 이사장. 강원용 목사는 1938년도 졸업생이다.

은진중학교 시절의 강원용 목사와 동기생들.

강원용 목사가 평생 은사로 모신 은진중학교 교장 조지 브루스. 그는 당시 학생이었던 강원용 목사에게 깊은 호감을 느끼고 있었다. 훗날 강 목사가 캐나다로 유학을 갔을 때 물심양면으로 많은 도움을 주기도 했다.

위쪽은 일송정의 현재 모습.
왼쪽은 1930년대 해란강에서
물놀이하는 학생들의 모습.
오른쪽은 2011년 3월에 촬영한
해란강의 모습. 한국인이 즐겨 부르는
가곡 「선구자」(윤해영 작사, 조두남 작곡)에
"일송정 푸른 솔은 늙어 늙어 갔어도 /
한 줄기 해란강은 천 년 두고 흐른다"
하는 가사가 등장하는데, 해란강과
일송정 모두 간도 용정에 있는 지명이다.
다리는 옛 교각이 남아 있는
현재의 용문교.

우리가 즐겨 부르는 가곡 「선구자」는 1933년 용정을 배경으로 만든 노래다. 이 노랫말에 나오는 '용두레 우물가'는 바로 용정을 지칭한다. 그러나 내가 본 용정은 그렇게 로맨틱한 풍경은 아니었다. 또 '강가에서 말 달리던 선구자'가 과연 언제 있었는지, 정말 어느 곳에 '거친 꿈'이 깊었는지 솔직히 말해 잘 짐작이 가지 않는다. 그러나 용정 서쪽을 지나 두만강으로 흘러드는 해란강과 그 강 위에 놓인 용문교만은 내 기억 속에 뚜렷이 각인되어 있다.

회미미발청
汇美美发厅
화미순대집 花美

2011년 3월에 촬영한 용정 시내 모습. 조선족의 거주지답게 한글 간판이 눈에 띈다. 현대화된 용정 시내로 해란강이 유유히 흐르고 있다.

1889년 2월 18일, 김약연을 비롯한 조선인 다섯 가문이 두만강을 건너 만주의 낯선 땅에 '명동촌'을 세우면서, 20세기 우리 민족에게 설움의 땅이자 희망의 땅이었던 '북간도'의 역사가 시작되었다. '동쪽(한반도)을 밝힌다'라는 뜻의 명동촌이라는 이름에서 알 수 있듯이 명동촌은 조국 광복을 밝히는 등불을 자처하며 민족교육과 항일운동의 중심지가 되어 이주 초기에는 '간민교육회'라는 이름으로, 이후 '간민회' '간도국민회'로 그 맥과 이념을 계승하여 1919년 3·1운동 때는 육탄혈전을 선언하고 자금을 모아 무기를 사들여 홍범도가 이끄는 독립군 부대를 지원하기도 했다. 북간도 한인사회의 지도자였던 규암 김약연, 김하규, 문재린 등 이주 1세대의 노력과 헌신으로 우리 민족은 훗날 민족사를 밝힌 수많은 인재들을 얻을 수 있었는데 명동학교, 은진중학교, 명신여학교, 광명여학교 등에서 배출된 명사들은 이루 말할 수 없을 정도로 많다. 강원용 목사도 북간도로 이주하고서 생의 전환점을 맞이했고 그곳에서 배운 신식 교육과 신앙체험은 훗날 그가 현대사에 남긴 발자취의 밑거름이 되었다. 강원용 목사의 회상이나 저서에 자주 등장하지만, 북간도는 그를 기르고 키운 사상적·신앙적 고향이었다. 북간도 한인 교회의 역사는 곧 우리 기독교 역사의 출발점이기도 하다. 거기서 청년 강원용은 김재준 목사와 캐나다 선교사 브루스를 만났으며, 또 그의 동급생들인 윤동주·문익환·문동환·장하린·안병무 등과의 교류는 훗날 한국 교회사에서 가장 중요한 장면 가운데 하나로 기억될 것이다. 그리고 나운규·윤용하·강소천·김은국 등 뛰어난 예술적 재능을 발휘한 인물들도 이곳 출신으로 2009년, 간도협약 100주년을 맞아 새롭게 조명받은 바 있다.(편집자 주)

간도 문화의 발상지
명동촌을 상징하는 선바위.
1930년대 간도 지역
학교들의 단골 소풍
장소이기도 했다.
사진은 1937년 5월 14일
은진중학교 봄 소풍 때
찍은 기념사진이다.
가운데에서 왼쪽으로
정장에 모자를 쓴 이가
김재준 목사.

2011년 봄, 명동촌 선바위 모습.

은진중학은 용정의 동산(東山)에 있었다. 동산 일대는 캐나다 선교사들이 사는 캐나다 조차지로 '영국덕'이라고 불렀는데, 치외법권 지역이라 일제의 힘이 미치지 못했다. 산꼭대기에 세운 학교는 기와지붕을 인 3층 벽돌 건물로 허술한 느낌이 들었으나 다른 학교에 비하면 가장 서양식 구조를 갖춘 건물이었다. 교장은 조지 브루스(George F. Bruce)라는 캐나다 사람이었고, 교사 수는 정확히 생각나지 않으나 학급이 한 학년에 하나씩, 모두 네 학급이었으니 손가락으로 꼽을 정도였다.

간도 지역 학생 연합 운동회의 모습. 완전한 일제 치하의
국내보다 좀 더 자유로운 교육이 가능했던 간도는
한국 현대사를 이끈 수많은 인물을 배출한 인재의 요람이었다.

은진중학교 럭비부 우승 기념사진. 강원용 목사는 운동엔 소질이 없었으나 누구보다 열성적으로 응원을 이끌어 학우들의 사랑을 받았다. 가운데 양복을 입은 선생님 바로 뒤에 키 큰 이가 강원용 목사.

은진중학교에서 열린 축구대회. 맨 앞에 브루스 교장의 모습이 보인다.

강원용 목사와
은진중학교 동기생인
장하린 전 종로서적 회장.
1937년 무렵 바이올린을
연주하는 모습이다.
'바이올린 장'으로 불린 그는
소질을 살려 1943년 일본
동경제국고등음악학교에
입학했다.

강원용 목사의 또 다른
동기생인 문동환 목사는
탁구부와 농구부에서
활동했다. 한신대학원장을
지낸 안병무 박사도 17회
동기생이었다.

은진중학교 밴드부(위).
군사훈련을 받는 학생들(옆).
아침 제식훈련을 받는
은진중학교 학생들(아래).

은진중학교 학생회장
시절의 강원용 목사.
웅변을 잘해 간도 지역
학교 대항 웅변대회에서
늘 1등을 하곤 했다.

은진중학교 교정에서
간식을 먹는 모습. 앞줄
오른쪽에 옥수수를 먹는
강원용 목사의 모습이
보인다. 장하린, 문동환의
모습도 보인다.

간도 용정의 은진중학교에서 2학년이 되는 해에 학생회장과 종교부장직을 겸하고 있던 나는 야학을 조직하여 용강동, 합성리 등 다섯 마을에서 지역사회 계몽운동을 전개하였다. 한편으로 학교 내에서는 연극을 좋아하여 아쉬운 대로 대본을 구하여 자주 공연에 올리곤 하였다. 당시에 나이도 같고 동급생이었던 항일 민족시인 윤동주는 내가 못 쓰는 시를 잘 썼지만 나는 말을 잘해서 인근 학교들이 참가하는 웅변대회마다 1등을 휩쓸었다. 동주와 나는 같은 점이 많았다. 같은 해에 태어난 동갑이고, 젊은 시절 간도 용정에서 공부도 같이 했고, 기독교 신자인 점도 같다. 그러나 동주는 민족시인으로 젊은 나이에 옥사했고, 겁 많고 조심성이 많은 나는 그보다 50년 넘게 더 살고 있다.

용정의 또 다른 민족학교였던 대성중학교의 아침 체조 모습. 이 건물은 지금까지 남아 있고 건물 앞에 민족시인 윤동주의 시비가 서 있다. 윤동주는 강원용 목사의 은진중학교 동문으로 은진중학교를 마치고 평양 숭실학교로 진학했으나 일제의 탄압으로 다시 용정으로 돌아와 광명중학교에 다닌 것으로 알려졌다.

은진중학교 1회 졸업식. 1938년, 강원용 목사는 은진중학교를 졸업하고 김재준 목사의 영향을 받아 본격적인 농촌 선교 활동에 나서게 된다.

나와 아내가 만주를 다시 찾은 것은 지난 1991년 용정 지역 선교사업을 위해서였다. 비행장에 마중 나온 사람 중 내가 은진중학교 시절 교회 활동을 할 때 주일학교에 나왔던 어린이들과 아내의 제자도 있었다. 코흘리개 어린이들이었던 그들을 60대 노인으로 다시 상봉하게 되었으니 정말 감개가 무량했다. 내 젊음과 열정을 불태웠던 용문교와 해란강, 그리고 용두레 우물가와 일송정은 변함이 없었지만, 은진중학교, 명신여자중학교 등의 학교와 당시 교회 자리는 알아보기 힘들 만큼 변해 있었다. 용강동 교회 자리는 다행히 찾을 수 있었으나 공산 정부가 들어서면서 건물을 헐어버려 옛 모습은 볼 수가 없었다. 우리는 개산툰에도 가서 이제는 오염이 심해진 두만강을 끼고 도문까지 갔는데, 내가 인민재판을 받았던 소학교 강당 자리가 그대로 남아 있었다. 나는 50년 만에 다시 용정의 교회에서 설교했다. 내가 설교한 용정교회는 공산화 이전에 있었던 모든 교회가 연합해서 예배를 드리는 곳이었다. 물론 목사는 없고 예전에 내가 주일학교를 할 때 참석했던 아이가 이제는 60대 중반이 되어 주무 장로로 일하고 있었다. 설교가 끝나자 주일학교에서 내 가르침을 받았던 사람들이, 나는 정작 잊어버린 옛날의 내 설교를 떠올리면서 설교 내용이 그때와는 너무 다르다고 놀라워했다. 그 시절에는 죄니 심판이니 하는 무서운 얘기만 했는데 이제는 사랑의 하나님을 강조하니 놀라웠던 모양이다.

한자리에 뿌리를 박고 평생 움직이지 않고 버텨왔을
저 벚나무와는 달리 나의 인생은 끊임없이 출렁이며 흘러왔다.
나의 꿈도 사상도 신앙도 한자리에 머물지 않고 끊임없이
변화해왔다. 내가 살아온 시대의 격랑이, 숱한 사람들과의 만남이,
나를 실어 이 자리에까지 왔다. 그러나 돌아보면 나의 뿌리는
그대로다. 나의 뿌리는 내 나이 열다섯에 처음 만난 그리스도의
사랑이고 살아오는 동안 그 뿌리는 더욱 깊어갔다.

스승이자 동반자, 장공 김재준 선생을 만나다

지금으로서는 상당히 늦은 나이인 만 열여덟에 은진중학교에 입학했지만, 당시에는 나처럼 나이 많은 학생들이 많았다. 이미 기독교인으로서 뜻을 세우고 있던 나는 1학년 때부터 종교활동을 맹렬히 벌였다. 고향에 있을 때 박해를 받았던 경험 탓이었는지 비기독교적인 이데올로기에 대해서는 투쟁적인 입장을 고수했다. 내가 얼마나 보수적이었던지 어떤 선생이건 수업시간에 성경에 어긋나는 말을 하면 당장 스트라이크를 일으켰다. 한번은 수업시간에 생물 선생님이 진화론을 언급했다는 이유를 들어 그를 내쫓기도 했다.

이러한 보수적이고 정통주의적인 신상 형태에 변화가 온 것은 2학년 때 장공 김재준 선생님이 성경 교사로 부임해 오면서부터였다. 그가 학생들에게 준 인상은 우선 인격자라는 것이었다. 그런데 무엇보다 내게 충격을 준 것은 그의 자유주의적인 신앙이었다. 한번은 금기 음식의 문제가 나왔을 때 선교사들이 자기들은 소시지를 먹으면서 한국 사람에게는 순대를 금하는 것은 난센스라는 것이었다.

은진중학교 교사 기념사진. 가운데 브루스 교장 왼쪽으로 장공 김재준 목사의 모습이 보인다.

은진중학교 교무실 풍경. 오른쪽 구석에
김재준 목사의 모습이 보인다.

"선교사들은 율법주의 교리로 한국 사람들을 훈련해온 것입니다."

나는 충격을 받아 김 선생님께 질문했다.

"그러면 보신탕이나 제사 음식을 먹어도 된단 말씀입니까?"

그는 나를 물끄러미 쳐다보면서 이렇게 대답했다.

"사람의 밖에서 몸으로 들어간 것이 더러운 것이 아니라 속에서 나오는 것이 더럽다는 성경 말씀이 있지 않습니까?"

그 말을 듣는 순간, 나는 꼭 벼락이라도 맞은 기분이었다.

김재준 선생님은 또 청빈생활을 몸소 실천하고 계셨다. 한 달 봉급으로 받는 70원 중 22원만 생활비로 쓰고 나머지는 모두 고학하는 학생들의 뒤를 보살피는 데 쓰고 있었다. 그가 다 떨어진 옷을 꿰매 입고 다니던 모습이 지금도 생생히 기억난다.

1936년 10월 18일 연길 용정 부근 합성리 예배당 창립 기념사진. 규암 김약연과 동만노회 지도자들과 은진중학교, 명신중학교 학생들 그리고 합성리 교회 교인과 주일학교 학생들이 참석했다. 당시 용정 일대의 기독교 교세는 빠른 속도로 성장하고 있었고 그 영향으로 김재준 목사의 가르침을 받은 강원용 목사는 본격적으로 선교의 사명을 인식하게 된다.

1937년 8월 29일 용강동 주간 성경학교 기념사진. 당시 은진중학교 학생이던 강원용 목사는 주일학교에서 아이들을 가르치며 농촌 선교의 꿈을 키워가고 있었다. 오른쪽에 검은색 교복을 입은 이가 강원용 목사.

1937년 3월 6일 열린
은진중학교 16회 졸업식
기념사진. 가운데
김재준 목사가 앉아 있다.

김재준 선생의 이야기를 하나 더 하자면, 선생은 내 호를 지어주셨다. 내 호는 '여해(如海)'다. '바다 같은 사람'이란 뜻이니 나로서는 과분한 이름이다. 김재준 선생은 설날이면 아내와 함께 세배를 드리러 갔던 유일한 분이었고 그만큼 내가 경애하고 소중히 여긴 분이었다. 그분 또한 나에 대한 사랑이 각별했다. 1985년 1월 1일에도 나는 아내와 함께 김재준 목사께 세배하러 갔다. 당시 선생은 여든다섯 고령이었는데도 여전히 꼿꼿해 보였다.

세배를 받고서 그분은 내 얼굴을 가만히 쳐다보더니 불쑥 이런 얘기를 던졌다.

"강 목사, 이제는 나이도 적지 않으니 호가 있어야 하지 않겠어?"

"선생님께서 하나 지어주십시오."

"그래, 뭐가 좋을까? 뭐 특별히 좋아하는 글자 있어?"

"수영은 못하면서도 어려서부터 바다를 좋아했습니다."

"알았어. 내 생각해보고 하나 지어주지."

그러고는 집으로 돌아왔는데 바로 그날로 '여해(如海)'라는 호를 지어 그 특유의 글씨로 써서 보내주셨다.

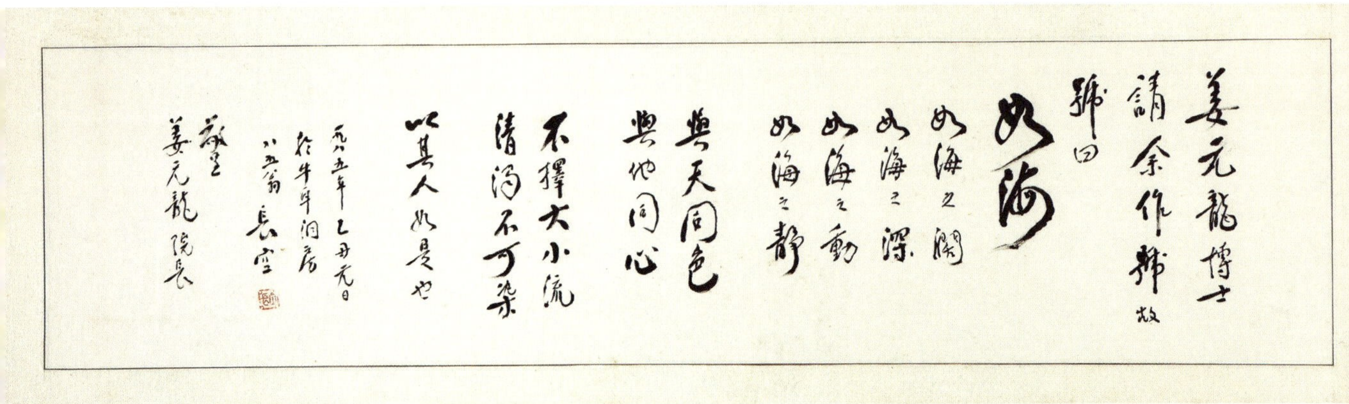

1985년 새해 첫날 장공 김재준 목사가 제자인 강원용 목사에게 호를 지어주면서 써준 글씨. 이 액자는 평생 강원용 목사의 방에 걸려 있었다.

請余作號 故 號曰 如海 如海之闊 如海之深 如海之動 如海之靜
與天同色 與地同心 不擇大小流 淸濁不可染 以其人如是也

"내게 호를 지어줄 것을 청하였으므로 호를 짓기를 여해라 하니, 바다처럼 넓고, 바다처럼 깊고, 바다처럼 역동적이고, 바다처럼 고요하네. 하늘과 더불어 같은 색이며, 땅과 더불어 같은 마음이어서 크고 작음을 가리지 아니하고 맑고 탁함으로 물들지 아니하니, 그 사람이 바로 이와 같다."

나는 이 글을 지금도 내 방에 걸어놓고 항상 소중하게 간직하고 있다.

장공(長空) 김재준 목사 ● 일생을 한국 교회의 발전과 사회 참여의 신학 정립, 민주화에 헌신했다. 1901년에 태어나 1987년 별세했다. 일본 아오야마 신학부를 졸업하고 미국 프린스턴 신학교에 입학했다. 구약학으로 학위를 받고 귀국하여 1933년 평양 숭인상업학교에서 성서를 가르쳤다. 1936년 간도 용정 은진중학교 성서 교사를 지냈으며, 송창근 목사가 주도한 조선신학원 교수로 추대되었다. 1947년부터 장로회 내 보수파와 미국 선교사들이 그의 '신정통주의 신학'을 이단시하여 결국 1953년 장로회 총회에서 제명되었다. 이를 계기로 1953년 기독교장로회가 조직되었다. 이후 한국신학대학의 교수와 학장을 역임했다. 1970년대부터는 사회 문제에 적극 관심을 보여 민주화운동에 헌신했다. 1969년 3선개헌반대 범국민투쟁위원장, 1972년 국제앰네스티 한국위원회 이사장, 1973년 민주수호국민협의회 공동의장으로 활동했다.

은진중학교에서 스승과 제자로 만난 김재준과 강원용. 이 둘의 만남은 진보 교계를 대표해온 기독교장로회의 탄생과 발전에 큰 주춧돌이 된다.

일본 유학과 결혼

내가 은진중학교 3학년 때인 1937년 중일전쟁이 터졌다. 용정은 음침하고 숨이 막히는 전쟁의 기운이 거리 곳곳을 무겁게 내리누르고 있었다. 전쟁 전부터 일본군이 진주해 있기는 했지만, 전쟁이 터지자 숫자가 급격히 증가해 거리 전체에 일본군이 쫙 깔리게 되었다. 그런 상황에서 우리는 졸업을 맞게 되었다. 그간 나와 농촌 선교를 함께해온 50여 명이 단체를 조직해 각자 분야를 나눠 공부하기로 결의했다. 이 모임은 훗날 선린형제단의 모체가 되기도 했다. 의료 분야를 담당한 원주희는 하얼빈 의과대학에 입학해 후일 다른 동지인 신영희가 의학 공부를 시작하자 자기 책을 물려주며 공부를 돕기도 했다. 나는 기독교 선교 분야를 맡았다. 원래 나는 농촌운동에 뜻을 두었기 때문에 신학을 공부할 생각은 없었다. 그런데 김재준 선생님이 내게 신학을 강력히 권했다. 그러면서 일본 아오야마 학원 신학부에 입학을 주선해주셨다.

일본 메이지 학원 영문과 재학 시절인 1940년 12월 27일 강원용 목사는 두 살 연상인 부인 김명주 여사와 동산교회에서 결혼식을 올렸다. 사진은 약혼식 기념사진.

1939년 도쿄의 한 교회에서 주일학교 학생들과 함께. 오윤태 목사의 모습이 보인다. 1939년 강원용 목사는 일본 유학길에 오른다. 일본에서 신학을 배우기 전 영문학을 먼저 공부하던 중, 결혼으로 잠시 귀국한 사이 1941년 태평양전쟁이 터져 유학 생활을 포기하게 된다.

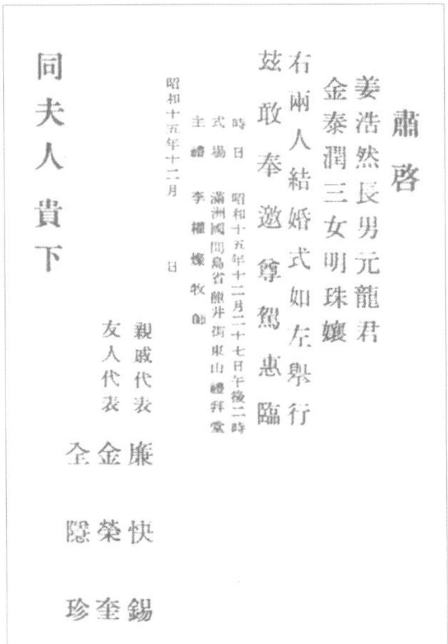
肅啓
姜浩然長男元龍君
金泰潤三女明珠孃
右兩人結婚式如左擧行
玆敢奉邀尊駕惠臨
時日 昭和十五年十二月二十七日午後二時
式場 滿洲國間島省龍井街東山禮拜堂
主禮 李權燮牧師
昭和十五年十二月 日
親戚代表 廉快錫
友人代表 金榮奎
全隱珍
同夫人貴下

강원용 목사의 결혼식 청첩장. 1940년 12월 27일 오후 2시 간도 용정의 동산예배당에서 결혼식을 올린다는 내용이다.

농촌운동의 뜻을 품고 만 열여덟의 나이에 찾아왔던 간도. 나는 4년 뒤, 이번에는 신학을 공부하러 일본으로 떠나게 되었다. 1939년 초 부산에서 관부연락선을 타고 일본으로 건너가 도쿄에 도착했을 때 내 수중에는 차비를 제외하고 일본 돈으로 꼭 10전이 남아 있었다. 나는 김명주의 하숙집에 다른 유학생 7, 8명과 함께 묵으며 입학을 준비했지만 공교롭게도 아오야마 학원의 학제가 바뀌어 부득이 영문학을 먼저 공부해야 했다. 나는 별수 없이 메이지 학원 영문과에 입학했다. 일본 유학 도중 나는 아내와 결혼을 하게 되었고, 일본에서 신접살림을 시작했으나 아내의 임신으로 용정에 잠시 다녀오는 사이 태평양전쟁이 터져 나의 일본 유학은 그렇게 끝나게 되었다.

은진중학교에서 영어 교사로 일한 강원용 목사의 처남 김명혁 선생. 김명순 사모도 명신여고에서 교사로 일하는 등 집안에 교육자가 많았다.

결혼 후 일본에서 용정으로 돌아온 강원용 목사는
1943년까지 용정중앙교회에서 야학원을 담당하며
용강동교회에서 시무했다.

회령 산속에서 맞은 해방

1943년, 불안과 생활고에 지친 나는 북만주 깊은 산속에 들어가 흙에 묻혀 농사나 짓고 살자는 심정으로 아내와 아이를 끌고 마창툰으로 들어갔다. 그러나 어느 날 아내가 힘든 생활을 견디지 못해 복막염에 걸리고 마창툰 같은 오지에서는 치료할 도리가 없자 함경북도 회령으로 들어가게 되었다. 그때가 1944년 겨울 전쟁이 막바지에 이르렀던 때인데, 몇 년 동안 운 좋게 피해오던 일본 경찰의 손길에 결국 덜미를 붙잡히고 감방에 갇히고 말았다. 죄목도 없이 온갖 고문에 시달려야 했으니 이제는 정말 죽는구나 싶었다. 그러나 오히려 죽을 결심으로 단식하던 나는 건강이 극도로 악화하고 말았다. 그러다 알고 지내는 의사의 도움으로 결핵 진단이 나와 가석방되었다. 그 뒤 1945년 3월 개산툰으로 거처를 옮겼으나 8월 전쟁이 절정에 오르며 가석방된 이들이 다시 갇힌다는 소문이 돌아 산속으로 도망치고 말았다. 그렇게 산속에서 한 열흘 정도 머물렀는데, 어느 날 아랫동네에서 느닷없이 애국가가 들려왔다. 아마 그때가 8월 19일 정도였던 것 같다. 깜짝 놀라 마을 쪽을 자세히 보니 소학생쯤 되는 아이들이 태극기를 흔들며 뛰어다니는 것이 보였다.

1945년 8월 15일 우리 민족은 해방을 맞았다. 태평양전쟁에서 패한 일본의 무조건 항복으로 주권을 되찾았지만, 남쪽은 미군정이 북쪽은 소련을 등에 업은 조선노동당이 정부로 들어서면서 굴레의 현대사가 시작된 해이기도 하다. 사진은 해방 당시 서울역에 미군이 온다는 소식을 접하고 거리로 쏟아져 나온 환영 인파.

서대문에서 만세를 부르는 서울 시민. 뒤로 무악재가 보인다.

"공산주의 치하에서는 못 산다. 그러니 네가 남쪽에 미리 내려가서 터를 잡고 우리를 불러라." 평소 직관력이 뛰어나셨던 아버지는 나의 서울행을 격려하며 이렇게 말씀하셨다. 평소 나를 보기만 하면 우시던 어머니는 그때도 그렇게 눈물을 흘리셨다. 우리는 아버지 어머니께 인사를 드리고 나왔다. 후에 아버지는 서울에서 한 번 더 뵐 수 있었지만, 어머니와는 그 만남이 마지막이 되고 말았다. 물론 나는 그때가 마지막이 되리라고는 생각조차 할 수 없었다. 그도 그럴 것이 38선이라는 걸 알지도 못했던 우리는 38선 부근에 와서야 비로소 38선이 만들어진 줄 알았다. 그토록 정을 쏟으며 키웠던 큰아들에게 효도 한번 받아보지 못한 채 그렇게 어이없이 마지막 상봉을 해야 했던 어머니를 생각하면 지금도 참을 수 없는 그리움에 눈물이 흐르곤 한다.

천신만고 끝에 서울에 도착한 날은 1945년 9월 20일이었다. 가을이 시작된 서울에, 여름 반소매 저고리를 입은 채 작은 보따리 하나 달랑 들고 발을 디딘 나는 우선 효자동에 있는 우리 모임의 회원 신영희의 집에 거처했다. 서울의 연고라고는 조선신학교(지금의 한신대)를 운영하면서 서울 교외의 전농동에 살고 있던 김재준 목사와 신영희가 전부였다. 당시 서울은 해방 직후여서 좌익 조직이 활개를 치고 있었고 친일파가 오히려 더 활개를 치고 다닐 정도로 혼란에 빠져 있었다. 그리고 교회도 사분오열되어 서로 싸움이 그칠 날이 없었다. 그렇게 서울에 도착하여 어느 정도 물정을 파악한 나는 할 일을 모색하기 시작했다. 언제까지나 친구 집에서 기식할 수도 없는 노릇이라 내 밥벌이도 생각해야 했고, 또 이북과 만주에 있는 가족과 동지들이 서울에 왔을 때 함께 살면서 일할 수 있는 터전도 마련해야 했다. 그런 상황에서 가만히 주위를 살펴보니 내가 월남민이어서 그런지 38선 이북에 고향을 둔 서울 유학생들의 딱한 사정이 무엇보다 시급히 해결해야 할 과제로 생각되었다. 그래서 내가 제일 먼저 착수한 일은 우

선린형제단 회원들 • 강원용 목사는 1945년 9월 서울에 도착해서 한 달 만에 기독청년단체인 선린형제단을 조직한다. 선린형제단은 북에서 월남한 대학생과 청년을 위한 구호활동과 선교활동을 펼치게 된다. 뒷줄 왼쪽에서 첫 번째가 김재준 목사, 다섯 번째가 이상철 목사, 뒷줄 오른쪽에서 네 번째가 강원용 목사이다. 앞줄 왼쪽에서 두 번째에 이희호 여사의 모습이 보인다.

리 동지들이 서울에서 공식적인 조직체로 뭉쳐야 한다는 생각에서 '선린형제단(善隣兄弟團)'이라는 단체를 미리 만들어두는 것이었다. 김재준 선생님을 모시고 신영희와 나, 그리고 김 선생님의 조선신학교 제자로 서로 친하게 된 조향록 등이 선린형제단을 주도했는데, 이북에서 미처 월남하지 못한 옛 동지들까지 포함해서 모두 22명이 그 구성원이었고 단장은 내가 맡았다. 아내와 동생도 일원이었다. 1945년 10월 창립 당시 22명이었다.

경동교회 창립 멤버들과 함께. 앞줄에 조향록, 김재준, 강원용 목사.
앞줄 맨 오른쪽이 김명주 여사.

선린형제단의 강령은 김재준 선생님이 중심이 되어 만들었는데, '하나님의 영광과 우리 민족의 진정한 행복을 위하여 생활의 온갖 방면에 그리스도의 심정(心情)이 구현되도록 하는 것을 목적으로 한다'는 것이었다. 그에 따른 선린형제단의 5개 행동 강령은 다음과 같다.

첫째, 우리는 자연과 역사에서 하나님이 절대 주권임을 믿으므로 그리스도의 복음을 전포(傳布)하며 심령의 중생을 재래(齎來)함으로써 새로운 조국 건설의 기초를 세운다.

둘째, 우리나라의 민주주의 건설에 가장 긴중(緊重)한 것은 민도 향상이므로 교육과 계몽운동을 급속도로 전개해나간다.

셋째, 대중의 경제생활 안정, 문화 향상과 건설을 위하여 기독애를 동기로 한 온갖 사회사업을 영위한다.

넷째, 의식주와 기타 실생활 부문에서 과학적인 개량과 건설을 위하여 부단히 연구, 지도, 실천하기로 한다.

다섯째, 이 모든 것은 시종여일 자발적인 봉사에 의하여 실현할 것이요, 폭력 등 여하한 수단으로 양심의 자유를 억압하는 것은 절대 용허하지 않는다.

선린형제단 회원들. 이들은 기독교 전도, 농촌사업, 의료사업, 교육계몽사업 등의 분야에서 활동하면서 조직과 활동 범위를 키워나갔다. 이 모임은 맥이 끊기지 않고 현재까지 이어지고 있다.

강원용 목사가 조직한 선린형제단은 일제의 천리교 시설이 있던 지금의 경동교회 자리를 미군정청으로부터 인수해 '선린형제단전도관'을 설립한다. 이 전도관은 경동교회의 시발점이 되었다.

해방된 해 11월 하순, 선린형제단은 어렵사리 지금의 경동교회 자리를 미군정청으로부터 인수받았다. 건물이라고는 2층으로 된 기숙사와 작은 강당이 ㄱ자형으로 붙어 있는 건물 하나가 전부였고 예배당 건축 예정지로 잡아놓은 넓은 빈터가 휑뎅그렁하니 펼쳐져 있었다. 우리가 선린형제단 전도관에서 역사적인 첫 예배를 드린 날은 1945년 12월 2일이었다. 그날 우리 단원들과 학생들은 을지로 6가부터 북을 치며 어린이 서른여 명을 모아 첫 예배를 드렸다. 일본 천리교도들이 버리고 간 폐품과 쓰레기로 불을 피운 고물 난로가 연기를 뿜어내는 가운데 모여든 꼬마들은 북 단장에 맞추어 신나게 찬송가를 불렀다. 경동교회가 창립된 것이다.

해방 후 내가 각종 시국 강연과 활동으로 바빴던 것은 내가 특별히 정치에 관심이 있어서라기보다는 '새로운 건국'이라는 역사적 과제에 당면한 그 시대 상황이 젊은이들로 하여금 정세에 관심을 두지 않을 수 없도록 하는 원인에다 기독교 청년단체에서 간부로 일하게 된 원인이 함께 작용한 결과였다. 어찌 됐든 서울에 도착한 지 얼마 안 되어 기독교청년연합회 정치부장으로 활동하게 된 나는 자연스럽게 이승만, 김구, 김규식, 여운형 등 거물 정치인들과도 접촉할 기회를 얻었다.

강원용 목사는 1946년 29세의 나이로 임시정부 주최 비상국민회의 대의원으로 참석한다. 같은 해 10월 여운형, 김규식 등이 주도한 좌우합작위원회의 선전부 차장으로 참여하고 후에 위원으로 활동하게 된다. 앞줄 왼쪽부터 안재홍, 김중준, 김규식. 가운뎃줄 왼쪽에서 두 번째가 강원용 목사이다.

임시정부가 돌아오고 닷새째 되는 28일, 그 이틀 전 임정 지지 성명을 발표했던 우리 기독교청년연합회는 정동교회에서 이승만 박사와 김구, 김규식 박사를 비롯하여 조소앙, 최동오, 엄항섭 등 임정 요인 귀국 환영회를 주최했다. 이들 세 거두가 다 나온다고 하니까 교회 내부는 물론 뜰에까지 사람들이 들어차 환영회는 성황을 이루었다.

내가 청년 웅변가로 이름이 나고 정치인들의 시선을 끌게 된 것은 1945년 12월 31일 서울운동장에서 열린 신탁통치 반대 서울시민 궐기대회에서 청년 대표로 나가 연설하면서부터였다. 이 대회는 경교장에서 이틀 만에 만든 '반탁국민총동원위원회'가 주최했는데, 반탁의 열기가 뜨거웠던 만큼 운동장에는 시민, 청년, 학생들이 운집해 동대문 뒷산까지 사람들이 넘쳐날 지경이었다. 아무튼 그날의 연설은 내가 좌우합작위원회에서 활동할 때까지 정치에 몸담게 된 결정적인 원인이 되었다.

반탁과 찬탁의 대립 속에 1946년 3월 20일 덕수궁에서 개최된 1차 미소공동위원회는 양측의 의견이 평행선을 달려 결국 5월 7일 결렬되고 만다. 이 과정에서 소련의 의도가 한반도에 친소 공산정권을 수립하는 것이라고 간파한 미국은 또 그들 나름대로 소련을 견제하려는 계획을 세우게 되는데, 그것이 바로 좌우합작이었다. 미국은 미국대로 좌우합작을 통해 한국에 단일 친미정권을 세우려고 했던 것이다. 이러한 국제적 배경과 미군정의 적극적인 지지 아래 김규식, 여운형의 좌우합작운동이 시작되었다.

일본 패망 후 각각 남과 북에 진주해 군정을 실시한 미군과 소련군 책임자. 왼쪽이 미군 하지 준장. 오른쪽이 소련군 스티코프 장군. 양측은 두 차례에 걸쳐 한반도 문제를 다루는 미소공동위원회를 열었으나 서로 뜻하는 바가 달라 결렬되고 만다. 이에 남북한 각각 단독정부가 들어서고, 이는 얼마 안 가서 한국전쟁이란 참사로 이어진다.

좌우합작운동은 미군정의 지원 아래 정계는 물론 일반 국민의 관심 속에서 계속 추진되었으나 원래부터 안고 있는 한계 때문에 그 과정이 순탄하지 못했다. 좌익계에서 제시한 합작 5원칙과 우익계에서 제시한 합작 8원칙이 서로 대립하여 난항을 겪다가 마침내 합작 7원칙이 결정된 것은 1946년 10월 4일의 일이다. 그러나 좌와 우에서 협공을 받은 좌우합작운동은 대구폭동으로 큰 전환점을 맞게 되었다. 공산당이 지금까지의 노선을 전환, 전국적인 대중시위를 일으켜 미군정의 실정을 폭로하고 미소공위가 재개되도록 압력을 넣는다는 전술을 택해 9월 총파업을 주도했는데, 그 과정에서 대구폭동이 일어난 것이다.

좌우합작운동과 미소공위가 실패로 돌아가게 된 결정적인 요인 중 하나는 미국의 외교 정책 변화였다. 소련이 동구를 소비에트화하며 노골적으로 팽창 정책을 펼치자 미국도 대소 협조 정책을 버리고 서구 동맹 체제를 발전시키는 한편, 1947년 3월 '트루먼 독트린'을 선언하기에 이른다. 그리고 이에 대해 소련의 대응이 뒤따르면서 세계는 냉전 체제로 돌입했다. 결국 미국은 그해 9월 17일 미소공위를 포기하고 한국 문제를 유엔에 이관했다. 11월 14일의 유엔 결의는 인구 비례에 의한 남북한 총선거를 시행하되 공정한 선거를 보장하기 위해 유엔한국임시위원단을 설치한다는 것으로, 의도야 통일정부를 상정한 것이지만 결과적으로 남한만의 단독정부 수립을 불러왔다.

하지 준장과 이승만. 하지는 여운형과 김규식 등을 만나면서 국론 통일과 좌우합작에 기대를 걸었으나, 이승만은 반공을 외치며 워싱턴 정가에 하지의 경질을 요구하기도 했다. 그러나 그는 전적으로 미국의 이익을 위해 일하다 돌아갔다.

이런 상황에서 김규식을 주축으로 명맥을 유지하던 좌우합작위원회는 사실상 해체된 것과 마찬가지였고, 대신 중간 세력을 새롭게 결집한 '민족자주연맹(민련)'이 탄생하게 되었다. 민련은 참가 자격을 친일분자와 좌우 양극단을 배제한 중간 진영의 정당, 단체나 개인으로 규정했다. 나는 민련 총무국에서 기획 업무를 맡았다. 그러나 김규식의 철저한 공산주의자 배제와 당시 시대 상황으로 민련에서의 일은 나에게 정치에 대한 실망과 갈등만을 안겨주었다. 민련은 정당은 아니어도 그곳 역시 정치 무대의 한 부분이었고 그곳에 모인 사람들의 이중적인 모습 때문에 오래 일하기 어려웠다. 힘들면 늘 그렇듯이 나는 기독교인으로 돌아가길 원했고 나의 본래 사명인 교회 일에 전념하기로 하고 민련을 그만두고 말았다.

1948년 3월 김구와 김규식이 남한 단독정부 반대를 주장하며 월북해 김일성과 회담하고 돌아왔지만, 대세는 이미 기울어져 5월 10일 남한만의 총선거가 시행되었고 그해 7월 원내 선거로 이승만을 초대 대통령에 선출했다.

1945년 11월 23일 중국에서 임시정부 요인들과 귀국하는 김구. 27년간 중국에서 식민지 한국의 망명정부로 항일투쟁을 벌여왔으나 해방 후 미국은 "남한에서는 미군정이 유일한 합법 정부"라며 임시정부의 정통성을 인정하지 않았다. 이런 갈등 속에서 해방된 지 석 달이 지나서야 김구와 임시정부 요인들은 정부 자격이 아닌 개인 자격으로 고국 땅을 밟게 된 것이다.

친일파와 민족 반역자를 몰아내고 공산당이나 극우 독재 세력은 배제하고 통일된 민족국가를 세우기 원했던 나의 꿈이 수포로 돌아가고, 조국은 반으로 나뉘어 한쪽은 공산국가, 또 한쪽은 극우 독재 세력이 차지하고 말았으니 나는 심한 정치적 허무주의, 아니 거의 정신적 공황 상태가 되고 말았다. 게다가 친일파는 건재하고 민족 반역자들이 오히려 공권력을 휘두르는 위치에 앉아 있는 세상을 살아가야 한다고 생각하니 일제강점기 못지않은 암담함과 절망감을 주체하기 어려웠다. 우리 국민은 이런 절망과 회의 속에서 새 나라의 역사를 기록한 것이다.

1946년 10월 1일, 여운형과 김규식이 이끄는 좌우합작운동에 결정적인 제동을 건 대구폭동사건이 일어난다. 대구에서 식량 배급을 원하는 시위대와 경찰이 충돌해 시위 군중이 사망한 사건으로, 이후 시위대가 친일 경찰 관료를 처단하자며 경찰서를 습격하고 무기를 탈취하는 등 걷잡을 수 없는 폭동으로 번졌다. 시위가 가라앉자 이번에는 우익 경찰의 보복으로 수많은 양민이 학살되었다.

해방 후 미군정청에 등록된 정당 수는 344개. 그중 진짜 정당이라 부를 만한 것은 대여섯밖에 없었다. 공산당과 여운형이 이끈 중도 좌파의 근로인민당, 안재홍이 주축이 된 국민당, 김구의 한독당, 중도 우익 김규식의 민족자주당, 그리고 한국민주당(한민당)이다. 친일파와 호남계 재벌, 이북 출신의 친일파들이 대거 모인 한민당은 한국에 아무런 지식도 대비책도 없이 들어온 미군정과 재빠르게 손잡았고, 계산 빠른 이승만이 한민당과 다시 손잡음으로써 우리나라의 정계는 패도의 길로 접어들었다.

일본은 물러나면서 여운형을 불러 건국준비위원회에 정권을 이양하고 갔는데, 뒤늦게 들어온 미군정청이 자기들 편의에 따라 한민당을 동반자로 선택해버린 것이 우리 민족으로서는 불운이었다. 이후 한민당의 독주가 이어지며 이른바 '정치'라는 것을 해왔다. 그들의 정치를.

그때부터 지금까지 줄곧 정계를 바라보며 시대마다 양상은 조금씩 다를지 모르지만, 그 본질은 한 치도 다르지 않은 것을 보고 새삼 놀라게 된다. 현재와 과거를 잇는 뿌리의 그 끈질긴 속성에. 그런 나쁜 뿌리를 뽑아내기 위해서 어떻게 해야 할까. 나는 무엇보다도 먼저 사실을 밝히고 진실을 이야기해야 한다고 생각한다. 그렇게 하지 않으면 나쁜 뿌리는 죽지 않고 계속 이어지고, 우리는 같은 실수와 끔찍하고 슬픈 역사를 되풀이하게 될 것이므로.

단독정부 수립을 반대하는 좌익계의 시위에서 촉발해 우익 서북청년단의 테러, 그리고 제주도민의 무장투쟁으로 번진 제주 4·3항쟁은 그 진압 과정에서 끔찍한 결과를 불러왔다. 8만여 명의 제주도민이 사살당하고 1만 5천 호가 방화로 소실되었다.

만약 오늘날 어느 젊은이가 우리 정치는 왜 이 모양밖에 되지 못하는지, 왜 국민은 정치에 희망을 품지 못하고 불신하게 되었느냐고 묻는다면, 나로서는 할 말이 없다. 내가 젊었을 때, 건국의 기초를 닦는 역사적 책임이 우리 세대에 있었지만, 그 역사적 부름에 우리가 만들어낸 역사적 응답이라는 게 그렇게 뒤틀리고 기형적이었으니 말이다. 그러니 우리 세대는 모두가 죄인이다. 두 눈 멀쩡히 뜨고서 나라를 토막 내고 가장 저급한 정치의 씨앗을 뿌려놓았으니, 우리 세대 모두는 그 죄인이며 그 피해자이다.

내가 서울에 내려와 몽양 여운형을 처음 찾게 된 것은 좌우합작이 공식으로 추진되기 직전이었으니까 아마 1946년 5월이었던 것 같다. 무작정 찾아간 나를 몽양은 흔쾌하게 자신의 거처로 안내했다. 그렇게 시작된 얘기는 꼬박 밤을 새우고 이튿날 새벽 다섯 시까지 계속되었다. 그만큼 나는 몽양을 떠나고 싶지 않았고, 몽양 역시 나와 함께하는 시간을 싫어하지 않았다.

여운형과 얘기를 마치고 돌아오는 새벽, 내 마음은 참으로 복잡했다. 몽양과 같은 민족지도자와 서로 애정을 가지고 장시간 흉금을 터놓고 얘기를 했다는 감격과, 그럼에도 여전히 좌익인 그의 정치 노선이 주는 거리감이 서로 얽혀 나를 매우 착잡하게 만들었다.

몽양 여운형 ● 일제강점기 시절 옥살이를 하던 그는 1929년 영국에서 영국의 식민 정책을 비난하다 영국 경찰에 체포되어 일본에 인도, 3년간 복역하고 1932년 출옥했다. 해방 1년 전, 일본의 패망을 예상하고 비밀리에 조선건국준비위원회를 조직, 해방을 준비했다. 조선건국준비위원회는 미군정이 들어올 때까지 행정부의 역할을 하기도 했으나 정치 세력이 좌우로 나뉘는 과정에서 중간 노선을 견지, 결국 어느 편에도 들지 못해 정치세력화에 실패하고 만다.

강원용 목사가 몽양 여운형을 처음 만난 것은 은진중학교 학생 시절, 여운형이 은진중학교를 방문했을 때였다. 그때부터 호감을 느끼고 있다가 해방 후 기독교 청년운동과 좌우합작운동에 참여하며 친분을 쌓았다. 사진은 1936년 은진중학교를 방문한 여운형과 교직원, 학생들이 함께 찍은 기념사진. 가운데 한복을 입은 김약연 선생의 오른쪽에 앉은 이가 몽양 여운형이다.

해방 이후 내가 만난 정치가 중에서 가장 깊은 인상을 준 사람은 몽양 여운형이었지만, 인간적 애정과 정치적 입장을 달리한 데서 오는 갈등 때문에 착잡한 심정을 느끼게 했던 인물 역시 여운형이었다. 이 같은 여운형과의 관계 때문에 나는 그의 추도식 집행위원장을 맡기도 했고, 추모사를 바치기도 했다.

몽양은 중도 좌파로 분류되지만, 사상적으로 워낙 폭이 넓고 도량이 큰 사람이기 때문에 그를 공산주의자니 사회주의자니 하고 간단히 규정하는 것은 문제가 있다. 그가 1940년 일왕을 만나 기개를 굽히지 않았다는 일화나 1946년 『뉴욕타임스』에서 여운형을 '한국의 위대한 민주주의자', '진보적 실력자'로 소개한 일화가 아니더라도 여운형은 열린 인간이었다.

몽양은 좌익임은 틀림없으나 중도 좌익이고 경직된 좌익은 아니었다. 그는 민족문제라면 우익과도 함께할 수 있었고, 미국과도 함께할 수 있었다. 물론 그는 유럽식으로 말하자면 일종의 사회민주주의적 사고를 견지하고 있었고, 당시 남한 현실은 그것을 받아들일 정치적 틀이 없었다.

서로 다른 입장에서 화합을 모색하려면 다른 점은 다르게 보면서도 대화를 나눌 수 있는 열린 눈과 넓은 마음이 필요하다. 여운형은 그런 인물이었던 것 같다. 그래서 외눈박이 소인배들이 어지럽게 설쳐대는 그 시대에서는 지도자가 될 수 없었다. 하지만 앞으로 우리나라가 남북통일을 하고 세계 속의 한국이 될 때 과거 인물 속에서 지도자 모델을 굳이 찾으려고 한다면 나는 단연코 "여운형이 그 모델 감이다"라고 말할 것이다.

북에 주둔한 소련군의 스티코프 장군을 만나는 여운형. 여운형은 1920년 소련공산당에 가입했고, 1921년 모스크바에서 열린 원동민족근로자대회(遠東民族勤勞者大會)에 참석했고, 상해에서 한중호조사(韓中互助社)를 조직하고, 1922년 노병회(勞兵會)를 조직하기도 했으며, 1924년 중국국민당에 가입하여 한중상호협조를 위한 남방혁명군(南方革命軍)을 위해 활동하기도 했다. 그는 해방 직후 좌우 대립이 극심해지기 전까지는 소련과 미국 양쪽에서 모두 신임을 받는 정치인이었다.

한국 현대사에서 몽양 여운형을 재조명하는 일은 극좌나 극우 양극단에 치우치지 않는 중도 정치 노선이 한국 사회 발전을 위해 얼마나 절실하고도 필요한 일인가를 반추하는 계기가 될 것이다. 여운형이 비록 자신의 정치 실험에 실패하긴 했으나, 그는 극좌가 아닌 중도 노선의 정치인이었다.

1948년 한국기독학생총연맹 간사 자격으로 전후 일본을 처음 방문했다. 우리는 두 달가량 일본에 머물며 일본의 종교 지도자나 학자들과 만났고, 나는 강연을 하러 돌아다니는 동안 틈틈이 책에 관심을 쏟았다. 내 관심을 가장 많이 끈 책은 일본어로 번역된 라인홀드 니버의 『빛의 자녀들과 어둠의 자녀들』이었다. 그것은 새로운 관점과 세상을 내게 열어주었다. 나는 큰 충격을 받아 그 후에도 그의 글이 나올 때마다 탐독했다. 뒷날 미국 유학을 결심한 동기 가운데 그의 문하생이 되어 공부해보고 싶다는 열망이 큰 몫을 차지하게 된다.

그의 사상을 접하기 전까지 나는 이분법적인 사고 속에서 살았다고 할 수 있다. 하나님 앞에서 선과 악을 분명하게 구분하고 악을 물리치며 선을 택하는 것만이 믿음 가진 자로서 마땅한 삶이라고 생각했다. 그러나 이런 이분법적인 도덕주의 속에 도사린 거짓을 니버는 샅샅이 파헤쳐주었다. 선과 악을 도식적으로 구분하지 않는 그의 사상은 이후 나에게 지대한 영향을 미쳤다.

극좌도 극우도 싫어한 본래의 내 생리는 니버의 사상에 공감할 수밖에 없었다. 니버의 사상은 내가 그동안 무의식적으로 지녀온 생각들에 이론적인 근거를 마련해주어 이후에는 의식적으로 나의 사상을 견지해나가게 되었는데, 그것이 바로 between & beyond(사이 그리고 그것을 넘어서)이다.

1947년 강원용 목사는 한국기독학생총연맹의 결성을 주도하고 이듬해 한국기독교연합회 청년학생부 간사로 일하는 등 본격적인 선교활동을 벌인다. 그 후 1949년 11월 목사 안수를 받게 된다.

해방 정국과 한국전쟁 기간에 강원용 목사는 청년과 여성을 대상으로 한 선교와 교육에 가장 큰 관심을 두었다. 이는 강원용 목사의 평생 화두였고 인간화의 길과 평화의 길을 강조할 때도 변화의 동력으로서 청년과 여성, 이 두 가지의 큰 축은 변함없이 그가 애정을 쏟은 대상이었다.

대한민국 정부가 수립되고 사회는 불안정했지만, 강원용 목사는 기독교 청년운동을 지속적으로 실천했다. 사진은 한국전쟁 발발 두 달 전, 전북여중에서 강연을 마치고.

1951년 부산에서 한국기독교연합회 간사, 한국기독학생총연맹 총무로 활동하던 시절.

니버를 읽으며 정치와 사회 현실에서 느낀 실망이 크면 클수록 나는 더욱 미래에 희망을 걸고 우리의 장래를 이끌 새 세대의 육성에 힘을 쏟았다. 이미 신인회를 통해 학생들과 함께 사상 연구를 해왔던 나는 일본에서 두 달 동안 모아온 책들을 귀국하자마자 목마른 사람이 물을 마시듯 정신없이 읽기 시작했다. 신인회에서 학생들과 토론하고 강좌를 열면서 사용한 책으로는 토인비의 『역사 연구』, 트류블러드의 『현대인의 위기』, 노스롭의 『동양문화와 서양문화와의 관계』 등이 있었고 그 외에 사회학자 소로킨의 사상도 다룬 것으로 기억한다. 내가 일본에서 가져온 책 중에는 라인홀드 니버의 저작과 막스 베버의 책도 있었다.

나는 그런 책을 혼자 읽을 수만은 없어 서로 돌려가며 읽을 수 있도록 신인회 회원들에게도 나누어주었다. 그리고 모두 읽고 나서는 함께 모여 토론했다. 책 읽기를 마친 나는 그동안 읽은 내용을 내 나름대로 정리하여 대학과 고등학교를 돌아다니며 강연했다. 강연 내용은 주로 현대 사상과 이념, 특히 자본주의·공산주의·민족주의의 소개와 비판, 그리고 '새로운 시대의 비전과 그 새 시대를 맞으려면 우리 젊은이들이 어떻게 대비를 해야 할 것인가'에 관한 것이었고, 기독교 사상에 관한 것도 많았다.

1952년 12월 30일, 부산 피난처에서 경기여중고 기독학생회 임원들과 함께한 송년회 자리.

"현대 문명은 몰락해간다. 따라서 우리는 새로운 문명을 맞을 준비를 해야 하는데, 새로운 문명은 아시아가 중심이 되어 생긴다. 우리는 새 문명의 창조자로서 우리 민족의 우수성을 확인하는 한편 그동안의 잘못된 인식 구조와 태도도 개혁해야 한다. 다가올 새 시대는 여러분과 같이 선택받은 창조적 소수자(creative minority)가 주도하게 되는데 이를 위해 여러분에게 요구되는 것은 새 르네상스, 새 종교개혁, 새 인간혁명이다."

새로운 목소리에 주려 있던 학생들은 내 강연에 크게 호응했고 공감하는 학생들이 주변에 모여들기 시작했다. 이렇게 되자 이는 단순한 기독교운동만이 아니라 일종의 사상운동으로 발전해나가기 시작했다.

그런데 내 강연이 학생들에게 큰 인기를 얻자 여러 곳에서 강연 내용을 책으로 엮어달라는 부탁이 들어왔다. 바쁜 가운데 책을 쓰는 일이 쉽지는 않으나 나 역시 책을 쓰고 싶은 마음이 컸기 때문에 1949년 하반기부터 만사를 젖혀놓고 집필 작업에 들어갔다. 나는 결심을 굳게 하고 우리 집 2층 방에 틀어박혔다. 원래 그 방은 학생들이 무시로 드나들던 사랑방 같은 곳이었으나 그때부터는 아예 출입을 통제하고 나 혼자만의 공간으로 만들었다. 나는 원래 악필이고 글보다 말이 능한 편이어서 내가 쓴 글을 다듬고 정서해줄 사람이 필요했는데, 당시 그 일을 맡아준 사람이 김대중 대통령의 부인 이희호였다. 그때 사범대학 학생이었던 그녀는 방 한쪽 구석에 앉아 내가 넘겨주는 초고를 받아서 정리해주곤 했다. 화장실에 가는 것만 빼놓고 나머지 시간을 거의 방에 틀어박혀 집필에 몰두한 결과 한 열흘 만에 원고가 끝났다. 굉장한 속필이었던 셈인데, 그만큼 할 말이 많았다는 얘기도 된다. 그렇게 이희호의 도움으로 1949년 하반기에 출간된 책이 『새 시대의 건설자』였다.

지금 이 책을 읽어보면 부끄러운 부분이 많이 보인다. 내가 너무 젊었기 때문이었겠지만 모든 문제를 지나치게 단순화시킨 점이 있다. 그러나 전쟁을 통해 세계를 지배하려고 하는 게 서구 문명이고 서구 문명의 시대는 끝났다는 이야기, 아시아로 역사의 중심이 옮겨오고 있다는 이야기, 이 아시아로 오는 역사는 다시 조선 반도가 역사의 초점이 된다는 이야기에 이어 이것을 해나갈 수 있는 사람은 창조적인 소수라는 줄거리는 지금 생각해도 옳은 판단이었다는 생각이 든다. 이런 주제가 당시 젊은이들에게 열광적으로 받아들여졌음인지 이 책은 14판까지 나왔던 것으로 기억한다. 그러나 한국전쟁 때 책의 지형까지 다 타버려서 그 후 나조차도 책을 갖고 있지 못했는데 누군가 한 권을 갖다주어 현재 아주 낡은 상태로 보관하고 있다.

한국전쟁이 터지고 우여곡절 끝에 부산에서 피난 시절을 보내고 있을 1953년, 부산정치파동의 후유증이 가시지 않은 어수선한 분위기가 정가를 휩쓸고 있었고 파벌 싸움에 혼탁해진 교계 또한 나아갈 방향을 잡지 못해 좌충우돌하고 있었다. 그리고 전쟁은 소강 상태에 빠져 휴전의 분위기가 무르익고 있었다. 그 무렵, 나는 존 맥클라우드라는 캐나다 성공회의 젊은 목사를 알게 되었다. 그는 캐나다에서 기독학생운동을 하던 사람이었는데, 전쟁 중인 한국의 기독학생들을 지원하기 위해 부산에 온 사람이었다. 그는 한국 기독학생운동의 형편을 살펴보다가 내가 벌이는 활동을 접하고 상당히 호감을 느끼게 된 모양이었다. 어느 날 그가 나를 찾아와 뜻밖의 제안을 했다.

"캐나다 기독학생회에서 당신을 초청할 테니 캐나다로 유학 가볼 생각은 없습니까?"

갑작스런 제의에 나는 우선 생각할 시간을 달라고 했다. 그가 돌아간 뒤 나는 심각한 갈등에 빠졌다. 용정에 갈 때도, 그리고 일본으로 유학을 떠날 때도 그랬던 것처럼 지금 부산에서 내가 처한 상황 역시 혼자 훌쩍 유학을 떠날 형편이 아니었다. 전쟁의 폐허에서 나를 믿고 따르는 수많은 학생을 가난과 실의 속에 내버려두고 가는 것도 문제려니와 고생만 시켜온 가족에게 또 한동안 참아달라고 얘기하려니 차마 입이 떨어지지 않았다.

1953년에는 막내 대영이까지 태어나 당시 나는 4남매를 둔 가장이었다. 그러나 서른여섯 살의 나이에 내가 가진 것이라고는 너절한 판잣집 하나밖에 없었다. 그때 우리는 전세방의 전세금을 빼내 제일 가난한 피난민들이 모여 사는 보수동 산꼭대기에 '하꼬방'을 하나 사서 살고 있었다. 우리가 살던 집은 그중에서도 가장 꼭대기에 있었으므로 말이 집이지 움막이나 다름없었다. 비가 오면 사방에서 물이 흘러내렸고, 바람이라도 세게 불라치면 아내와 내가 마주 보는 양쪽 문짝이 떨어지지 않게 두 손으로 꼭 붙들고 있어야 했다.

캐나다 유학 시절 홍근표, 박은수 등과 함께.

그런 집에다 약한 아내와 올망졸망 어린것 네 명을 아무 대책 없이 남겨 두고 나 혼자 공부한다고 떠날 수는 없는 노릇이었다.

어려운 선택의 기로에서는 늘 그랬듯 나는 하나님께 기도를 올리며 나의 길을 찾고자 했다. 그리고 마침내 내린 결론은 유학을 떠나는 쪽으로 기울었다. 심한 고민과 갈등 끝에 이렇게 잠정적인 결정을 내린 나는 우선 아내와 의논을 했다. 고맙게도 아내는 선선히 내 결정을 받아들였다.

"이번 기회를 놓치면 언제 또 기회가 올지 모르니 우리 걱정은 하지 말고 가서 마음껏 공부하고 오세요."

아내는 나를 안심시켰다. 아내는 그런 여자였다. 내가 하고자 하는 일에 한 번도 반대 의사나 불만을 드러내는 법이 없었다. 요즘 여성이라면 용서하기 어려웠을 남편을 아내는 평생 용납해왔다.

캐나다 애드먼턴에서 용정 은진중학교 교장을 지낸
조지 브루스 선생의 가족과 함께 찍은 사진이다.
강원용 목사는 1953년 8월 캐나다 기독학생회
초청으로 유학길에 올라 1954년 5월 매니토바 대학
신학부 대학원을 졸업했다.

휴전 협정으로 3년 동안의 처참했던 전쟁이 끝나고 열흘쯤 지나 1953년 8월 3일 나는 부산 수영비행장에서 비행기에 올랐다. 광복동 뒷골목에서 산 바지에다 낡은 와이셔츠를 입은 차림이 내 유학 준비의 다였다. 프로펠러 비행기는 3시간 반 만에 일본 하네다 공항에 도착했다. 나는 미리 연락을 받은 대로 나를 실어 갈 캐나다 군용기를 찾았는데, 찾고 보니 그게 군인들이 타는 비행기가 아니라 군수물자를 나르는 화물 수송기였다. 사람이라곤 조종사와 조수 두세 명뿐이었다. 그들은 나만 홀로 짐짝들 사이에 남겨두고 조종실로 건너가버렸다. 짐칸은 방음도 안 되어 있고 좌석도 편할 리 없었다. 어두운 밤에 요란한 프로펠러 소리를 들으며 짐짝들과 하늘로 오르니 두려운 마음보다 슬픔이 차 올라와 나는 그만 소년처럼 울어버리고 말았다. 더구나 비행기는 곧장 캐나다로 향한 것이 아니었다. 태평양의 여러 섬을 거치더니 알래스카에서 1주일 더 머물다가 20일 만에 캐나다에 도착했다.

캐나다 유학 시절은 고생이 이만저만이 아니었다. 도중에 향수병에 걸리기도 했고 두고 온 가족이 생각나 미안한 마음이 늘 앞서기도 했다. 그러나 고생 끝에 학위를 마치자 강원용 목사는 더 큰 공부를 위해 뉴욕행을 결심한다.

뉴욕의 유니언 신학교

캐나다에서 은진중학교 은사였던 브루스 교장의 도움으로 어렵사리 공부를 마친 나는, 내친김에 공부를 더해보기로 마음먹었다. 특히 미국 뉴욕의 유니언 신학교를 마음에 두고 있었다. 특정 교파의 신학교가 아니라 이름처럼 모든 교파를 초월한 유니언 신학교는 그만큼 교파의 교리에 얽매이지 않는 자유로운 신학 본연의 연구가 보장되는 학교였다. 게다가 그 학교에는 내가 일찍이 흠모해왔던 라인홀드 니버가 교수로 있었고, 또 캐나다에서 공부하면서 새로이 알게 된 폴 틸리히 교수도 있었다.

모든 신자가 그렇겠지만 나 역시 기독교에 입문하고 내 신앙에 전환기를 맞게 되는 순간이 몇 차례 있었다. 맨 처음 계기는 용정에서 김재준 목사를 만났을 때였다. 김 목사를 만나면서 나는 신학적으로 보수·정통 신학에서 벗어난, 이른바 신정통 신학을 접하고 충격을 받았다. 그 후 니버는 기독교 사회윤리 면에서 내게 새로운 눈을 뜨게 해주었고, 틸리히 교수를 알게 되면서부터는 인간 실존에 대해 기존의 해석과는 완전히 다른 깊이와 넓이를 가진 자유로운 시각을 갖게 되었다. 틸리히는 죄의 문제, 자유의 문제, 사랑의 문제 등에서 나를 완전히 흔들어놓았다.

전쟁이 남긴 폐허 속에서 비참하게 살고 있을 가족 문제나 학비 문제 등 여러 가지 갈등도 많았으나 나는 이왕 나온 김에, 다만 1년 만이라도 유니언 신학교에서 공부해보고 싶은 욕심을 도저히 포기할 수 없었다. 나는 곧바로 유니언 신학교에 편지를 보냈다. 내 소개를 자세히 한 후 이러저러한 이유로 그곳에서 꼭 공부해보고 싶다는 내용을 담았다. 그런데 뜻밖에도 '석사학위 과정을 밟는 조건으로 1년간 1,400달러의 장학금을 지급할 테니 오라'는 답신이 왔다. 나는 너무나 기뻐서 춤이라도 추고 싶은 심정이었다.

미국 뉴욕에 있는 유니언 신학교(Union Theological Seminary)의 옛 모습. 1836년 창립되었으며 나치에 저항했던 독일 목사 본 회퍼가 1928년 이곳에서 공부하기도 했다. 1950년대 폴 틸리히, 라인홀드 니버 등이 교수로 있으면서 명실공히 세계적인 신학교로 자리매김했다. 현재 한국의 여성 신학자 정현경 박사가 아시아 여성 최초로 종신교수로 임명돼 일하고 있기도 하다.

뉴욕 유니언 신학교의 현재 모습.

강원용 목사는 1954년 8월부터 1956년 5월까지 뉴욕 유니언 신학교 대학원에서 사회윤리를 전공해 학위를 받았다. 사진은 당시 동문들과 찍은 기념사진.

내가 니버에게 받은 영향은 많지만 그중에서도 사회정의와 사랑을 연결한 사상은 두고두고 영향을 미쳤다. '사랑 없는 정의'를 강조하는 사회참여파나 '정의 없는 사랑'을 말하는 보수파 사이에서 내가 갈 길을 선택할 때마다 나는 사랑은 정의를 통해 사회 속에서 실현되고 그 정의는 항상 사랑이 밑받침되어야 한다는 니버의 이론을 되새겼다. 니버는 사회정의를 실현할 때의 목표, 즉 도달하고자 하는 규범을 실현하는 데 세 가지 방법이 있다고 했다. 하나는 사회를 무조건 거부하고 뒤엎는 급진적 태도다. 두 번째는 추구해야 할 규범보다 현 상태를 유지하는 것에 안존하는 보수적인 태도다. 그러나 니버는 이 두 가지를 모두 배격한다. 그가 제시한 길이 바로 '근사적 접근'이다. 이것은 도달해야 할 목표를 분명히 하되 현실과 목표 사이의 거리를 단계적으로 차츰차츰 접근시켜가는 방법이다. 이 이론은 격동기의 역사를 몸으로 겪어온 나에게 늘 등대 같은 구실을 해왔을 뿐만 아니라 나는 결국 그런 근사적 방법만이 사람들의 희생을 줄이면서도 확실하게 역사를 진전시켜왔다고 믿는다.

강원용 목사에게 큰 가르침을 준 라인홀드 니버. 미국이 낳은 기독교 사회윤리학의 대가이며 종교인의 현실 참여에 새로운 개념을 불어넣어준 인물이다. 최근 미국 오바마 대통령을 키운 30권의 책에 라인홀드 니버의 『도덕적 인간과 비도덕적 사회』가 들어 있어 화제가 되기도 했다. 그의 신학은 사회적으로도 인정받아 생전에 『타임』지의 표지 인물로 뽑히기도 했다.

20세기가 낳은 위대한 조직신학자 폴 틸리히. 그는 그리스도의 가르침을 오늘을 사는 그리스도인들을 위해 재해석하는 데 일생을 바친 신학자였다. 1886년 독일에서 태어난 그는 베를린 대학과 마르부르크 대학에서 신학을 가르치다 나치의 탄압을 피해 뉴욕 유니언 신학교로 옮겨 1933년부터 1955년까지 교수 생활을 했다. 그 후 하버드 최우수 특별 교수로 옮겨가 1962년까지 일하다 말년에 시카고 대학에서 후학을 가르쳤다. 47세 나이에 미국으로 건너오면서 영어를 배워 영어로만 저작을 했다는 일화는 유명하다.

니버와 더불어 내게 큰 스승이 되어준 틸리히에 관해서도 말해야겠다. 유니언 신학교에서 수업을 들으며 틸리히 교수를 특별히 존경했던 나는 서울에다 부탁해 은퇴 선물로 자개 명패를 하나 준비해놓고 있었다. 서울에서 명패가 도착하고 나서도 한동안 부끄러워 그것을 건네지 못했던 나는 그가 학교를 떠나기 직전에야 겨우 그의 우편함에다 슬쩍 집어넣었다. 그랬더니 꼭 좀 만나자는 연락이 왔다. 연구실로 찾아간 나에게 그는 보기 드물게 미소를 보내며 말했다.

"당신이 준 선물, 참 고맙습니다. 내 아내가 미술을 하는 사람인데 참 좋아해요. 나도 당신에게 선물을 드리고 싶군요."

그는 자기가 쓴 책 두 권에 친필 서명을 해서 건네주었는데, 그것은 『흔들리는 터전』과 『새로운 존재』라는 책으로 바로 내가 캐나다에서 읽고 큰 감명을 받았던 책들이다.

틸리히의 설교나 강의를 듣다보면 마치 불가의 선승이 노선사의 가르침을 받을 때처럼 충격적인 깨달음으로 와닿는 간략한 단어들을 만날 때가 있다. 이런 신앙적인 깨달음을 준 틸리히에 나는 늘 감사하게 생각한다. 그를 만난 지 50년이 지난 지금에도 그의 모습은 지워지지 않고 있다. 잔잔하면서도 투박한 음성, 독일식 악센트, 웃음 없는 침통한 표정, 그런 침울하고도 엄숙한 모습 뒤에 깊으면서도 전혀 어둡지 않은 그의 '아름다운' 신학이 있는 것, 그 모두가 내게는 강한 인상으로 남아 있다.

1956년 미국 유학 시절 시무하던 워싱턴 한인교회 교우들과 함께 찍은 사진이다.

사랑을 주장하면서 정의에 무관심한 것은 참된 사랑이 아니라 감상주의에 불과하고, 사회정의 실현에 노력하는 사람들이 사랑이라는 관을 통하지 않으면 그 정의는 정의가 아닌 부정이 되고 만다. 절망적인 현실을 제대로 인식하는 데서부터 시작해 희망적인 믿음으로 이상의 목표를 향해, 작지만 차근차근 밟아가는 굳센 발걸음, 즉 '환상도 절망도 갖지 않는 발걸음'은 바로 내가 스승 니버에게 배운 행동 원칙이다. 내 인생에서 풍랑을 만날 때면 이 원칙을 되새기며 침착하게 바른길을 찾고자 노력했다.

다시 한국 땅을 밟다

1957년 10월, 나는 고국으로 돌아왔다. 먼 타국에서 고국을 떠올릴 때마다 그리워 가슴이 쓰리던 경동교회와 내 집에 도착한 것이다. 부산에서 곧장 유학길에 올랐으니, 1·4후퇴 때 떠난 후 7년 만에 다시 보게 되는 교회요, 집이었다. 그러나 휴전이 된 후 이미 4년이 지나 있었음에도 교회 건물은 아직도 전쟁의 상흔에서 벗어나지 못한 채 낯설고 을씨년스러운 모습으로 나를 맞아주었다.

1957년 10월, 미국 유학을 마치고 귀국하는 강원용 목사.
입고 있는 코트 부분이 뜯겨 사진 보정 작업을 했다.

강원용 목사는 1957년 미국 유학을 마치고 귀국하여 경동교회에서 시무하면서 한국신학대학, 감리교신학대학에서 강의했다. 니버의 영향을 받은 그는 한국의 현실에서 기독교인의 역할에 대해 끊임없이 고민하고 공부하며, 한편에선 교역자로 다른 한편에선 새로운 기독교 사회운동가로 그 지평을 넓혀가면서 1960년대를 맞이한다.

2006 Unitas Award

Union Theological Seminary
Proudly Honors Distinguished Alumnus

Kang Won-yong '56

Peace activist, pioneer of inter-religious dialogue, and founding leader of Kyungdong Presbyterian Church; for his undying devotion to the Church and to socio-political democratization; for his service to the poor, the weak and the trampled; for his efforts to reunite North and South Korea; and for his exemplary vision that all peoples of all faiths everywhere can and may live in harmony.

Awarded this thirteenth day of October, 2006

Joseph C. Hough, Jr.
JOSEPH C. HOUGH, JR., PRESIDENT

2006년 10월, 강원용 목사는 미국 유니언 신학교에서 학교의 명예를 빛낸 동문에게 주는 Unitas Award 상을 받았다.

●

한국전쟁이 한창이던 1950년 9월 초, 인민군의 탄압을 피해 경기도 도농리에서 피난살이를 할 때의 일이다. 우리 가족이 숨어 살던 집 근처에 동산이 하나 있었는데, 그날 홍만길이 아랫도리를 발가벗은 어린 대인이를 데리고 땔감으로 쓸 솔방울을 주우러 동산에 올라가 있었다. 그때 갑자기 하늘에서 전투기가 나타나더니 그 동산을 향해 기관총을 쏘기 시작했다. 나와 식구들은 반사적으로 방 안으로 뛰어들어가 이불을 뒤집어썼다. 혼비백산해서 이불을 뒤집어쓰기는 했으나, 마을을 다 쓸어내는 듯한 요란한 총소리는 그치지 않았다. 그런데 어느 순간 다섯 살짜리 혜원이가 외쳤다.

"대인이가 산에서 죽는데 우리만 숨으면 뭐해!"

그러더니 혜원이는 대인이를 찾으러 밖으로 뛰쳐나갔다. 황망한 일이라 모두들 어쩔 줄 모르고 허둥대고 있는데 다행히 총소리가 멎었고 정말 하나님의 도우심으로 홍만길과 대인이도 살아서 돌아왔다.

홍만길은 사격이 시작되자 자기도 모르게 소나무 밑둥치에 엎드렸으나, 곧 뒤따라오던 대인이가 생각나 다시 달려가서 울고 있던 아이를 끌어안고 엎드렸다고 한다. 그러고는 무조건 하나님께 기도를 올렸는데, 옆을 보니 어린 대인이도 같이 기도를 올리고 있더란다. 사격이 끝나자 홍만길이 대인이에게 물어보았다고 한다.

"얘, 너 그때 뭐라고 기도했니?"

"하나님, 밥 좀 주세요 하고 기도했어."

죽는다는 것이 무엇인지 모르는 어린것은 그런 무서운 상황에서도 가장 절실했던 게 주린 배를 채울 밥 한 그릇이었던 모양이다. 그 말을 들은 내 가슴은 쓰리고 아팠다.

김명주 여사와 자녀들(부산 피난 시절) ● 김명주 여사는 1918년 북간도 용정에서 태어나 명신여중, 영생여고를 졸업하고 서울 세브란스 간호전문학교에서 수학했다. 용정의 명신소학교에서 5년간 교사로 활동하다 1940년 강원용 목사와 결혼해 1942년 장녀 혜자, 1944년 차녀 혜원, 1947년 장남 대인, 1952년 차남 대영까지 슬하에 자녀 넷을 두었다. 김명주 여사는 강원용 목사의 유학 당시, 형편이 어려웠던 집안을 이끌며 네 자녀의 생활과 교육을 책임졌다. 그러면서도 경동교회와 대한기독교장로회 여신도회연합회에서 활동하는 등 사회봉사와 선교사업에 앞장서기도 했다. 1985년부터 1987년까지 기독교장로회 여신도회 전국연합회장을 역임했고 평생을 소년소녀 가장 돕기, 노동자와 도시 빈민 여성의 교육에 크게 공헌하는 등 사회활동을 펼치다가 2011년 4월 16일 별세했다.

1969년 기장 여신도연합회 총회에서 연설하는 김명주 여사.

4·19가 일어나 한국 현대사의 일대 전환기를 이룬 1960년, 나 개인에는 도저히 받아들이기 어려운 비극이 일어났다. 그해 늦가을, 나는 끔찍이도 귀여워했던 막내 대영이를 잃었다. '자식은 부모가 죽으면 산에 묻고, 부모는 자식이 죽으면 가슴에 묻는다'는 말이 있듯이 이 글을 쓰는 지금도 나는 흐르는 눈물을 막을 수가 없다.

1952년 5월 12일에 태어난 대영이는 내가 그 이듬해 8월에 유학길에 올라 그 애가 만 다섯 살 되던 해 돌아왔으니까 유아기를 아버지 없이 보내야 했다. 귀국하던 날 오산 비행장에서 나를 가장 놀라게 한 것은 그사이 알아볼 수 없게 커버린 그 아이의 대견한 모습이었다.

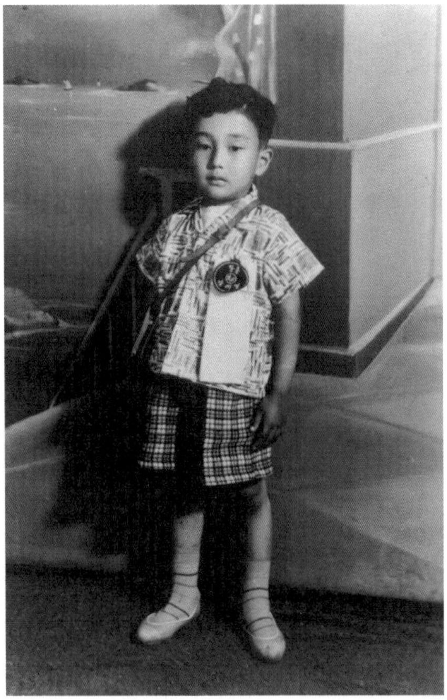

강원용 목사의 막내아들 대영.
9살 나이에 안타깝게 생을 달리했다.

일찍 세상을 버려야 할 운명이라 그랬는지 그 아이는 유난히 잘생기고 귀여웠으며 사람들에게도 참 다정하게 굴었다. 나는 외출했다가도 그 아이가 보고 싶어 서둘러 귀가하곤 할 정도였다.

막내여서 형이나 누나들보다 재롱이 많았던 대영이는 내가 외출했다 교회로 돌아올 때면 교회 앞에 있는 나무 뒤에 숨었다가 내 뒤로 폴짝 뛰어나와서는 그 작은 두 손으로 내 눈을 꼭 가렸다. 그러곤 "내가 누군 줄 알아?" 하고 장난스레 묻곤 했다. 그렇게 재롱둥이로 귀여움을 독차지하던 대영이는 죽기 바로 전 해에 초등학교에 입학했는데 첫 학기부터 1등을 하고, 도무지 못하는 것이 없는 재주덩어리로

강원용 목사의 70세 생일을 맞아 기념식수를 한 손주들의 모습.

사람들의 아낌과 사랑을 받았다. 그런 대영이가 병에 시달리게 된 것이 2학년에 진학한 1960년 초였다.

아무래도 심상치가 않아 정밀 검사를 해보니 간에 이상이 있다는 진단이 내려졌다. 청천벽력 같은 소리였고 당시 한국의 의학 수준으로는 고치기가 쉽지 않다고 했다. 대영이는 학교를 쉰 채 집과 병원을 오가며 장기 치료에 들어갔다. 온 가족이 힘을 다했지만, 10월 말부터 병세가 급격하게 악화되었다. 결국 대영이는 내가 몇 날 동안 울면서 기도하는 가운데 11월 4일, 그만 심장이 멈추고 말았다. 아내는 까무러쳤고 나 역시 제정신이 아니었다.

대영이가 죽은 지 40여 년이 지난 지금도 내 가슴에는 그 아이가 남긴 가시가 그대로 박혀 있다. 그러나 나는 그 가시를 뽑아달라고 기도하지 않는다. 그 가시를 품은 채 세상을 마칠 것이다. 내가 어머니의 자궁에서 세상으로 나왔듯이 지금의 나도 죽음을 통해 새 생명을 얻게 되리라 믿는다. 그러므로 나는 이 가시를 품은 채 세상을 뜨게 되면 새로운 세상에서 먼저 간 대영이를 만날 수 있으리라 믿으며 그날을 기다린다.

1958

경동교회의 부르심을 받다

"그러므로 세계를 변화시킬 힘은 교리나 도덕이 아니라
그리스도 안에서 보인 사랑의 폭발에 있다."

엄숙주의와 경건주의가 만연해 예배에서 축제가 사라지면서 한국 교회에 나타난 현상은 '비인간화'였다. 그러나 축제는 하나님과 만날 수 있는 장이며 인간성을 회복시켜주고 공동체를 형성시킨다. 이런 생각에서 나는 경동교회에서라도 우선 축제를 회복시키고자 했다.

강원용 연보 |교회|

1947. 한국기독학생총연맹(KSCF)을 결성함.

1949. 『새 시대의 건설자』를 출간함.

1957. 유학 후 40세의 나이로 귀국하여 경동교회에서 시무함.

1958. 4월부터 1960년 3월까지 한국신학대학, 감리교신학대학 강사로 시무함.

1958. 11월 7일, 교회 건물과 사택에 화재가 남.

1958. 12월 7일, 경동교회 담임목사로 취임함.

1964. 주일 설교 「알파와 오메가」가 『복음신문』에 실려 교계의 논쟁이 됨.

1966. 한국종교인협의회 회장직을 맡음. 한국기독교장로회 총회장직에 취임함.

1969. 경동교회로부터 종로구 세검정 소재 사택을 기증받음.

1970. 11월 22일 전태일의 죽음을 주제로 「한 알의 밀알」을 설교함. 이 설교로 중앙정보부에 불려가 조사를 받고 돌아옴.

1972. 성탄예배를 마임극으로 드림. 복음가요 페스티벌을 엶.

1982. 한국기독교 백주년기념사업협의회 대표회장직에 취임함.

1985. 『경동교회 40년사』를 발간함.

1986. 69세, 경동교회 담임목사를 은퇴하고 명예목사가 됨.

1992. 중국 연길과 용정을 방문함.

1995. 경동교회 50주년 기념예배에서 '만물의 근원이 되시는 그리스도'를 주제로 설교함. 설교와 언론 기고문을 모아 『강원용 전집』 9권을 발간함.

1997. 한신상을 수상함.

1999. 82세, 경동교회 신도들과 성지순례에 참가함.

경동교회 연보

1945. 12월 2일, 30여 명의 어린이와 학생들로 첫 예배를 드림.

1947. '성야고보 전도교회'를 거쳐 경동교회로 부르게 됨. 남녀 혼석 실행함.

1953. 한국기독교장로회 서울노회에 가입함.

1958. 12월 7일 강원용 목사가 담임목사로 취임함.

1960. 교인 수 증가로 2부 예배를 드림. 4·19 부상자를 위해 헌금을 기부함.

1964. 성탄예배 TV 중계로 시작함.

1968. 제1회 경동음악회 개최함.

1969. 성탄 축하 무용과 연극의 밤을 개최함.

1970. 가톨릭 황민성 주교, 성공회 조광운 신부의 강론을 들음.

1971. 하몬드 오르간을 설치함.

1974. 부활절 축제 예배를 드림. 추수감사절 예배를 추석으로 옮김. 창립기념 연극을 공연함.

1976. 청계천 동화시장 근로자를 위한 지역사회 학교(야학)를 시작함.

1979. 동화교육을 '지역사회 학교'로 발전시킴.

1980. 광주민주화운동 피해자를 위한 특별헌금을 현지에 전달함.

1981. 김수근이 설계한 새 교회당 헌당예배와 축하 음악회를 개최함.

1986. 강원용 목사 은퇴, 명예목사로 추대됨. 김호식 담임목사 취임함.

1987. 1월 27일 김재준 목사 87세로 소천함.

1992. 이동준 담임목사 취임함. 김경재 협동목사 부임함.

1993. 지역사회를 위한 경동어린이집 개원함.

1994. 중국 용정에 용정선린관을 건축함.

1995. 창립 50주년 기념행사를 엶. 청년문화선교센터를 개원함.

1996. 경동찬송가를 출판함.

1998. 50주년 기념 선교관을 건축함.

1999. 박종화 담임목사 취임함.

2000. 외국인 노동자를 위한 '선한 이웃 클리닉'을 개원함.

2006. 대한성공회 주교좌 성당과 교환 예배를 드림. 강원용 목사 소천함.

나는 목사가 될 팔자

내 평생을 되돌아보면 참 묘한 느낌이 든다. '애기 집사'로 시작한 나의 교회 이력은 그러나 장로라는 호칭이 내게 어울리지 않는 것 같아 거북했고, 또 목사가 되고서도 목사라는 울타리가 내게 맞지 않는 듯싶어 차라리 교수나 박사로 불리기를 바랐다. 그러나 번번이 돌아간 자리는 설교단이고, 내 호칭은 오늘날까지 변함없이 '목사님'일 뿐이다. 그러고 보면 나는 어차피 목사가 될 팔자였다는 생각도 든다. 내가 목사 되기를 싫어했든 좋아했든, 그리고 어떤 연유로 목사가 되었든, 그것은 하나님이 내게 마련해주신 길이었다는 것을 이해하게 된다. 내가 좋아하고 싫어하고는 하등 중요하지가 않다. 우리는 모두 그분의 뜻대로 살아가게 되어 있을 뿐이다.

1958년 한신대에서 강의하는 강원용 목사. 그의 목회신학은 "신앙은 신의 모습을 닮은 인간이 가진 한계와 나약함을 우리 자신에게서 발견하는 것이지, 아담이나 이브의 뼈를 찾는 것이 아니다"(『역사의 언덕에서』)라는 것에 잘 드러나 있다.

내가 미국에서 귀국한 다음 날이 마침 주일이었다. 그래서 정말 오랜만에 경동교회에서 설교하게 되었는데, 내가 미국에서 돌아왔다고 사람들이 잔뜩 몰려왔다. 좁고 허름한 교회당 안을 가득 채우고 층계까지 빼곡히 들어차 호기심 어린 눈초리로 바라보는 가운데 나는 귀국 후 첫 설교를 했다. 그로부터 1년여간 김재준 목사와 함께 경동교회에서 시무하면서도 틈틈이 한신대와 감신대에서 강의를 하는 등 바쁘게 살았지만, 결국 1958년 12월 경동교회의 담임목사로 위임되면서 본격적인 목회활동에 들어갔다.

1960년, 경동교회 성찬식을 집례하는 김재준 목사와 강원용 목사.

미국 유학에서 돌아왔을 즈음, 경동교회 교인들과 함께 찍은 기념사진. 맨 뒷줄 가운데쯤에 로만칼라를 갖춘 강원용 목사가 보인다. 경동교회는 교인 수가 늘어 1960년 3월부터, 한국에서는 영락교회에 이어 두 번째로 2부 예배를 드리기 시작했다.

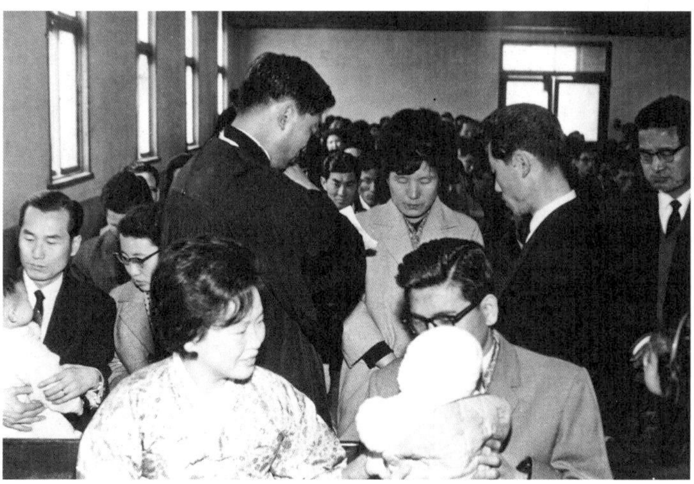

1964년 부활절 유아세례를 집전하는 강원용 목사와 교인들의 모습. "예수님의 부활 사건은 '생명이 죽음을 이긴 사건'이며, '사랑이 증오를 정복한 사건'이고, '진리가 불의를 폭로하고 승리한 사건'이다." (『내가 믿는 그리스도』)

1964년, 주일예배에서 설교하는 강원용 목사.

그해 가을에는 지지부진 끌어오던 새 교회당 건축도 대강 마무리되어서 그곳에서 예배를 드리는 기쁨도 있었다. 신도들이 적은 돈이나마 모금하고 노동력도 아낌없이 제공하는 등 모두가 힘을 모아 애쓴 값진 결과였다. 물론 새 교회당이라고는 하지만 돈이 없어서 제대로 지어지진 못했다. 하지만 그런 상황에서도 교인은 늘어만 갔다. 교세는 점차 눈에 띄게 신장하기 시작했고 특히 젊은 교인들이 급증했다. 그렇게 되니 좁은 교회당에서 한꺼번에 예배를 드릴 수가 없어 2부제 예배를 드려야 했다. 그러나 곧 그것도 부족해 3부제로 개편할 만큼 교회는 무럭무럭 성장해나갔다.

1965년 12월 5일, 경동교회 창립 20주년 기념예배를 마치고.
1945년 12월 2일, 30여 명의 어린이와 학생들이 모여 첫 예배를 드린 경동교회는 그로부터 20년이 지나 교인 수 1,300명이 넘는 교회로 성장했다.

경동교회의 기반을 새롭게 잡아나가면서 나는 유학을 떠나기 전에 벌였던 학생운동을 비롯하여 각종 활동도 열정적으로 펼치기 시작했다. 그것은 내가 원해서라기보다 나를 아는 사람들의 요청에 의해 자연스럽게 그렇게 되어버린 측면이 더 많았다. 내가 귀국하자 사방에서 강연 요청이 들어왔는데, 그에 응하다보니 저절로 이런저런 활동들을 재개하게 된 것이다.

그 결과 KSCF의 이사장이 되면서 YMCA, YWCA, KSCF의 연합체인 한국기독학생운동위원회(KSCC)의 위원장직도 맡게 되어 명실공히 기독학생운동의 총지휘자로 서게 되었다. 다시 시작한 청년학생운동에 나는 변함없는 열정과 보람을 느껴 조금도 귀찮지가 않았고 여건이 되는 대로 지방 순회강연에도 자주 나섰다. 그 무렵 내가 했던 강연 중에 가장 기억에 남는 것은 '폐허에의 호소'라는 제목으로 1958년 4월 YMCA에서 한 공개 강연이다.

청년학생운동에 다시 투신하면서 나는 NCC의 청년부 위원장직도 맡게 되었으며, 그 후 7년 동안 이 직책을 유지했다. 그러나 나의 청년학생운동은 나이를 먹게 되고 또 다른 활동들이 많아지면서 1967년 무렵 대강 마무리를 짓게 된다.

1958년 7월 한국신학대학에서 열린 청년지도자 수련회 기념사진. 앞에서 둘째 줄 왼쪽에서 일곱 번째가 강원용 목사이다. 강원용 목사는 1958년 4월부터 1960년 3월까지 한국신학대학, 감리교신학대학 강사로 시무하기도 했다.

1959년 6월, 연세대학교 기독학생회 회원들과 함께. 강원용 목사는 귀국 후 한국기독학생총연맹(KSCF) 이사장과 한국기독학생운동위원회(KSCC) 위원장으로 일하면서 청년운동에 헌신했다.

1960년대 경동교회 교회학교 중등부 수련회에 참석한 강원용 목사. 강원용 목사는 평생 청년과 여성의 역할을 강조하고 청년과 여성이 그 뜻을 펼쳐갈 길을 열어주고자 노력했다.

1960년대 한경직 목사와 해군부대 위문 방문 중 해군 전함 내부를 둘러보는 강원용 목사. 두 목사는 서로 의지하고 협력하며 한국 교회 발전에 이바지해왔다.

1963년, 경동교회 중고등부 신우회 기념사진. 경동교회 학생부는
한국 사회를 이끌어간 일꾼들을 배출한 교육의 요람이었다.

1965년 다락원에서 열린 경동교회 교회학교 교사 수련회 기념사진.

기장 탄생은 크게 두 가지 면에서 의미가 있다고 생각한다. 우선 신학적으로 보면 기장이 탄생함으로써 이른바 성경의 축자영감설(逐字靈感說, 성서의 말씀은 글자 하나하나 영감으로 쓰였다는 이론)을 따르지 않는 사람을 성서유오설을 믿는 자, 나아가 이단자로까지 몰아세우는 보수 신앙이 깨지기 시작했다. 또 역사적인 측면에서 보면 한국 교계가 외국 선교사들에 의해 조종받는 외세 지배 시대를 벗어나기 시작했다는 점이다.

미국 유학에서 돌아왔을 즈음, 한국신학대학 강당에서 설교하는 강원용 목사. 부산 피난 중이던 1953년 장로회 총회는 보수파의 주도로 김재준 목사를 면직했고, 이에 반발한 강원용 목사와 진보적인 교역자들은 한국신학대학 강당에서 총회를 열고 기독교장로회를 설립했다. 교회의 분열은 뼈아팠지만, 진보적 교단인 기장의 탄생은 한국 사회에 커다란 축복이었다.

1972년 9월, 전주중앙교회에서 열린 한국기독교장로회 제57회 총회 기념사진.
앞에서 둘째 줄 왼쪽에서 여섯 번째가 강원용 목사. 강원용 목사는 1966년,
김재준 목사의 후임으로 제51회 총회장에 선출되었다.

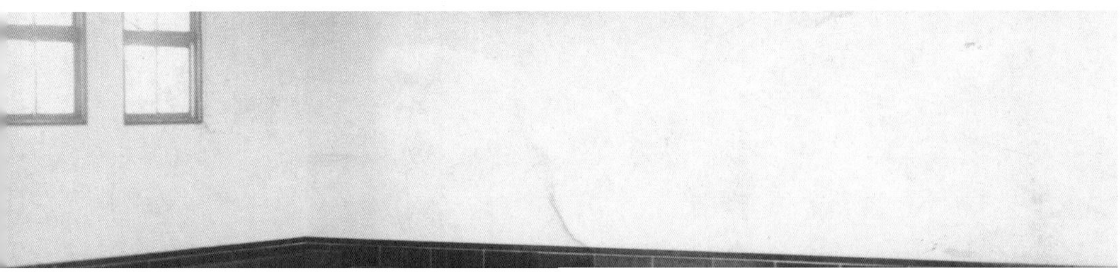

1975년 5월, 영신교회에서 열린 기장 서울노회. 앞줄 오른쪽에서 세 번째가 강원용 목사.

나는 기독교장로회의 탄생과 그 기반을 다지는 일에 많은 노력을 쏟았다. 경동교회에서 목회하면서 우선으로 관심을 기울였던 일은 불합리하고 시대에 뒤진 조직과 제도를 개혁하는 것이었다. 그 일을 위해 나는 기장 총회에 기구개혁위원회를 만들 것을 제의하고 조직을 구성하고서 위원장직을 맡아 여러 가지 개혁안을 내놓았다. 1958년 5월의 일이었다.

그때 낸 개혁안 중에서 가장 큰 쟁점이 된 것이 여자는 장로와 목사가 될 수 없도록 규정한 헌법 조문이 불합리한 성차별에 근거한 것이니 고치자는 안이었다. 교회 구조에서 성차별을 철폐하고 여성도 남성과 같이 안수를 받게 하자는, 다시 말해 여성도 장로와 목사가 될 수 있게 하자는 내 생각을 담은 개정안이 나오자마자 총회의 거센 반발에 부딪혔다. 그 반발은 기장에만 국한하지 않고 전체 장로교회로 확산되어 '여성이 안수를 받을 수 있느냐, 없느냐'의 문제로 신학 논쟁이 일어났다. 반대자들의 주장 중에는 터무니없는 것이 많았으나, '여성 목사' 문제는 그때부터 16년이 지난 1974년에야 비로소 다수의 동의를 얻어 가결될 수 있었다. 정말로 기나긴 씨름 끝에 얻은 동의였으나 그만큼 의의도 컸다.

예배 후 십자가를 앞세우고 퇴장하는 강원용 목사와 교인들.
"기독교의 사명은 기독교화가 아니고 인간화이다. 하나님은 크리스천이 된 것이 아니라 인간이 된 것이다. 신성불가침의 율법인 안식일도 인간을 위해 있는 것이지 안식일을 위해 있는 것이 아니라는 예수의 주장은 굳어진 종교 체제에 대한 근본적인 도전이었다."(『강원용 전집』)
이렇게 외친 강원용 목사는 평생을 교회와 신앙의 갱신을 위해 헌신했다.

1973년 제58회 한국기독교장로회 총회 기념사진. 맨 앞줄 오른쪽에서 아홉 번째가 강원용 목사.

1983년 9월, 경동교회에서 열린 제68회 기장 총회.

목사가 일으킨 사회 논쟁

1960년, 나는 그해 6월부터 기독교방송에서 일주일에 한 번씩 「인생안내」라는 프로그램을 맡아 진행했는데 거기서 이혼 문제로 발언했다가 목사가 방송에서 이혼을 부추겼다는 구설수에 시달려야 했다. 방송에 나간 내용은 "이혼이란 물론 비극이지만 사랑 없이 함께 사는 것도 불행이다. 그렇다면, 우리는 이 두 가지의 길 가운데 '더 작은 불행'을 선택해야 한다. 이혼은 선택의 문제이지 그 자체가 죄악은 아니다"라는 요지의 내용이었다. 지금도 그렇지만 결혼 생활은 이혼을 걱정하기에 앞서 인간답게 사느냐에 초점이 맞춰져야 한다는 것이 내 생각이었다.

1960년대 CBS 라디오 방송 「인생안내」 프로그램을 진행하는 강원용 목사. 강원용 목사는 방송 시작 초기부터 방송윤리위원장을 지내는 등 우리나라 방송문화의 발전에 이바지해왔다. 방송은 강원용 목사의 또 하나의 자식이었다. 「인생안내」 프로그램은 당시 격변하는 사회를 따라잡지 못하는 국민의 의식 개혁과 새로운 가치관 형성에 큰 도움을 주었다.

경동교회에서 열린 결혼식 집례 후에 찍은 기념사진. 강원용 목사의 주례로 맺어진 부부는 셀 수 없을 정도로 많다. 강원용 목사는 결혼이 하나님의 축복이면서도 그것이 인간화에 역행하는 길이라면 이혼 또한 하나님의 뜻이라는 진보적인 해석을 내놓기도 했다.

한편, 그 무렵 『사상계』를 통해 산아제한 논쟁도 일어났다. 나는 하나님이 주신 생명을 인간의 임의대로 제한할 수 없다는 가톨릭의 주장에 '과연 생명이란 무엇인가?' 하는 근본적인 질문을 제기하고 다음과 같이 주장했다. "산아 조절은 남자의 정충이 여자의 난자와 만나지 못하도록 조처를 하는 것이다. 그런데 정충이 과연 생명이란 말인가? 남자가 한 번 사출하는 정액 속에는 수억의 정충이 있고 그 가운데 오직 하나만이 난자와 만날 뿐 나머지는 전부 죽고 마는데, 그렇다면 평생 성교를 하지 말아야 한단 말인가?" 이 글 역시 발표되고 나서 적지 않은 파문을 불러일으켰다. 목사가 정충이니 성교니 하는 남녀의 생리적 관계를 언급했다는 이유였다. 세상에다 해서는 안 되는 말을 떠들고 다니는 목사라는 눈총을 받아야 했다.

1970년대 예배 후 교인을 환송하는 강원용 목사.

1964년 경동교회 청년 수련회. 강원용 목사는 청년들로 하여금 어쩔 수 없는 운명의 속박 속에서 그리스도의 십자가를 바라보며 자리를 털고 일어나 도전과 응전에 나서도록 끊임없이 독려했다. 이는 강원용 목사가 남긴 유산 가운데 중요한 것 중 하나일 것이다.

나는 사람들이 성직자나 종교를 매우 율법적으로 받아들이는 것을 발견하곤 한다. 성직자는 어떤 일을 해서는 안 되고 반드시 이러저러해야 한다고 흔히 생각한다. 물론 성경에 나오는 말씀 가운데는 윤리적이고 도덕적인 말씀이 많다. 그러나 성경은 살아 있는 말씀으로 받아들여야 한다. 그러려면 오늘, 여기에서 성경의 말씀을 받아들여야 한다는 것이 내 생각이다. 오늘날 제기되는 여러 문제를 성경의 입장에서 어떻게 해석하고 풀어나가야 할지 고민하지 않는다면 성경의 말씀은 한낱 딱딱한 율법이 될 뿐, 진정한 윤리도 도덕도 되지 못할 것이다. 성경은 율법이 아니라 복음이다. 그리고 모든 윤리와 도덕은 그 복음에서 시작된다.

1963년에는 가톨릭의 윤형중 신부와 권순영 판사 사이에 시작된 사형 폐지 논쟁에 참여해 사형제도를 반대하는 뜻을 밝힌 일도 있다. 윤 신부가 『동아춘추』라는 잡지에 사형제도를 존속시켜야 한다는 글을 발표하고 나서, 권순영 판사가 같은 잡지 다음 호에 윤 신부의 견해를 반박하는 글을 기고함으로써 시작된 이 논쟁은 그들의 공방이 한 차례 더 있고서 끝날 뻔하다가, 내가 권 판사의 견해를 지지하는 글을 기고함으로써 더욱 확대되었다. 이 논쟁은 사형제도에 관한 우리나라 최초의 공개적인 논쟁으로 화제를 모았다.

보복은 자연스러운 감정이긴 하지만 하나님의 의(義)는 아니다. 사형을 주장하는 사람들은 하나님의 창조 질서를 거스르는 것이며 불완전한 인간의 판단력을 절대화하는 오류를 범하는 것이다. 의로운 사람이란 존재하지 않는다. 그리고 살인죄까지 포함해 인간의 모든 악은 어디까지나 비교·상대적이지 절대·단독적인 것이 아니다. 절대적인 심판은 절대자이신 하나님만이 할 수 있는 일이지 상대적이고 유한한 인간 존재가 해낼 수 있는 것이 아니라는 논리였다.

그러나 나는 안타깝게도 이 논쟁이 계속되어 사형제도를 둘러싼 폭넓은 의견 수렴과 여론 환기를 바랐으나, 내 글이 발표된 이후 아무런 반박이나 지지 의사가 표명되지 않아 우리나라 최초의 사형제도 폐지 논쟁은 내 글을 마지막으로 종결되고 말았다.

역사의 언덕에서 2 352-356 • 3 77-81

1973년 한국기독교장로회 총회 야외예배. 왼쪽부터 김재준, 강원용, 서정태, 이준묵 목사. 강원용 목사는 기장 탄생에 큰 역할을 했으며 이후에도 기장을 대표하는 지성이었다. 교회의 사회 책임을 강조한 기장과 강원용 목사는 보수 교단이나 정치권으로부터 숱한 공격을 받기도 했다.

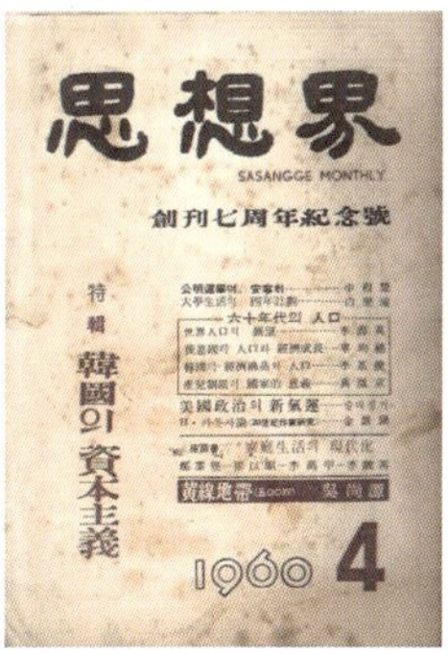

산아제한 논쟁이 시작된 『사상계』 1960년 4월호. 이 호의 특집이 '60년대의 인구'였다. 이 특집을 다룬 호에서부터 산아제한이 사회적 논쟁거리로 떠올랐다.

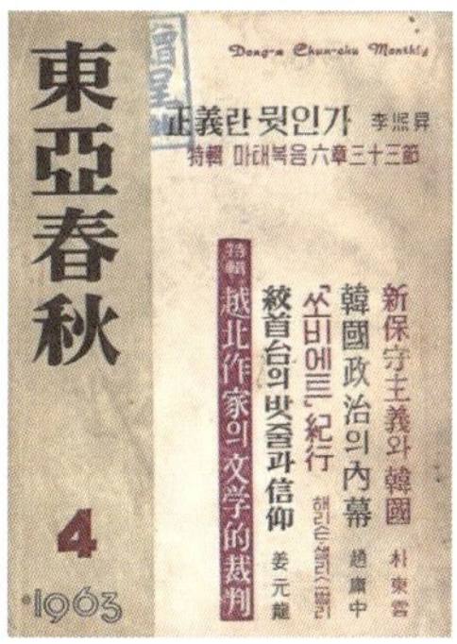

사형제도 논쟁 당시 강원용 목사의 기고문이 실린 『동아춘추』 1963년 4월호. 강원용 목사는 이 호에 「교수대의 밧줄과 신앙」이라는 제목으로 사형제도를 반대하는 기고문을 실었다.

1964년 가을, 경동교회에서 한 주일 설교 때문에 곤욕을 치른 적도 있었다. 설교 제목은 「알파와 오메가」였는데, 성경 말씀을 주제로 죽음과 부활을 얘기하며 사랑과 용서를 강조한, 지극히 평범한 내용의 설교였다. 그런데 이 설교가 끝나고 뜻밖에도 "영혼 불멸을 부인하고 지옥은 없다고 주장했다"는 이유로 교계의 엄청난 비난과 공격을 받아야 했다. 보수파에서 『복음신문』에 기사화해 전국에 200만 부나 배포한 것이다. 설교 내용은 사실 평범했다.

"대부분 종교인은 사후 세계를 믿는다. 어떤 이들은 사후에 천당에 가면 땀도 흘리지 않고 속상할 일도 없고 먹고 싶은 것 다 먹고 입고 싶은 것 다 입고 아무 일도 안 하고 편히 놀면서 산다고 믿는다. 그러나 그런 것이 아니다. 육체는 끝나지만, 영혼은 하나님 앞에 나아가 행적에 따라 심판받아 선행한 신자는 천당에 가고 불신자는 지옥에 간다는 생각을 과연 성서적이라 할 수 있는가? 그리스도가 약속한 부활이나 영생은 결코 내생에 나타나는 것이 아니다. 그를 믿는 사람의 현재 삶에 이미 표현되어 있다. 그리스도가 말하는 부활이나 영생은 삶의 길이가 아니라 깊이이며, 삶의 양이 아니라 질인 것이다. 미래에만 나타나는 것이 아니라 현재 내 안에 이루어진 사실이다. 말하자면 삶의 새 차원이다. 그리스도는 이 새 생명, 삶의 새 차원으로 들어가는 문을 열어놓은 것이다."

이 설교 내용은 지금 돌이켜봐도 하나도 문제될 것이 없는데 당시 보수적인 기독교인들이 몇 구절을 오해해서 그런 파문이 일어났던 것이다. 카를 바르트는 "지옥이란 앞에 있는 것이 아니라 뒤에 있다"는 말을 했는데, 나는 이 견해에 전적으로 동감한다. 그의 말은 예수가 십자가의 죽음과 부활을 통해 나를 지옥에서 건져내 하나님의 나라로 가게 해주었으니, 지옥은 과거에 있는 것이지 미래에 있는 것이 아니라는 것이다. 하나님은 지옥을 통치 수단으로 쓰는 분이 아니시다.

1975년 경동교회 청년부 수련회에서. 강원용 목사는 한국 교회가 기복신앙에 빠져가는 현실을 안타까워했다. "성서가 증언하는 인간의 죄는 인간의 생물학적 본능이나 육체에 있지 않고, 인간의 정신적 자유의지와 영적 능력에서 드러난다는 데 심각한 문제가 있다. 다시 말하면, 영적 탐욕이나 종교적 명예심의 경우 하나님의 영광을 위한다는 명분을 내세워 자기 자신도 속아 넘어가게 하는 것이다."(『내가 믿는 그리스도』)

설교 파문이 채 가라앉기도 전에 나는 그해 여름 참석했던 아르헨티나 WSCF 총회 보고를 대구 YMCA에서 갖게 되었다. 내가 보고를 마치자 약간 머리가 벗겨진 오십 줄 목사 하나가 나를 향해 아주 도전적인 태도로 말했다.

"당신은 지옥이 없다고 했다는데 그 문제를 좀 분명히 얘기해보시오."

그의 말에 나는 이런 독설로 맞받아쳤다.

"내가 보기에 당신은 그 질문을 하러 이곳에 온 것 같은데, 지옥이 없다는 내 말이 굉장히 못마땅했던 모양이지요? 지옥이 있다고 믿고 그곳에 꼭 가고 싶었는데 갈 수 없게 돼서 실망한 겁니까? 설마 그럴 리는 없을 테고, 그렇다면 누구 다른 사람을 꼭 지옥에 보내고 싶었는데 지옥이 없다니까 화가 난 것이겠는데, 만약 그런 생각이라면 당신이 먼저 지옥에 갈 거요."

내 말이 끝나자 사람들 사이에서는 와하하 하고 폭소가 터졌고 그 목사는 화가 나서 얼굴이 빨개져 나가버리고 말았다.

1960년대 교회 갱신과 사회 갱신을 위해 노력하며 목회활동을 하던 강원용 목사.

명동성당에서 설교한 최초의 개신교 목사

내 지나온 생애의 발자취를 돌이켜보면 개중에는 전인미답의 낯선 장소에 파격적으로 찍혀 있는 흔적들이 꽤 있다. 이는 항상 하나님의 뜻을 적극적으로 받아들여 자유롭고 새로운 것, 좀 더 나은 것으로 나아가기 원했던 내 생애의 증거이기도 하지만 동시에 나의 삶을 시끄럽고 순탄치 않은 길로 이끌었던 요인이 되기도 했다. 어쨌든 1968년 1월 명동성당에서 설교하게 된 일도 그런 파격 중의 하나였다. 나는 한국 교회사상 개신교 목사로는 처음으로 명동성당에서 설교하게 되었다.

그런 놀라운 일이 생긴 것은 한국 가톨릭이 갑자기 진보적으로 변해서가 아니라, 당시 교황청으로부터 '매년 1월 중 한 주일을 평화를 위해 비가톨릭 성직자에게 설교할 기회를 주라'는 지시가 내려왔기 때문이었다. 말하자면 나는 그 지시에 따라 초청된 비가톨릭 성직자였던 셈이다.

어찌 됐든 명동성당에서 역사적 설교를 하게 된 나는 적잖이 긴장한 채 설교 준비에 임했다. 설교가 있는 1월 8일 나는 가톨릭 신자들이 조금이라도 더 친숙하게 받아들일 수 있도록 일부러 목에 흰 깃을 달고 나가는 등 세심하게 신경을 썼다.

내가 명동성당에서 설교하게 된 일이 이미 개신교 신자들 사이에 화제가 되어 있었으므로 성당 안에는 경동교회 신자들을 비롯해 개신교 교인들도 꽤 많이 참석해 있었다.

먼저 가톨릭 식으로 미사가 진행되어 성체를 받는 시간이 되었다. 나는 내게도 성체를 주면 받으려고 했는데, 역시 내게는 주지 않았다. 다소 거북스럽기는 했으나 가톨릭 제도상 영세를 받지 않은 사람에게는 성체를 주지 않게 되어 있으니 그런대로 이해할 수 있었다. 내 곁에는 박양운 신부가 앉아 있었는데 그도 나를 배려해 성체를 받지 않았다.

1968년 1월 8일, 명동성당 주일 미사에서 설교하는 강원용 목사.
당시 교황청의 화해와 평화 정책에 따라 개신교 목사로는 처음으로
명동성당 강단에 서게 되었다. 종교 간의 대화운동을 펼쳐온
강원용 목사로선 뜻깊은 일이 아닐 수 없었다.

강원용 목사와 김수환 추기경 • 1970년대 초, 크리스챤아카데미 대화모임에서 만난 강원용 목사와 김수환 추기경. 두 사람은 굴곡의 한국 현대사에서 가톨릭과 개신교를 대표하는 성직자로, 종교 간의 대화는 물론 힘없고 낮은 자들을 위한 사랑과 평화운동을 평생 함께 펼쳐온 든든한 동반자였다. 김수환 추기경의 세례명은 스테파노. 1922년 대구에서 독실한 가톨릭 집안의 막내로 태어나 1951년 사제 서품을 받았고 1969년 교황 바오로 6세에 의해 한국 최초로 추기경이 되었다. 1968년 서울 대교구장 취임사에서 "교회의 높은 담을 헐고 사회 속에 교회를 심어야 한다"고 밝혔으며, 교회 쇄신과 현실 참여 원칙에 따라 가난하고 봉사하는 교회, 한국의 역사 현실에 동참하는 교회가 될 것을 호소했다. '존엄성에 대한 확고한 신념을 바탕으로 하는 공동선의 추구'를 사회 교리로 주장하기도 했다.

드디어 미사가 끝나고 내가 설교할 차례가 왔다. 미사를 끝낸 신부는 제단의 불을 끄고 나서 신자들을 향해 내 설교가 시작될 것임을 알렸다. 안내 말이 끝나자마자 앞줄에 미사보를 쓰고 앉아 있던 여자들부터 우르르 일어나 나가기 시작했다. 그렇게 되니 남은 사람들은 개신교 신자들이 대부분인 우스운 꼴이 되어버리고 말았다. 그때만 해도 개신교와 가톨릭 사이가 오랫동안 얼어붙어 있어 그 사이를 녹이는 일이 그처럼 어려웠다.

나는 「에베소서」 4장 3절에서 6절을 인용해 설교를 풀어갔다. "여러분을 함께 묶어두는 평화로 성령이 하나가 되게 하신 것을 힘써 지키시오. 몸도 하나요, 영도 하나입니다. 그와 같이 부르심을 받은 여러분의 그 부르심에 따르는 희망도 하나입니다. 주도 하나요, 믿음도 하나요, 세례도 하나입니다. 만민의 아버지이신 하나님도 한 분이십니다." 또한 세상을 떠난 교황 요한 23세가 남긴 교훈을 되새겼다. "본질적인 문제에서는 일치를, 의심스러운 점에 대해서는 자유를, 모든 일에서는 사랑을." 그러고는 다음과 같은 결론으로 설교를 마쳤다. "신조나 제도 그리고 전통은 매우 중요한 것이지만 그것이 우리가 믿는 예수 그리스도의 권위를 넘어설 수 없으니, 우리는 무엇보다 먼저 우리 자신 안에 막혀 있는 담부터 헐어버리고 일치를 이루는 일을 해야 합니다. 그리고 이것을 이루어가면서 우리가 사는 역사의 현실 속에 뚫고 들어가 막혀 있는 담들을 무너뜨려야 합니다. 우리 역사를 병들게 하는 모든 종류의 유물주의 사조와 전체주의, 그리고 부정부패와 독재를 몰아내고 참된 자유와 정의를 실현하는 일에 앞장서야 할 것입니다."

내가 명동성당에서 설교한 그다음 주일날에는 가톨릭의 황민성 주교가 경동교회에 초빙되어 설교를 했다. 그 예배에서는 우리 교회 교인 모두가 황 주교의 설교가 끝날 때까지 자리를 지켜주었다.

경동교회 창립 25주년을 맞다

1970년 12월 6일에 경동교회 창립 25주년 기념예배가 있었다. 해방 직후 혈혈단신으로 서울에 내려와서 천리교 적산가옥을 인수받아, 가진 것 하나 없이 믿음과 열정으로 일구기 시작한 교회가 이제 창립 25주년을 맞았으니 내 가슴은 마치 고생 끝에 어엿하게 키워낸 장성한 아들을 바라보는 것처럼 뿌듯하고 감사한 느낌으로 가득 찼다.

경동교회 창립 25주년 기념예배 후에 찍은 사진. 1970년 12월 6일 주일. 창립예배가 있기 두 주 전, 주일예배에서 강원용 목사는 전태일의 죽음을 주제로 「한 알의 밀알」이라는 제목의 설교를 했다. 이 때문에 강원용 목사는 중앙정보부에 임의 연행되는 고초를 겪는다.

1972년 1월 27일 아카데미하우스에서 열린 경동교회 재직간친회. 1973년 성탄절 유아세례. 경동교회는 1970년대에 접어들면서 한국 개신교를 대표하는 교회로 성장했다.

스물다섯이 된 경동교회는 초창기와 비교하면 양적으로나 질적으로나 괄목할 만한 발전을 이루었고, 무엇보다 '지성인과 청년의 교회', '사회 현실에 참여하는 교회'로서 정체성을 인정받고 있었다.

경동교회는 이미 1960년대부터 우리 사회의 대표적인 교회 중 하나로 자리 잡아, 1964년부터는 해마다 12월 24일 밤 명동성당의 자정 미사에 이어 25일 아침엔 우리 교회 성탄예배가 텔레비전으로 생중계되고 있었다. 당시 경동교회는 내가 이끌던 크리스찬아카데미와도 자연스럽게 연계되어 교회의 각종 활동이 전에 비해 크게 활기를 띠어가던 중이었다.

창립 25주년을 맞아 경동교회는 교회 운영의 민주화와 젊은이들의 참여를 적극적으로 권장하는 데 힘쓰는 한편 여러 가지 기념사업을 계획했다. 3부 예배를 드려야 할 정도로 협소한 교회당의 증축, 신도 교육 훈련 강화, 장공 김재준 목사의 70세 생일을 기념해 열기로 한 '장공 신학 강좌', 텔레비전 유선 중계 시설 설치, 하몬드 오르간 구입, 교회 25년사 간행 등이었다. 그 외에 내가 동아방송에 나가 매 주일 아침 6시 5분부터 20분간 「역사의 한가운데서」라는 제목으로 강연하게 된 것도 기념사업의 하나였다.

유신 독재 정권과 급진 세력 사이에서 나름대로 뚜렷하게 할 수 있는 일을 찾던 내 노력이 구체적인 형태로 드러나기 시작한 것은 크게 두 가지 일에서였다. 하나는 교회 갱신 운동이었고 다른 하나는 아카데미 주력 사업으로 중간집단을 육성 강화하는 프로그램을 시행하는 일이었다.

교회 갱신 운동은 예배 갱신 운동으로 나타났다. 한국 문화 속에 기독교를 토착화시키고 예배를 축제와 결합하는 것이 골자였다. 나는 1973년부터 토착화를 토대로 한 각종 프로그램을 개발해나가면서 이미 1960년대 말부터 실험적으로 실시해온 축제예배를 본격적으로 정착해나가는 시도를 시작했다.

엄숙주의와 경건주의가 만연해 예배에서 축제가 사라지면서 한국 교회에 나타난 현상은 '비인간화'였다. 그러나 축제는 하나님과 만날 수 있는 장이며 인간성을 회복시켜주고 공동체를 형성시킨다. 이런 생각에서 나는 경동교회에서라도 우선 축제를 회복시키고자 했다.

그 첫 번째 시도라 할 수 있는 것이 바로 1969년 12월의 '성탄 축하 무용과 연극의 밤'이었다. 이날 밤 한국 교회사상 처음으로 예수 탄생을 소재로 무용가 육완순이 안무한 무용예배가 선보였다. 이러한 실험 예배는 1971년 크리스마스에 극단 「햄릿」의 성극 공연 예배, 1972년에는 성탄 축하 자정 예배와 포크댄스 그리고 촌극 경연 무대도 마련하면서 연례적인 행사로 자리를 굳혀갔다.

예배의 축제화는 그렇게 해를 거듭할수록 점차 자리를 잡아갔다. 그리고 추수감사절을 우리 고유 명절인 추석날로 바꿔 예배의 토착화를 시도했다. 이 결단은 교계에 큰 충격을 던지고 반발을 부른 일대 사건이었다.

1974년 추석날인 9월 29일, 경동교회에서는 역사적인 추수감사절 예배가 거행되었다. 낮에는 떡 잔치와 함께 추수감사예배를 올렸고 저녁에는 탈춤

강원용 목사가 집전한 기독교와 유교가 만난 장례 예식. 강원용 목사는 서구 중심의 기독교를 거부하고 우리 민족의 정서, 우리 민족의 문화와 융합하는 기독교가 되어야 한다고 생각했다.

1971년 4월 11일
경동교회의 세례 견신례.

1975년 3월 30일, 부활절 음악예배 후 성가대와 함께. 강원용 목사는 교회 갱신의 한 방법으로 예배를 축제로 만드는 데 전념했다. “축제를 회복함으로써 우리가 얻을 수 있는 것은 많다. 우선 하나님에 대한 감사와 찬양을 통해 하나님과의 만남이 이루어지는 것이다. 예배는 교인을 죄의식의 동굴 속에 몰아넣는 것이 아니라 그리스도를 통한 하나님의 사죄를 받는 것이며 해방 받는 자의 기쁨을 누릴 수 있게 하는 것이다.”(『빈들에서』)

경동교회의 오랜 전통인 '경동음악회'에서 인사하는 강원용 목사. 경동교회가 예배의 축제화를 시도하면서 안으로는 신앙의 갱신을 이루어냈고, 밖으로는 우리나라 문화예술계의 발전에 요람이 되어주었다. 연극, 무용, 마당극, 합창, 복음가요 등 각 분야에서 강원용 목사와 함께했던 이들 가운데 한국 문화예술계의 지도자들이 많이 배출되었다.

축제가 무대에 올랐다. 강강술래 합창으로 막을 연 탈춤 무대는 "그 도도하고 노린내 나는 교회에서 오늘은 어쩌자고 이런 판을 벌였소?" 하는 질문을 시작으로 추석에 감사절을 지내게 된 이유가 해학 섞인 응답으로 신명 나게 이어졌다. 교회의 토착화를 위해 경동교회가 시도한 또 다른 일은 우리 정서에 맞는 찬송가를 만들어 부르고 보급하는 것이었다. 나는 이 문제를 놓고 '한국 찬송가의 현황과 방향', '바람직한 한국 찬송학의 형성'이라는 주제로 아카데미 대화모임을 갖기도 했다.

1977년 추수감사예배. 이날 예배는 풍물과 농악, 마당극으로 신명 나게 이루어졌다. 경동교회는 이 땅에 기독교가 전파된 이래 서양 전통에 따라 11월 셋째 주에 드리던 추수감사예배를 추석으로 바꾼 최초의 교회가 되었다. 그 첫 시도는 1974년 추수감사예배부터였다.

1987년 추수감사예배의 축제 공연을 관람하는 강원용 목사와 교인들.

추수감사예배에 우리 전통 복장인 한복을 예배복으로 입은 강원용 목사.

서울 경동교회 추수감사절의 한국화 시도

_『동아일보』 1974년 9월 30일

이 땅에 기독교가 들어온 지 90년 만에 처음으로 매년 11월의 세 번째 일요일을 택해 올리던 추수감사절 예배가 우리 고유의 명절인 추석으로 앞당겨 거행되었다. 서울 중구 장충동에 있는 경동교회(강원용 목사)는 추석 하루 전인 29일 밤 7시 반부터 1시간 동안 남녀 신도 500여 명이 참석한 가운데 '추수감사절을 즐기는 밤'을 갖고 가면극과 민속놀이 등 흥겨운 시간을 가졌다. 교회 안의 의자와 강단 그리고 피아노 등 교회 안에서 흔히 볼 수 있는 집기들 대신 돗자리와 멍석이 깔린 마루 위에서 강강술래로 시작된 이날 밤 예배는 전통적인 기독교 형식이 아닌 순수한 우리 고유의 가면극을 빌려 서민의 애환과 저항 정신을 오늘의 현실에 초점을 맞추어 참석자들의 박수가 시종 계속되는 가운데 진행됐다. 11명으로 구성된 경동교회 청년들의 가면극은 서울의 양반놀이를 개조한 것인데 추석놀이 춤을 추면서 참석자들과 함께 「쾌지나 칭칭 나네」를 부르며 시작한다. 제1장은 영감과 할멈 그리고 청년이 나와 추석과 추수감사절에 관한 이야기를 나누면서 서구가 심어준 기독교를 한국의 입장에서 이해해야 한다며 추수감사절은 노랑냄새가 난다고 주장한다. 제2장은 권력 재물 지식을 상징하는 세 명의 양반이 자기들 자랑만 하다가 하인 말뚝이에게 호된 꾸지람을 듣는다. 제3장에선 세 명의 서민을 대표하는 여인들이 나와 추석을 맞이한 오늘의 빈곤 공해 사회부조리 등을 한탄하는데, 한 고관부인이 뛰어들어 보석반지와 브로치를 자랑하다가 말뚝이의 "영장 없이 구속하라는 특별 분부에 따라 체포한다"는 소리에 고관부인은 납작 엎드린다. 마지막 4장에서는 할멈과 청년의 입을 통해 이러한 상황에서의 추수감사예배의 참뜻을 말하고 그 감사의 뜻으로 새 출발을 다짐하면서 다 함께 춤을 춘다. 가면극이 끝난 다음 강 목사의 기도로 이날 밤 추석예배는 모두 끝났는데 흥겨운 민요 가락 속에 참석자들은 넋을 잃고 지켜보다 끝내는 초청된 국악사들의 앙코르를 청해 듣기도 했다. 이날 밤 강 목사는 인사말을 통해 "교단 내에 전통을 무시했다는 비판의 소리가 높다면서, 늦은 감이 있지만 자기 문화에 대한 자각성으로 볼 때 당연한 일이다"고 자신 있게 말했다.

1970년 11월 13일 서울 평화시장에서는 참으로 충격적인 사건이 일어났다. 평화시장 재단사로 일하던 전태일이라는 젊은 노동자가 "근로기준법을 준수하라", "우리는 기계가 아니다"라고 외치며 허울뿐인 근로기준법 책자를 손에 쥔 채 분신자살을 한 것이다.

그는 햇볕 하나 들지 않는 먼지투성이의 비좁은 작업장에서 화장실에도 마음대로 다니지 못하며 아침부터 밤늦게까지 중노동에 시달리는 어린 노동자들의 비인간적인 현실을 개선하고자 분투하다가 근로기준법에 규정된 조항들마저 실제로 보장받기가 불가능하다는 것을 발견하고 그 절망적인 상황에 항거하여 스스로 몸에 불을 질렀다.

그의 분신은 "우리는 기계가 아니다"라는 외침에서도 나타나듯이 인간을 비인간화시키는 사회를 거부하고 인간의 존엄성이 보장되고 인간 사이의 연대와 사랑이 유지되는 사회를 갈구하는 인간 선언이기도 했다. 따라서 그의 죽음은 당시 청년 학생과 지식인들에게 엄청난 충격과 함께 노동 문제에 관심을 일깨웠을 뿐 아니라, 그 후 줄기차게 전개된 1970년대 노동운동에 불을 지른 기폭제가 되었다.

동료와 함께 웃으며 지냈던 평범한 청년 전태일(사진 맨 오른쪽). 그는 1970년 11월 13일 평화시장에서 자신의 목숨과 "근로기준법을 준수하라"는 외침을 맞바꾸었다.

전태일은 독실한 기독교인이었고 그가 분신자살한 평화시장은 우리 경동교회에서 멀지 않은 곳에 있었다. 게다가 나는 그때 인간화 문제에 주력하고 있었으므로 비인간화에 대한 극명한 고발인 그의 죽음은 내게 그만큼 더 충격적이고 의미심장하게 다가올 수밖에 없었다. 사건이 일어난 다음 주의 주일인 22일 나는 전태일의 죽음을 소재로 하여 「한 알의 밀알」이라는 제목으로 설교를 했다.

"전태일 군의 시체가 신성한 교회에서 장례조차 치를 수 없는 죄인의 것인가? 그런 사고방식이라면 그리스도가 오늘 한국에 와서 근로자들을 위해 희생한다고 해도 교회는 그 시체를 틀림없이 밖으로 내던지고 말 것이다. 기독교인은 전 군의 타버린 시체 앞에서 정부나 노총, 기업주들에게 화살을 던지기 전에 스스로 가슴을 향해, 즉 우리 교회 자체를 향해 화살을 던져야 할 것이다. 우리는 밀알이 땅에 떨어져 썩어가는 데서 진리를 배워야 한다. '내 죽음을 헛되이 하지 말라'는 전태일 군의 호소에 응답하자. 제2의 전태일이 생기지 않도록 사회의 부조리를 제거하고 모든 인간이 정당한 대접을 받는 사회를 건설하는 데 힘을 합치자. 이것이 그의 죽음에 보답하는 것이며, 그리스도의 죽음에 보답하는 것이고, 깨어난 양심의 소리에 응답하는 삶이다."

전태일의 어머니 이소선 여사. 아들의 영정을 가슴에 품은 이 한 장의 사진은 한국 현대사의 아픈 증표이다.

1974년, 경동교회에서 열린 고 전태일 열사 4주기 추모예배.

이 설교를 하고 얼마 지나지 않아 정보부에서 나를 데리러 왔다. 당시 정보부장 김계원은 독실한 기독교인으로 군인 시절부터 나와 가깝게 지내고 있었기에 그다지 긴장하진 않았지만, 분위기는 심상치 않았다.

"목사님, 자꾸 이렇게 나가면 곤란합니다. 목사님에게 정부와 타협하라고 하는 것은 아니지만 이렇게 정부를 너무 몰아세우면 저희로서도 어쩔 수가 없습니다." 그러면서 그는 유화적인 태도로 나를 설득했다. 그러나 그의 설득에도 내가 그에게 해줄 수 있는 약속은 없었다.

"나는 언제나 목사로서 내 양심에 따라 행동할 뿐입니다. 내 목적은 정부를 공격하는 데 있는 것도 아니고요. 어떻게든 이 사회를 인간답게 만드는 것이 저와 같은 사람이 할 일 아닙니까? 정부가 지금부터라도 제대로 된 정책을 편다면 나는 언제라도 정부를 지지할 것입니다." 나는 이 말만 남긴 채 그의 방을 나왔다.

추모예배에서 연설하는 함석헌 선생. 경동교회와 강원용 목사는 1970년 11월의 전태일 설교와 1974년의 이 추모예배로 박정희 유신 독재 정권으로부터 갖은 핍박을 받기 시작했다. 1970년대의 유신 독재는 이 사회에 지금껏 아물지 않는 상처를 깊게 남기고 말았다.

긴급조치 1, 2호의 발동으로 시작된 1974년의 유신 독재는 점점 그 수위를 높여갔고, 그에 따라 사회 각 분야에서 저항운동이 거세게 일어났다. 1974년 후반기에는 마침내 언론까지 투쟁에 나서게 됐다. 언론 통제에 대항해 언론 자유를 쟁취하기 위한 언론사 기자들의 눈물겨운 투쟁이 전개되었는데, 그 결과 일어난 사건이 동아일보 탄압 사건이었다.

당국이 '협조 요청'이라는 명목 아래 언론 통제를 강화하자 동아일보 기자 2백여 명이 10월 24일 '자유언론실천선언'을 발표하고서 그 내용을 신문, 잡지, 방송 제작에서 실천해나가기 시작했다. 그 결과 동아일보에는 당국이 보도를 금지한 기사들이 나오기 시작했으며, 사설에서는 금기로 여겨온 개헌 문제까지 다루었다. 그렇게 되자 당국에서는 동아일보에 광고를 내는 각 기업체와 기관에 압력을 행사해 광고를 해약하도록 했다. 광고비로 운영되는 언론사에 광고를 무더기로 해약시킴으로써 경영에 치명적인 압박을 가하려는 교묘한 간접 탄압이었다.

1975년 3월, 자유언론 수호운동을 벌이던 동아일보 기자의 강제 연행사태가 발생하자 이에 항의 집회에 나선 동아일보 기자들의 모습. 박정희 유신 독재 정권은 1972년 정권 유지를 위해 초헌법적인 긴급조치를 공포하고 위반자를 구속하는 초강경책을 들고 나왔다. 이에 국민의 저항이 심해지자 긴급조치의 내용도 더 가혹해져갔다. 결국 긴급조치 9호에 '긴급조치 위반 사례를 보도하는 것도 위반'이라는 민주국가에서는 전무후무한 항목을 신설해 언론의 입을 막고 말았다. 이는 언론사 기자들의 반발을 불러왔고 동아일보 사태로 언론 탄압의 정점을 이루게 된다.

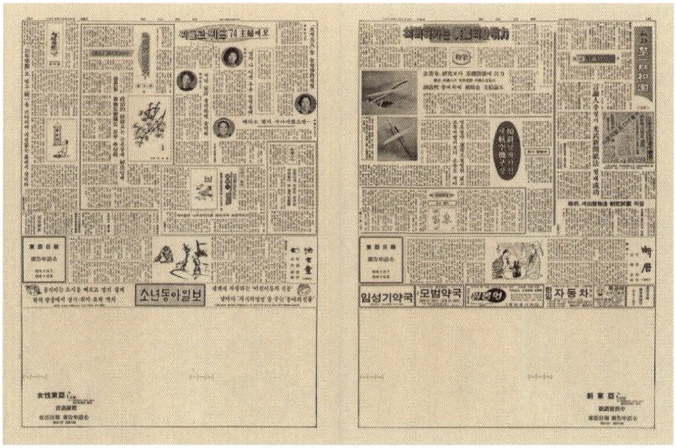

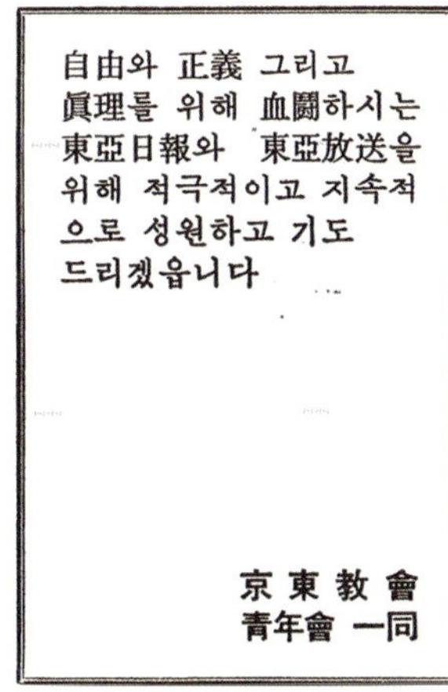

1974년 12월 26일의 동아일보 백지 광고. 이 사태는 결국 자유언론을 위해 싸웠던 동아일보 기자의 대량 해직으로 끝을 보게 되었다. 대량 해직으로 사태가 수습되자 동아일보에는 다시 광고가 들어왔다. 경동교회는 1975년 1월 12일 주일 헌금 전액을 동아일보에 성금으로 보냈다. 이는 동아일보 1월 13일자에 기사화되었다. 이 기사는 강원용 목사의 설교 중 한 대목을 인용해, "인간은 언제 어디서나 좋은 말과 글을 볼 수 있는 권리를 갖고 있다"고 썼다.

1975년 1월 14일 동아일보 5면 광고란에 게재된 경동교회 청년회의 자유언론 수호 광고.

이 같은 당국의 탄압으로 12월 26일자 동아일보는 3면의 광고란이 백지로 발행되었으며 1975년에 들어서는 거의 모든 광고가 떨어져나가게 되었다. 이렇게 당국의 탄압이 노골화되자 각 민주 단체들은 동아일보의 투쟁에 적극적인 지지를 보내며 함께 저항했고, 국민들 사이에서는 격려 광고 등 동아일보 돕기 운동이 불길처럼 번져갔다.

동아일보에 백지 면이 등장한 주의 주일날, 나는 경동교회에서 집사와 장로들을 불러모았다.

"기자들이 이렇게 어렵게 싸우는데 우리가 가만히 보고만 있을 수는 없습니다. 우리부터 돈을 모아 격려 광고를 냅시다."

모두들 찬성해 그 자리에서 주머니를 털었다. 나는 돈을 낸 몇 사람과 함께 모은 돈을 가지고 동아일보 편집국을 찾아가 편집국장이던 송건호에게 직접 전달했다. 그리고 '굴하지 말고 건투하라'는 내용의 격려문도 직접 써서 건넸다.

그동안 내가 정치와 사회 문제에 관여한 것은 사실이지만 그렇다고 해서 기독교 신앙을 떠난 것은 아니었다. 나는 지금도 목사라는 직업이 교회라는 울타리 안에 들어앉아 신도들에게 설교나 하는 것이라고는 생각하지 않는다.

역사의 언덕에서 2
49

만일 사람이 인간의 삶 속에 있는 근본적인 고난의 문제와 죄악의 문제, 죽음의 문제, 불의하고 정의롭지 못한 권력 집단이 저지르는 비극의 역사와 현실에 대한 문제, 폭력과 보복의 악순환에 대한 문제, 그리고 영원한 평화를 갈구하는 본래의 인간성을 회복하는 문제 등에 대하여 진지하게 고민한다면 그 사람은 누구든지 국적과 인종, 성별, 사회 계층을 뛰어넘어 예수님의 이야기가 자기의 이야기가 되는 것이다.

내가 믿는 그리스도
39

서재에 앉은 강원용 목사. 그는 격동의 현대사의 중심에 있었음에도, 직접 정치에 참여하진 않았다. 강원용 목사에게 사회정의는 하나님의 사랑 안에서 실현하고 완성되는 것이었기 때문이다. "자유의 일방적인 강조는 평등을 무시하게 하고 평등의 일방적인 강조는 자유를 압살한다. 믿음이 없는 소망이나 사랑은 공허한 유토피아요, 소망이 없는 사랑은 오래지 않아 무너지고 말 것이다."(『강원용 전집』)

내가 바란 교회당은 외형적으로 화려하고 물량적으로 거대한 것이 아니라 '교회는 그리스도의 몸'이라는 사실을 상징하고 중요한 신학적 개념들을 구현하는 그런 것이었다. 기존 교회당 중에는 내 소망에 맞는 모델이 하나도 없었을 뿐 아니라 오히려 잘못된 건축 구조가 널리 퍼져 있다는 생각이었으므로 우리가 짓는 새 교회당 건물을 통해 새로운 교회 건축의 모델을 보이고 싶다는 의욕도 갖고 있었다. 따라서 경동교회의 새 교회당 건축은 교회 갱신 노력의 하나라는 의미도 가진 셈이었다. 나는 건축을 맡은 김수근에게 신학적인 측면을 예술적으로 살리면서도 기능적으로 손색이 없는 교회당을 짓고 싶다는 내 뜻을 여러 차례 강조하곤 했다.

건축 과정은 정말로 우여곡절이 많았으나 교인들 모두가 그 힘든 과정을 한마음으로 이겨내고 1981년 9월 6일 마침내 감격스런 입당예배를 드리게 되었다. 옛 모습을 벗고 완전히 새로운 모습으로 우뚝 선 새 교회당은 전체적으로 웅장한 느낌이 들면서도 하나님을 향해 다소곳이 기도하는 듯한 형태로 되어 있었다. 이 교회당은 몇 가지 특징을 갖고 있는데, 우선 말할 수 있는 것은 건물 전체가 던지는 메시지다. 여러 각도와 방향으로 서 있는 건물들이 전체적으로 조화를 이루며 하나로 이어지는데, 이는 다양성 속의 일치라는 에큐메니칼 정신을 표현한 것이다. 그리고 하나님과 인간 사이의 수직적 관계, 인간과 인간 사이의 수평적 관계 그리고 인간과 자연의 관계가 상징적으로 표현되었다.

1981년 경동교회 신축 현장을 둘러보는 강원용 목사. 이 건물엔 강원용 목사의 교회신학이 고스란히 담겨 있다.

건축가 김수근이 설계해 1981년 9월 6일 입당예배를 드린
경동교회 본당.

골고다의 언덕을 형상화한 예배당
진입로. 여름이면 담쟁이와 어우러져
운치 있는 분위기를 자아낸다.

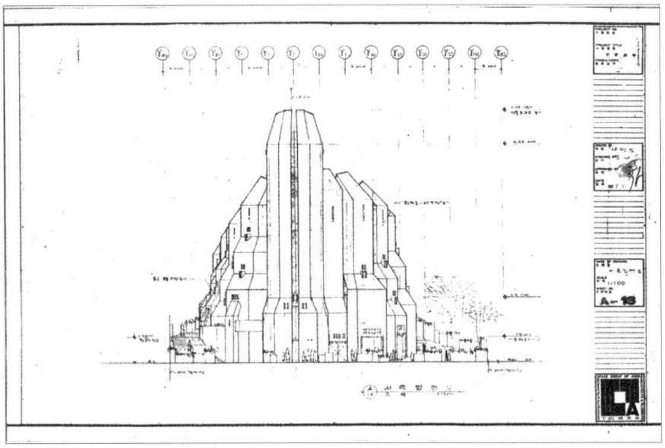

서쪽에서 바라본 입면도

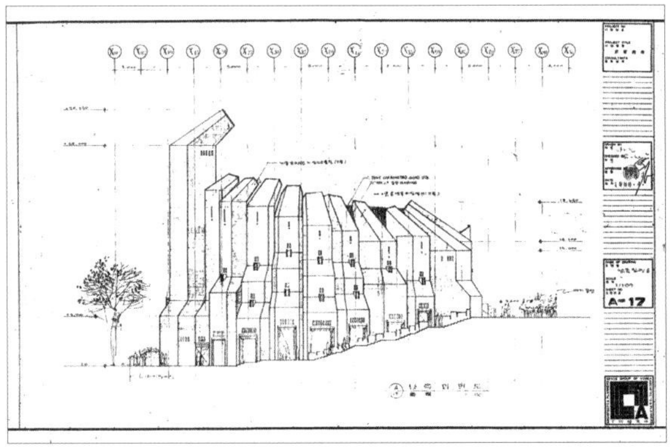

남쪽에서 바라본 입면도

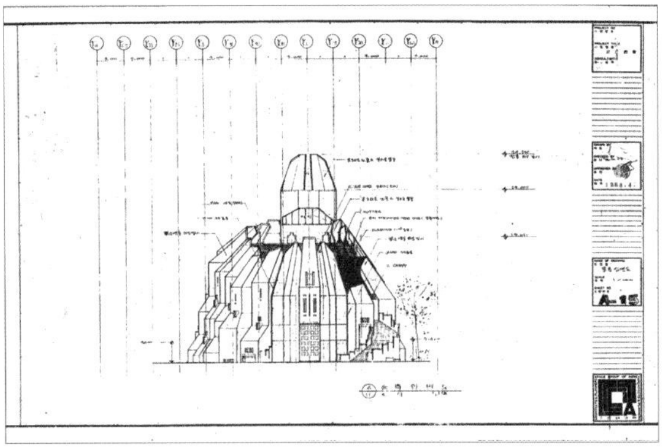

동쪽에서 바라본 입면도

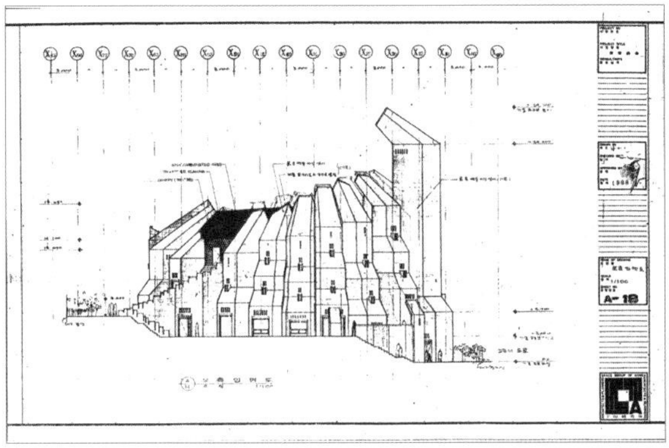

북쪽에서 바라본 입면도

김수근 건축가와 그가 직접 그린 경동교회 드로잉. 김수근은 한국 현대 건축 예술의 기틀을 다진 건축가였다. 1931년 서울에서 태어나 서울대학교 재학 중 일본으로 건너가 도쿄 예술대학 건축학과를 졸업하고 도쿄 대학교 대학원에서 석사학위를 받았다. 1961년 귀국해 월간 『공간(空間)』을 창간했고 1971년 종로구 원서동에 '공간사랑'을 건립해 열린 문화의 집으로 개방하기도 했다. 대표 작품으로 잠실 올림픽 주경기장, 이란 테헤란의 엑바탄 주거단지, 마산 양덕성당, 경동교회 등이 있다. 1986년 타개했다.(사진 제공 : 공간그룹)

경동교회 본당의 내부 모습. 이 건축물은 교회뿐만 아니라
한국 현대 건축을 대표하는 작품으로 손꼽힌다.

전면 강단과 설교대는 다른 교회에 비해 훨씬 낮고 단상에는 좌석이 없는데, 이는 교회 내의 권위주의를 없애고 교역자 중심의 교회상을 개혁해보려는 시도였다. 예배당 앞쪽 벽에는 높이가 22피트에 이르는 대형 십자가가 걸렸고 뒤에는 여러 가지 모양의 십자가로 이루어진 큰 색유리 창이 있다. 이는 신도들이 들어올 때는 모두 그리스도의 십자가 하나를 보고 들어오지만 나갈 때는 각자 다른 모양의 자기 십자가를 지고 역사의 현장으로 나간다는 의미를 함축하고 있다.

새 교회당의 또 다른 특징은 종탑이다. 교회 건물에 흔히 볼 수 있는, 십자가가 하늘로 치솟은 모양의 종탑이 아니라, 하나님을 향해 머리를 숙이고 다소곳이 기도하는 형태를 이루고 있다. 하나님의 나라가 역사의 현장에 임하기를 간절히 기원하는 모습을 나타내고 있다.

기도하는 손을 형상화한
경동교회 외관.

카타콤을 형상화한 예배당 내부 천장 모습.
노출 시멘트로 처리해 웅장하고 현대적인
분위기를 연출하고 있다.

경동교회 건축의 신학적 의미

교회는 하나님의 백성, 그리스도의 몸, 성령의 공동체라고 불린다. 공간으로서의 교회는 종교 신앙의 가르침을 선포하며 예배의식이나 종교적 회합을 하기 위한 건축물이다. 경동교회는 건축가인 김수근의 설계와 설계 과정에서 강원용 목사의 주도로 신학적 의미를 담게 되었다. 기존의 교회 건축 양식과 비교하면 추상적 형태를 띠고 있으며, 동시에 다양한 신학적 상징성을 담고 있다.

경동교회는 개신교회 건물에 흔히 있는 교회 십자가나 종탑이 없다. 건물을 자세히 보면 기도하는 손을 형상화한 것을 알 수 있다. 이는 하나님 나라가 임하시기를 바라는 신학적 의미를 담고 있다. 건물 외벽은 붉은 벽돌을 깨뜨려 쌓아 올린 것으로, 다듬지 않은 벽돌 모양은 각기 다른 교인들을 나타낸다. 또한 벽이 서로 올라가다 모이는 것은 다양성 속에서 일치라고 하는 에큐메니칼 신학을 반영한 것이다. 이는 다양한 신앙적 형태가 있으나 그 지향성은 일치를 향해서 가고 있다는 의지의 표현이기도 하다.

본당은 예배당과 옥상 교회, 친교실로 이루어져 있다. 예배당은 도심의 소음을 피해 진입로의 후면에 자리하고 있는데, 이 진입로는「마태복음」7장 13절의 생명을 향한 좁은 길, 혹은 예수님께서 십자가를 지고 가셨던 골고다 언덕을 형상화한 길이다. 이 계단을 오르며 회중들은 경건한 마음가짐을 하고 하나님의 부르심에 대한 응답으로 본당에 모이게 된다. 지하동굴 교회 카타콤을 연상케 하는 교회 내부는 노출 시멘트로 마감했고, 둥근 자국이 군데군데 찍혀 있어 예수의 못 자국을 떠올리게 한다. 이러한 예배당은 수직과 수평 관계, 즉 신과의 소통, 교우 간의 친교가 조화를 이루고 있다.

제단 위에 있는 커다란 십자가는 교회를 들어오며 하나로 모이는 예배 공동체를 지향하고 있으며, 제단과 중앙 통로는 붉은색 카펫으로 예수의 열정을 상징한다. 공간 구성적 측면에서 본당은 자연 빛을 절제하고, 천장을 통해서만 빛을 도입하여 십자가와 제단을 밝힌다. 둔중한 매스의 노출 콘크리트 기둥은 사도와 예언자들을 상징한다. 전통적인 교회는 성당처럼 예배 공간이 직사각형으로 길게 되어 있는데, 경동교회는 부채꼴 형태를 이루고 있다. 이로써 중앙의 통로를 확보하고, 모든 회중이 제단을 향하며, 더불어 회중끼리도 바라볼 수 있다. 이는 하나님과 인간의 수직적인 소통뿐만 아니라, 인간과 인간의 수평적 소통을 고려한 것이다. 또한 한국적 의미의 마당 개념이 접목되어 부채꼴이 모이는 제단 앞은 축제의 공간이 된다. 제단이 뜻하는 알파는 그 어원이 춤을 추는 춤판, 축제를 의미한다.

박근원 목사(한신대 명예교수)의 설명이다. “김수근 씨랑 논의하면서 한국적인 걸 살려달라고 얘기했어요. 예배 공간도 그렇고, 교회 공간도 그렇고, 마당 개념을 깔았습니다. 마당이란 게 한국 문화로 보면 놀이마당이니까요. 축제 때 온 동네가 마당으로 활용할 수 있는, 흔히 다른 교회에서는 볼 수 없는 마당 개념의 교회 회중석 배열 같은 것은 한국에 없다고 봅니다."

강단은 다른 교회에 비해 훨씬 낮고 단상에는 좌석이 없다. 이정구 신부(성공회대 교수)는 "기존 교회는 강단에 엄청나게 권위적인 의자들을 놓아서, 말씀보다는 목회자 중심의 교회 공간 세팅이 된다거나 하는데, 그것은 분명히 신학적으로도 굉장히 문제가 있다고 생각합니다. 가능하면 목회자가 돋보이지 않고 설교를 할 때 말씀이 돋보여야지 사람이 돋보인다거나 의자가 돋보이는 것은 문제가 있다"라고 지적한다. 경동교회는 목사가 제단에서 선포 기능만 수행하며, 설교 편의상 잠시 의자를 이용하되, 그 외에는 제단 아래에 자리한다. 이는 목사는 설교하고 성례를 집행하는 성직자인 동시에 일반 신도와 같이 회중석에 자리함으로써 하나님께 예배드리는 신도임을 나타낸다.

제단과 회중석은 세 개의 계단으로 구분한다. 이는 삼위일체를 상징한다. 교회 내부를 구성하는 가장 중요한 요소는 제단 위의 설교대, 성찬대, 세례대이다. 제단 앞 설교대 좌우에 성찬대와 세례대를 설치하여 성례전과 설교의 조화를 상징하였다. 설교대는 팔각형을 반으로 잘라서 설교자가 들어갈 수 있게 하였다. 이는 팔이라는 숫자가 완전수이고 부활의 숫자를 의미하기 때문이다. 또한 말씀을 중시하는 개신교 전통에 따라 구약, 서신서, 복음의 말씀을 전하는 성경 봉독대를 별도로 마련하고 있다.

예배의 분위기 조성과 기쁨과 음악을 상징하는 파이프 오르간, 그리고 회중의 찬송을 듣고 노래로 예배를 드리는 성가대는 회중과 제단을 동시에 볼 수 있도록 배치되어 있다. 예배가 끝나고 교인들이 나가는 길에 형형색색의 스테인드글라스를 마주치게 된다. 수많은 십자가가 새겨져 있는 이곳을 지나면서 교인들은 각자의 십자가를 지고 세상으로 향한다는 의미를 담고 있다. 본당을 나서면 왼쪽에 옥상으로 올라가는 계단이 있다. 옥상 교회는 하나님을 향해 열려 있는 공간으로서 모든 피조물과 함께 드리는 예배와 축제의 공간이다. 그 형상은 배를 이미지화했다. 자연과 인간이 직접 소통하는 공간에서 축제로서의 예배가 드려지는 곳이었다. 그러나 기능과 효율성 면에서 제약이 많아지면서 몸으로 드리는 예배인 축제의 공간으로서의 활용도를 높이고자 지붕을 올렸다. 예배 후 신도들은 친교실로 향한다. 이곳은 그리스도인들의 교제와 나눔의 공간이다. 예배의 장, 축제의 장, 만남의 장으로 이루어진 본당은 하나님과 인간, 자연과 인간, 인간과 인간을 잇는 세 공간이 하나로 어우러진 성육신과 삼위일체의 구조를 띠고 있다.(자료 제공: 경동교회)

자연 채광으로 시시각각 그 모습이 변화하는 제단 뒤의 십자가. 경동교회 예배당은
이 십자가를 중심으로 교회 공동체의 예배(모임)와 선교(흩어짐)가 자연스럽게 교차한다.

1986년 여해기념관 개관식에서.
강원용 목사의 오른쪽은 윤보선 전 대통령.

1986년 경동교회 40주년을 맞아 나는 은퇴를 결심했다. 목사 정년이 70세니까 규정상으로는 1년 더 목사 일을 볼 수 있었지만, 나는 40주년 기념식을 마치고 1986년을 맞으면서 후임자에게 자리를 물려주려고 생각하고 있었다. 사람은 누구에게나 물러나야 할 적당한 시기가 있다. 나는 40주년을 맞으면서 '지금이 바로 은퇴할 때'라고 생각했다. 퇴임식이 있던 날은 1986년 6월 15일이었다. 거리를 돌아다니며 코흘리개 아이들을 하나둘 데려와 시작한 경동교회가 어느덧 40년 역사를 갖게 되고, 창립 때 혈기왕성한 청년이었던 내가 어느 틈에 고희를 앞둔 나이가 되어 퇴임식을 하니, 그날의 내 감개는 실로 형용하기가 어려웠다.

나는 비록 정년을 앞두고 경동교회를 은퇴하기는 했지만 그렇다고 내 인생이 은퇴를 맞은 것은 아니었다. 단언하지만 내 인생에서 실질적인 은퇴는 존재하지 않는다. 죽는 그날까지 미래 지향적으로 살며 삶의 현장에서 끝까지 현역으로 활동하는 것이 내게 주어진 하나님의 소명에 응답하는 길이라고 믿기 때문이다.

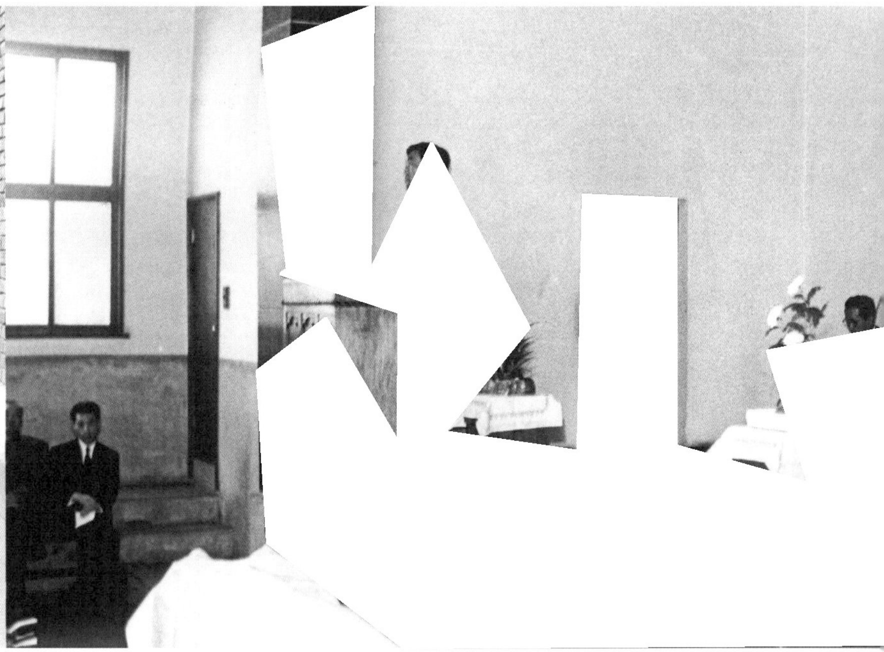

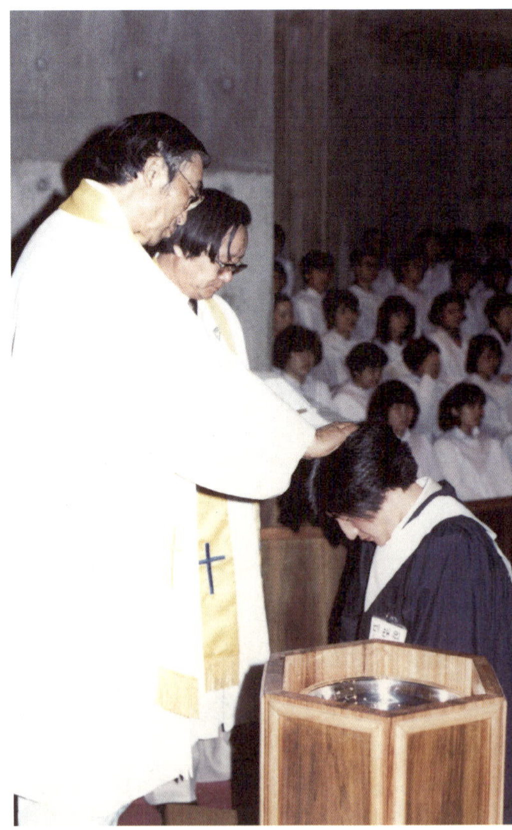

96. 9. 8. 生命의 四次元

참고: 창 2:7-9, 15-17
요 10:9-11
1요 4:12-16

오늘의 설교제목은 근 40년전 나의 은사였던 P. Tillich 교수가 半세기전 生命에 대한 성서의 진리를 정리해서 붙인 제목이다. 그는 生命는 무기물적 次元 유기물적 次元 精神的 次元 靈的次元 즉 生命의 四次元을 말하고 이 4次元의 생명이 일사불란한 통일성에서 生命는 이야기 했다.

특히 Tillich 교수가 50년전 무기물적 次元의 生命는 빼고 그외 유기물적, 정신적 영적 차원의 일사불란한 통일성을 논한것을 놀랍게 생각했다.

그가 말한 生命의 四次元을 설명할 시간 때문에 없으나 오늘 읽은 성서에서 그의 뜻은 엿볼수 있다. 창세기 본문에는 하나님께서 人間을 만드실때 흙 즉 무기물적 生命으로 유기물적 몸을 빚으시고 코에 생명의 기운을 불어넣어 生命体가 되었다 (Living Soul)이 되게 정신적 영적 차원의 생명체로 만드셨다.

땅의 흙을 사람을 지으시고 나중에 생명의 기운을 불어넣으니 사람이 생명체가 되었다

에덴동산에 살게 하시고 생명나무 열매를 먹고 살도록 하시고 죽음의 나무(선악과)는 먹게되면 죽게되고 그것을 먹지 말라 했다 그러나 사람은 하나님 대신 유혹하는 자 즉 악의 영의 지시에 따라 생명나무열매 대신 죽음의 열매를 먹었다.

靈的 次元의 生命은 변질되고 말았다. Adam의 이후의 세포가 변해서 태어난 가인은 같은 어머니 세포, 유전자로 태어난 동생 아벨을 죽임으로 가인의 후예들에 의해 인간의 역사는 계승되었다. 그래서 오늘의 세계는 가인이 지배한다. 의심스러우면 세계역사를 읽어보라 했다 가인이란 이름의 뜻은 획득이라고 한다. 끝없는 획득(정기)하기 위해서는 수단과 방법을 가리지 않은 생명을 해치는 존재가 되었다.

靈的 次元의 생명은 함부로 회복되지 못했고 도리어 잘된 종교에 의해 병들게 되면 정신적 차원의 생명이 병들고 아파오르는

은 인간은 탐욕 즉 누누 줄기찬 存在가 돼 온 것이다 했다 오늘에 와서 옛말의 마음대로 한 초 첨단 기술사회, 정보화, 투기 금래사 社會를 만들었다

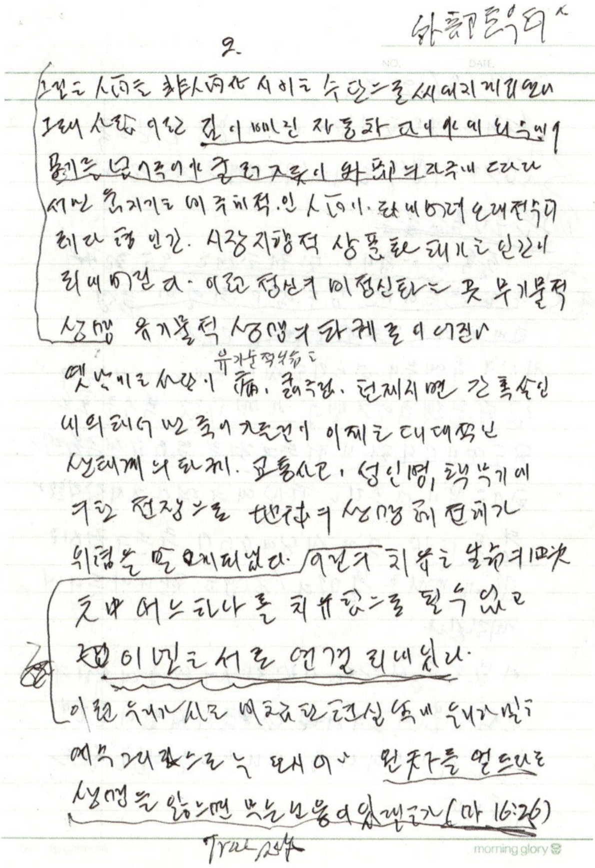

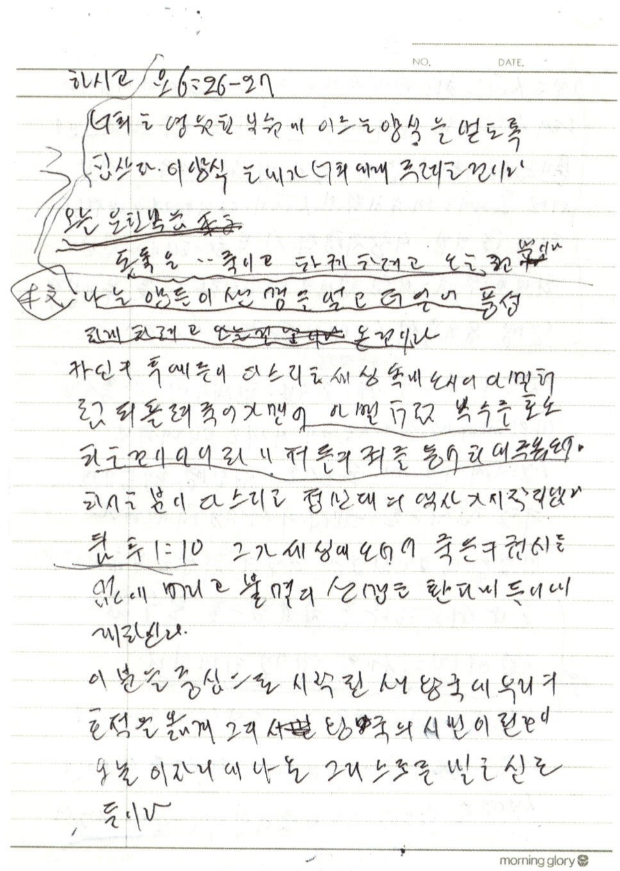

강원용 목사 생전의 자필 설교 원고. 그 목소리만큼이나 힘 있게 써내려간 설교 노트에서 강원용 목사의 열정이 느껴진다. 1996년 9월 8일의 설교 노트이다.

"우리는 완전하지 못한 인간의 유한성과 상대성을 깨닫고 다만 상대방의 악과 비인간적 요소를 서로 제거해나가도록 노력해야 하며 나아가 공동의 선을 찾아 실현해나가는 길, 다시 말해 평화의 길을 찾는 데 힘써야 합니다."

(퇴임예배 설교 중에서)

1962

아카데미의 삽을 뜨다

"우리는 이 집이 이 나라 정신 풍토를 개혁하는 데 혁명적인 역할을 다할 것을 다짐합니다."

참여의 정신이 조직화될 때 민주문화 공동체의 형성은 비로소 가능해진다. 참여는 개방과 자율이 허락되어 있다고 해서 가능한 것이 아니다. 참여는 구체적인 공동체 속에서 자기 결단을 내릴 수 있을 때 가능하다. 참여의 정신은 인간화의 요체이자 신앙의 자기 결단이다.

크리스찬아카데미 연보

1959. 한국기독교사회문화연구회를 설립함.

1965. 재단법인 크리스찬아카데미를 설립함.

1965. 10월 18~19일 한국 최초로 종교 간의 대화모임 '한국 제종교의 공동과제'를 개최함.

1966. 11월 16일 아카데미하우스를 준공함.

1967. 주택, 환경오염, 공해, 교통 문제에 집중한 대화모임 '도시와 생활환경'을 개최함.

1968. 공업화와 노동 문제 대화모임 '인천 중공업 지대의 노동조합 문제'를 개최함.

1968. 중학 입시 폐지에 관한 선구적인 대화모임 '입시 폐지와 교육 정상화'를 개최함.

1970. 수원 사회교육원 '내일을 위한 집'을 준공함.

1971. 비인간화의 근원적 원인을 '양극화'로 규정한 대화모임 '양극화 문제: 인간화를 위하여'를 개최함.

1971. 양극화 해소를 위한 대화모임 '정치화와 민주화'를 개최함. 중간매개집단 형성의 필요성이 도출됨.

1972. 한국인의 참모습을 찾기 위한 시리즈 대화모임 '한국인의 재발견'을 개최함.

1973. 성차별 해소 대화모임 '한국 사회와 현행 가족법: 개정 문제를 중심으로'를 개최함.

1974. 교회사회, 여성사회, 산업사회, 청년사회, 농촌사회를 대상으로 중간집단 교육을 시행함.

1975. 창립 10주년을 맞아 양극화 현상과 권력화 현상 극복 제언 '지성인의 선언'을 발표함.

1975. 중간집단 교육에서 애창된 129곡의 노래가 수록된 책 『내일을 위한 노래』 소각 명령이 내려짐.

1977. 월간 『대화』 강제 폐간됨.

1979. 크리스찬아카데미 반공법 사건 발생함.

1980. 1월, 헌법 개정을 주요 내용으로 한 대화모임 '바람직한 헌법 개정의 내용'을 개최함.

1981. 한국의 TV 방송 제도의 근본적인 개선을 요구한 대화모임 '한국 TV 방송: 현황과 바람직한 방향'을 개최함.

1984. 한국 기독교 100주년 기념 '한국 기독교 100년과 신학의 정립', '개신교 100년과 한국 기독교 문화' 등을 개최함.

1985. 창립 20주년 기념 대화모임으로 '평화를 위한 종교 간의 대화모임'을 개최함. 국제 심포지엄 '한민족의 공동체를 향하여'를 개최함.

1988. 서울올림픽 국제학술회의 '후기산업시대의 세계 공동체'를 개최함.

1990. 전환기의 민의 대응을 주제로 한 대화모임 '90년대 한국 사회와 민간운동의 방향'을 개최함.

1991. 전환기의 민의 대응을 주제로 한 대화모임 '전환기 한국 정치와 유권자의 책임'을 개최함.

1991. 주한 독일문화원과 '환경보전을 위한 민간운동의 과제와 역할-한국과 독일의 경우'를 개최함.

1992. 남북 화해 문제를 중점적으로 다룬 대화모임 '남북 화해의 민의'를 개최함.

1992. 전환기의 민의 대응을 주제로 한 대화모임 '14대 국회의 개원과 한국정치의 과제'를 개최함. '바람직한 대통령 선거의 방향과 국민의 역할'을 개최함.

1994. 민의 역량 강화 프로그램 대화모임 '변화의 새 물결과 민의 대응'을 개최함.

1995. 한일 심포지엄 '해방 50년과 패전 50년: 화해와 미래를 위하여'를 개최함.

1994. 창립 30주년 기념 대화모임 '인간화를 위한 삶의 조건과 한국 사회-인간복지와 삶의 질 문제를 중심으로'를 개최함. 여성사회, 노동사회의 '중간집단 교육을 돌아보고 내다보며'를 개최함.

1996. '바람과 물 연구소' 개원 1주년 기념 심포지엄 '생명가치와 과학기술'을 개최함.

1999. 한반도 평화와 동북아시아의 협력, 상생을 도모하는 국제평화회의를 개최함.

1998. 개신교 중견 목회자들의 모임인 '생명목회 콜로키움'을 개최함.

2000. 생태 중심인 대안사회 시스템을 연구하는 '바람과 물 연구소'의 일련의 시리즈 연구모임 '생명가치와 과학기술'을 개최함.

2000. 창립 35주년을 맞이하여 대화운동, 대화문화 창조를 전면에 부각시켜 재단 명칭을 '대화문화아카데미'로 변경함.

한국 크리스챤아카데미의 전신은 기독교사회문화연구회였다. 1963년 10월에 독일 개신교 아카데미의 책임자이며 당시 유럽 평신도연합회 총장이던 뮐러 박사가 일본 아카데미운동의 책임자인 슈미트 박사와 함께 우리나라를 찾았다. 한국에서 아카데미운동을 시작하는 데 필요한 사항들을 구체적으로 점검해보기 위해서였다.

이들은 이미 1962년 말부터 활동비 대부분을 지원해주고 있던 우리 기독교사회문화연구회의 성격과 활동 내용 등을 직접 살펴보았고, 여러 차례 강연회를 통해 아카데미운동과 유럽 평신도운동의 신학적 배경을 설명하면서 독일이 도와줄 방안을 토론했다.

1963년의 기독교사회문화연구회 모임. 이 모임은 2년 뒤 크리스챤아카데미로 발전한다.

1962년 4월 12일의 기독교사회문화연구회 모임. 이 모임에서는 조직의 역할과 방향에 관해 깊이 있는 논의가 이루어졌다.

기독교사회문화연구회 회원들과 담소하는
강원용 목사.

1965년 1월 29일부터 이틀간 워커힐호텔에서
열린 기독교사회문화연구회 연구모임.
모임의 주제는 '자립 경제와 외국 원조'였다.

독일 개신교 아카데미 관계자와 함께. 강원용 목사는 WCC 활동과 국내 아카데미운동을 연계하여 독일의 지원을 받아냄으로써 아카데미의 설립과 사업 추진 기반을 다졌다. 1961년 당시 한국은 전쟁의 참화가 지나가 아무것도 남지 않은, 국민소득이 82달러였던 극빈국이었다.

뮐러 박사가 주도한 독일 아카데미운동의 기본 정신은, 독일이 제2차 세계대전을 일으켜 폐허가 되어버린 게 무엇보다 대화를 통한 상호 의사소통이 불가능했기 때문이라고 보고, 우선 독일 국민 사이에 서로 대화를 틀 수 있는 광장을 마련하고 대화운동을 일으켜보자는 것이었다. 이 운동을 시작한 뮐러 박사는 독일 곳곳에 아카데미하우스를 세우고 사회 각 분야의 지도자와 평신도를 모아놓고 흉금을 터놓고 대화할 수 있도록 했는데, 이 같은 운동이 전후 독일의 부흥에 끼친 영향은 놀랄 만큼 컸다.

그러나 우리의 대화모임은 독일의 그것과 내용이나 방법 면에서 두 나라의 차이만큼이나 다를 수밖에 없었고, 그것은 또한 내가 예측한 바였다. 나는 뮐러 박사와 한국 아카데미운동에 관해 얘기를 나누면서 우리나라의 상황에 대해 솔직히 말했다.

뮐러 박사 일행의 내한을 맞이하는
강원용 목사.

왼쪽부터 독일 개신교 아카데미의
창시자인 뮐러 박사, 동양그룹
이양구 사장, 강원용 목사.

"한국은 독일이나 유럽, 일본과는 많이 다릅니다. 그러므로 다른 나라의 모델을 그대로 우리에게 적용하기는 어렵다고 봅니다. 또 한국 아카데미운동을 당신이 원하는 대로 새로운 형태의 선교사업으로 받아들이고 싶지도 않습니다."

이 때문에 뮐러 박사와 나 사이에 때로 갈등과 마찰이 일기도 했으나 나는 생각을 굽히지 않았다.

이렇게 독일에서 시작된 아카데미운동을 한국에 접목시키는 과정에서 내가 끝까지 신경 쓴 것은 자주성과 토착화였다. 독일 아카데미운동의 취지와 성격, 방법 등을 배우기는 하되 독일식을 무조건 모방하는 것이 아니라 어디까지나 한국 사람에 의해 주도되고 한국 사회의 실정에 맞는 한국적 운동으로 거듭나야 한다는 것이 내 생각이었다.

뮐러 박사와 강원용 목사.

독일 개신교 아카데미 관계자들과 함께.

크리스챤아카데미의 탄생

내게 1965년은 무엇보다도 우리나라에서 아카데미운동이 정식으로 출범한 역사적인 해로 뚜렷이 기억에 있다. 뮐러 박사의 방한과 대화모임의 성공적인 실험으로 마치 뱃속에서 태아가 자라듯 무럭무럭 성장해가던 아카데미운동이 1965년 2월 19일 한국기독교학술원의 설립과 함께 비로소 세상에 그 첫 모습을 드러냈다(이 명칭은 3개월 후 한국 크리스챤아카데미로 개칭해 문교부에 정식 등록했다).

1965년 4월 6일부터 8일까지 온양관광호텔에서 열린 크리스챤아카데미 대화모임.
이 대화모임의 주제는 '선교와 봉사를 위한 한국 교회의 공동과제'였다.

기차를 기다리는 대화모임 참가자들.

온양으로 가는 기차 안에서 담소를 나누는 강원용 목사.

1965년 5월 28일부터 이틀간 열린 '한국 근대화와 여성의 역할' 대화모임.

이사장에 홍현설(감리교신학대학장), 총무이사에 조민하(유네스코 한국위원회 사무총장), 재무이사에 최태섭(한국판유리공업 사장)이 추대되었고, 이사로는 강신명(새문안교회 담임목사), 김재준(기독교장로회 총회장), 김옥길(NCC 총무), 오재경(전 공보부 장관), 이양구(동양그룹 사장), 전택보(전 상공부 장관), 정대위(건국대 총장) 등이 참여했다. 감사에는 김병옥(조흥은행 전무)과 지갑섭(제일은행 기획조사부장)이 기용되었다. 고문은 백낙준, 한경직, 김활란, 이환신, 독일인 슈미트로 다섯 명이었다. 나는 실질적인 일을 맡아 처리하는 사무국 원장직을 맡게 되었으며 이재영, 박경서, 한정자 등이 간사로 함께 일하게 되었다.

이미 말했듯이 아카데미의 가장 기본적이고도 중요한 과제는 대화 프로그램을 진행하는 일이었다. 따라서 이를 위해 전문 분야별 연구위원회를 두었는데 그것은 종교, 정치, 경제, 사회, 문화, 교육, 청년학생, 평신도 문제 위원회 등 8개 분야에 걸쳐 있어서 사실상 한국 사회의 거의 모든 문제를 다루게 되었다.

수유리에 아카데미하우스가 들어서기 전의 대화모임들.
당시엔 온양이나 용당산호텔, 워커힐호텔 등지를
이용하며 대화모임을 가졌다.

1965년 6월 10일부터 이틀간 충북 속리산에서 열린
'선교와 봉사를 위한 한국 교회의 공동과제' 대화모임.

1965년 10월 1일부터 이틀간 용당산호텔에서 열린 '한국 평신도 문제점' 대화모임.

종교 간의 대화를 시작하다

1965년 10월 크리스찬아카데미는 분야별로 활발하게 진행되던 대화모임인 '한국 제 종교의 공동과제'라는 주제 아래 종교 간 대화모임을 가졌다. 18일과 19일 이틀 동안 개신교, 천주교, 불교, 유교, 천도교, 원불교 등 6대 종교 지도자들이 모여 각자 다른 종교와의 만남을 시도한 이 모임은 한국 역사상 최초로 이루어진 종교 간의 대화라는 점에서 큰 관심과 함께 비난의 표적이 되기도 했다. 당시 나는 이 모임을 시도했다고 해서 기독교의 이질화니 혼합 종교니 하는 비난을 감수해야 했다.

한국 최초의 종교 간의 대화모임 ● 1965년 10월 18일부터 이틀간 용당산호텔에서 열린 한국 최초의 '종교 간의 대화모임'. 6대 종단 지도자와 학자들이 참석해 '한국 제 종교의 공동과제'라는 주제로 대화모임이 진행되었다. 능가 스님(불교), 황온순 선사(원불교), 유승국 교수(유교), 박양운 신부(가톨릭), 백세명 교령(천도교), 김재준 목사(개신교)가 종단을 대표해 주제 발표를 했으며 서경수, 유정동, 강신명, 유동식, 김용구, 박양운 등이 토론에 참여했다.

이 대화모임은 10월 21일 『동아일보』에 크게 보도되었는데, 이 기사는 당시 분위기를 소상하게 전하며 다음과 같이 끝을 맺고 있다. "한국의 제 종교가 우리 풍토에 뿌리박고 구심 역할을 하기 위해서는 발전적 파괴를 두려워하지 않고 강한 현실의 긍정과 새 물결의 포용을 위해서 보다 넓은 문화사회의 거시적 안목과 역사의 원시적 통찰력이 필요할 것이다."
이 취재 기사는 당시 『동아일보』 기자였던 김병익 전 한국문화예술위원회 위원장이 썼다.

1970년대 크리스챤아카데미 대화모임에 참석한 스님들과 다과를 나누는 모습.

첫 시도였던 만큼 모험을 하는 기분으로 불안과 걱정 속에 시작한 이 모임은 그러나 예상보다 순조롭게 진행되었다. 장소는 한강변에 있던 용당산호텔이었다. 각 종교의 지도자들은 종교인으로서 한국 사회에 공동으로 지닌 과제들을 각자 발표한 후, 한국의 정신 풍토에 관한 종교의 역할 등에 관해 자유롭게 토론을 벌였다. 그리고 모든 종교의 공동과제로 구심력 회복과 주체성 확립을 들고 이를 위해 각자 내부의 개혁 운동이 필요하다는 데 합의를 보았다. 참석자들은 대부분 종교 간의 대화에 대해 매우 호의적인 반응을 보였다. 비록 각 종교 간에 전통과 의식은 다를지라도 서로 공동의 광장을 마련하자는 데는 어느 종교든 교리적인 모순이 없다는 게 일치된 의견이었다. 이 같은 모임이 성공리에 끝나자 참석자들 사이에서는 누가 먼저랄 것도 없이 이런 모임을 지속적으로 가지는 것이 좋겠다는 의견이 제기되었으며, 그 결과 종교인협의회를 만들기로 합의가 이루어졌다.

1970년 '국가보안의 오늘과 내일' 대화모임에 참석한 김수환 추기경과 청담 스님. 강원용 목사 앞에 앉은 이는 박정희 대통령의 비서실장을 지낸 이후락 씨. 1965년 시작된 종교 간의 대화는 이후 아카데미의 다양한 대화모임에서 종교 간의 협력을 끌어냈고, 이는 한국 사회의 제반 문제를 공동으로 고민하고 해결해나가는 한국 종교계의 전통으로 자리 잡게 되었다.

그런데 이 사실이 신문에 보도되면서 기독교 내에서 엄청난 반발이 일어났다. 대다수 기독교인의 주장은 "도대체 불교도 같은 우상 숭배자들과 어떻게 대화를 나누느냐"는 것이었다. 서로 다른 것을 인정하면서 대화하고 협력할 수 있다는 것이 타 종교에 대한 나의 생각이었지만, 당시 기독교계의 반발은 무척이나 거셌다. 그 무렵의 어느 날, 불교 대표였던 능가 스님이 나를 찾아와서는 이런 말을 했다.

"종교인협의회가 조직되면 기독교에서 회장이고 뭐고 다 알아서 하십시오. 종교가 인류를 위해 공헌할 수만 있다면 불교가 기독교에 흡수되어 없어져도 좋습니다."

나는 그 말을 듣는 순간 십자가 정신은 오히려 그들에게 있는 것이 아닌가 하는 느낌을 가지지 않을 수 없었다.

1974년 10월 29일부터 3박 4일간 수원 '내일을 위한 집'에서 열린 수녀 교육. 강원용 목사가 실천했던 종교 간의 대화운동은 제 종교 간의 배타적인 벽을 허물고 공동의 선을 향해 나아가는 데 이바지했다.

1971년, 아카데미하우스에서 열린 '사회발전과 종교의 역할' 대화모임.

아카데미하우스 완공

1965년 아카데미운동의 출범과 함께 내가 가장 주력한 것은 대화의 장이 될 아카데미하우스를 짓는 일이었다. 아카데미하우스 건축은 1963년 뮐러 박사가 방한했을 때 이미 독일 측이 지원을 약속한 것으로 그때 나는 뮐러 박사에게 건물은 독일 돈으로 짓되 땅은 우리 돈으로 사고 건축 설계도 우리 손으로 하겠다는 조건을 내세웠다. 원조를 받는다고 해서 그들의 생각이나 구상대로 움직이는 아카데미 운동이라면 아예 시작하고 싶지 않았기 때문이다.

그러나 아카데미하우스의 부지를 구하기는 쉽지 않았다. 답답한 마음에 우이동 산속을 헤매면서 우연히 발견한 곳이 지금의 아카데미하우스 터였다. 당시엔 허허벌판이었다. 경관이나 위치가 금상첨화였다. 나는 즉각 매수에 들어갔으나 그 과정에도 우여곡절이 많았다. 최태원 사장과 이양구 사장에게 반 억지를 부려 기증을 받아낸 것이다.

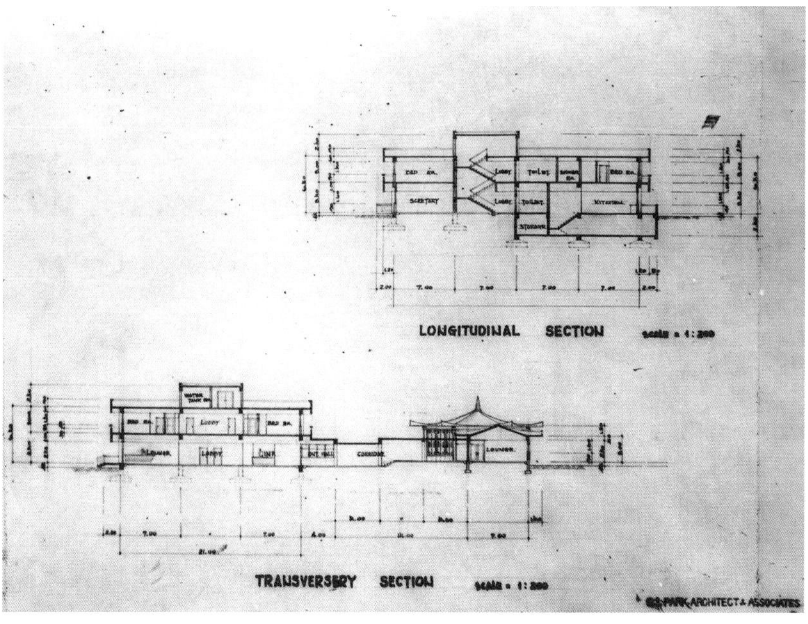

1966년 4월 16일, 아카데미하우스 기공식. 아카데미하우스는 독일 개신교 아카데미에서 건축비를 원조하고 이양구, 최태원 사장이 대지를 기증해 지어진 한국 사회 최초의 '대화의 장'이다.

아카데미하우스 건축 장면. 강원용 목사는 건축 당시 어느 모임에 나갔다가 사정을 모르는 한 국회의원에게 이런 소리를 들었다고 한다. "지금 인수봉에 다녀오는 길인데, 세상에, 누군지는 몰라도 길도 없고 전기도 없는 산속에 콘크리트로 집을 짓고 있더라고요. 짓고서 어쩌겠다는 건지, 그런 미친놈이 어디 있습니까."

국내외의 관심과 성원 속에 고대하던 아카데미하우스의 준공식이 치러진 날은 1966년 11월 16일이었다. 수유리 산록에 지상 4층으로 아담한 그 모습을 드러낸 아카데미하우스는 총 건평 1,300평에 객실 44개, 회의실 4개와 팔각정 대화실을 갖춘 '디럭스 관광호텔 시설'로 준공식을 치르게 되었다.

준공식과 함께 아카데미하우스는 우선 대화의 장으로 제 기능을 발휘하기 시작했다. 그동안 자체 공간이 없어 워커힐호텔, 용당산호텔, 온양 등지를 전전하며 개최하던 대화모임이 비로소 안정된 장소를 확보한 것이다. 아카데미하우스에서 개최된 첫 대화모임은 개관을 기념하여 준공식 바로 다음 날부터 9일에 걸쳐 '대화를 찾은 한국 사회'라는 주제로 열린 분야별 모임이었다. 나는 준공식 날 한 기념사에서 이렇게 이야기했다.

"우리는 우리 의식 밑바탕에 광범위하게 깔린 비합리성을 고쳐나가는 일에 노력하고자 합니다. 과학의 발달과 기술 혁명이 일어나는 오늘, 우리는 과학적인 분석 위에서 모든 문제를 처리할 수 있는 침착한 이성의 소리를 우리 민족이 해결해야 할 모든 문제에 들려주는 연구 사업에 힘쓸 것입니다. 그리고 이 나라 정당과 정당 간, 종교와 종교 간, 기업주와 노동자 간, 세대와 세대 간에 쳐진 장벽을 허물고 서로 진실한 이해와 협조의 길을 모색하는 대화의 장으로 이 집이 쓰일 것입니다. 우리는 이 집이 이 나라 정신 풍토를 개혁하는 데 혁명적인 역할을 다할 것을 다짐하는 바입니다. 조국 근대화의 제일선에서 개척자 노릇을 담당할 일꾼들을 이 집에서 길러낼 것이며 국제적인 유대 관계를 강화하는 터전으로 이 집이 쓰일 것입니다."

1966년 11월 16일, 아카데미하우스 준공식에 참석한 내빈들.
맨 오른쪽은 백낙준 박사, 그 옆은 한경직 목사이다.

한국을 재건하는 화해의 복음운동

_『대한일보』 사설 중에서

생각건대, 한국은 폐쇄 사회의 역사를 가지고 있다. 말하자면 대화를 잃은 독백의 나라이며 민족이었다. 이런 폐쇄 심리를 열어주고 영예로운 상호 이해에서 극한론을 완화하며 합리적인 이론 교환에서 독단을 없애고 실정의 토론에서 동정同情을 교류시키는 화해의 복음운동이 새로운 한국을 재건하는 데에 얼마나 필요한가는 더 말할 필요가 없다. 그런고로 서로 만나 아무런 기교나 조작 없이 인간 대 인간으로 이야기를 나누는 고장, 즉 '대화의 집'이 마련되어야 했으며 이 고장은 아무 불편이나 부담 없는 누그러진 분위기를 간직해야 한다.

완공된 아카데미하우스에서 기념 촬영.
아카데미하우스는 그 후 40년간 한국
사회의 변화와 발전, 개혁을 선도하는
지성의 요람이 되었다.

1970년도에 접어들어 아카데미가 제시한 목표는 바로 '인간화'였다. 아카데미 프로그램 연구위원회는 1970년 프로그램의 초점을 '인간화'(On Humanization)에 두기로 결정했고, 이후 이 주제는 1970년대 아카데미 활동을 일관되게 이끈 지향점이 되었다. 지금은 인간화라는 말이 사람들에게 상당히 익숙하지만, 당시만 해도 새롭고 생소했다.

아카데미가 1960년대에 내걸었던 '근대화'에서 '인간화'로 그 방향을 바꾼 것은 한국 사회의 변화와 밀접한 관련이 있다. 1970년대에 접어들면서 나는 '이제 우리가 주목해야 할 것은 공업화된 도시화나 성숙도가 아니라 현재 우리 사회에서 인간이 과연 어떻게 되어가고 있느냐 하는 것'이라는 생각을 굳히고 있었다.

1960년대 말, 대화모임에서 토론하는 참석자들. 보통 대화모임은 2박 3일, 길게는 1주일간 진행되었다. 따라서 참석자들은 충분한 대화를 통해 사태의 이면을 더 깊게 이해하면서 서로 소통하고 선의의 결과를 끌어낼 수 있었다.

1969년 아카데미하우스에서 열린 '발전문제위원회' 회의 모습.

1970년 10월 8일에서 11일까지 아카데미하우스에서 각 분야에서 초청된 61명의 학자와 전문가들이 참석한 대규모 대화모임을 '인간화'라는 주제 아래 열었다. 마지막 날에는 토론 내용을 정리한 종합 보고서를 내놓았다. 이 보고서는 인간화를 당위 개념으로 보고 그 의미를 '자율적이고 주체적인 인간이 되는 과정'이라고 규정했다. 그리고 우리 사회 비인간화의 가장 근원적인 원인이 '양극화'에 있다고 결론을 내렸다. 양극화란 빈과 부, 통치자와 피통치자, 노동자와 자본가, 도시와 농촌 등으로 확연히 벌어진 단절을 의미했다. 그리고 인간화를 위해서는 무엇보다 건설적인 저항 의식이 필요할 뿐 아니라 이 같은 의식을 가진 일반 대중이 정책 결정에 민주적으로 참여할 수 있어야 하며, 동시에 지식인과 대중 사이의 격차를 줄이려면 무엇보다 '아래에서 자발적으로 형성되는 중간집단'이 시급히 필요하다는 점이 강력하게 대두되었다. 이런 방향성은 이후 1970년대의 중간집단 교육이라는 아카데미 운동으로 발전하게 되었다.

역사의 언덕에서 3 265–268

1971년 4월 2일부터 3박 4일간 아카데미하우스에서 열린 '양극화 문제-인간화를 위하여' 대화모임. 1970년대는 고도의 산업화와 함께 농촌이 몰락하고 도시 빈민이 증가하는 등 사회 전반에 걸친 양극화가 진행되었다.

1977년 6월 18일과 19일 양일간 열린
'노동사례연구회' 제3차년도 정기총회.

1978년 4월, 동일방직에서 부당 해고를
당한 노동자들의 농성장을 찾은
강원용 목사와 김수환 추기경.

아카데미 10주년, 깊어가는 유신의 그늘

1975년은 크리스찬아카데미가 설립된 지 10년이 되는 해였다. 16년 전인 1964년 동료 십여 명과 함께 백 원씩 회비를 내어 시작한 조그마한 모임이 이제 세계적으로 주목받는 단체로 틀이 잡힌 셈이었으니, 10주년을 맞는 내 마음은 착잡한 가운데서도 뿌듯함을 느낀 게 사실이었다.

열 살이 된 크리스찬아카데미는 이미 우리 사회 지성인들의 대화 광장이요, 사회 각 부문을 연구하는 기관으로서, 그리고 중간집단 교육을 비롯한 여러 대중 교육과 훈련의 장소로 그 존재를 뚜렷이 부각시켜놓고 있었다. 1975년 5월 7일 아카데미하우스에서는 10주년 기념식이 조촐하게 열렸다. 이 행사에는 독일 아카데미의 뮐러 박사, 일본 아카데미 대표 모리조 박사, 교토 아카데미 대표 기구치 교수, 김수환 추기경, 김옥길 이대 총장, 강신명 목사, 백낙준 박사 등 5백여 명이 참석했다. 그날 기념사에서 밝힌 활동 내력의 대강은 다음과 같다.

"지난 10년 동안 아카데미에서는 2박 3일 혹은 4박 5일 과정으로 여러 종류의

크리스찬아카데미
10주년 기념식.

대화모임이 200여 차례 열려 참가자 6천여 명에 강사 7백여 명이 동원되었습니다. 사회 교육은 2박 3일에서 1주일 정도의 프로그램이 174회 열려 7,420명이 교육을 받았습니다. 특히 1974년부터 5개년 계획으로 진행되고 있는 중간집단 교육은 지금까지 29회에 820명이 참가했으며, 이 중 100여 명이 오늘 이 자리에 참석했습니다. 특히 농번기인 이 시기에 전국 농촌에서 40여 명이나 올라오셔서 이 자리에 참석했다는 사실을 알려드립니다. 그동안 여러 연구위원회를 구성, 조사와 연구 활동을 해왔으며, 월간지 『대화』가 55회, 그 밖에 계간지, 단행본 등이 출판되었고 영문으로 Dialogue, Activity News 등이 발간되고 있으며, 이번에 『내일을 위한 노래』와 아카데미 총서인 『10주년 기념 전집』이 10권으로 나왔습니다. 지난 10년간 아카데미는 텔레비전, 라디오에 450회, 통신 320여 회, 신문 820여 회, 잡지 457회에 걸쳐 그 활동이 보도되었습니다."

위에서 밝힌 대로 특별히 아카데미 10년사를 포함한 『한국아카데미총서』를 총 10권으로 묶어서 출판했으나, 당국의 탄압과 검열로 알맹이는 다 빠진 채 출간되었고 그나마 판매도 방해를 받아 세상에 그 빛을 보지 못했다. 그렇게 나빠진 유신 정권과의 관계는 점점 안 좋아져 하는 일마다 난관을 겪어야 했다.

1975년 크리스찬아카데미 10주년 기념행사에서 『한국아카데미총서』와 기념 앨범을 살펴보는 참석자들.

1968년, 아카데미하우스
준공 2주년 기념식.

1968년의
크리스찬아카데미
정기 이사회.

1967년 3월 5일, 국빈으로 내한한 서독의 뤼브케 대통령이 아카데미하우스를 방문했다.

1968년 아카데미하우스에서 열린 '외국 자본과 한국 경제' 대화모임.

1971년 9월 6일부터 2박 3일간 아카데미하우스에서 열린
'젊은 교역자 교육'에 참석한 김재준 목사와 강원용 목사.

1970년대 초반에 열린 각종 대화모임. 대화모임은 해를 거듭할수록 우리 사회의 문제점을 분석하고 그 진로를 진지하게 모색해 제시하는 등 그 양과 질에서 큰 발전을 이루어냈다.

1971년 11월 16일, 아카데미하우스 준공 5주년 기념행사.

1972년, 아카데미하우스에서 열린 '아시아인의 민족 주체성과 크리스천 주체성의 문제' 대화모임.

1972년 1월 18일, '바람직한 발전 방향-제주도 개발의 미래설계' 대화모임.

1973년, '현대 생활과 정신건강-6·25가 한국 사회에 미친 영향' 대화모임.

아카데미하우스에서 열린 '한국 어린이와 가정교육' 대화모임.
왼쪽부터 강원용 목사, 윤태림, 정희경, 이항녕, 민희식, 이기영.

1973년 11월 한국을 방문한 세계적인
성서학자 한스 웨버 박사와 함께한
성서 연구 대화모임.

1975년 4월, 크리스챤아카데미 10주년을 맞이해 '한국 사회의 진단과 전망-10주년 기념 분야별 종합 초안 모임'을 가진 참석자들. 등을 보인 이가 법정 스님. 그 오른쪽으로 이문영, 서남동, 이건호 교수와 강원용 목사.

1975년 6월, 크리스챤아카데미 10주년 기념 대화모임.

1975년 6월, 크리스챤아카데미 10주년을 기념하기 위해 모인 내빈들. 김수환 추기경과 묄러 박사.

한국 크리스챤아카데미 10주년을 맞아 방한한 묄러 박사와 그를 환영하는 강원용 목사.

우리가 그동안 심혈을 기울여 이끌어온 아카데미는 크게 세 가지 사건을 겪으면서 위기를 맞이한다. 처음은 '내일을 위한 노래집' 사건이고, 두 번째는 1970년대 언론의 가려진 눈과 막힌 입을 대신하여 현장의 목소리를 전했던 월간 『대화』 폐간 사건, 세 번째가 마침내 대대적인 검거로 시작된 '크리스찬아카데미 사건'이다. 1970년대 유신 체제가 속으로 곪아가면서 아카데미 운동에 대한 탄압 역시 그 강도를 더해간 것이다.

1974년 5월 8일부터 11일까지 분도회관에서 열린 '대구 지역 중간집단 육성 강화를 위한 지역사회의 과제' 교육 모임 중 퍼포먼스를 펼치는 강원용 목사와 참가자들.

농촌사회 중간집단 교육 중 문화공연에 참가한 교육생들.

문제가 된 노래집은 1975년 대화출판사에서 출판한 『내일을 위한 노래』라는 책이었다. 그 노래책에는 크리스찬아카데미가 오랜 시간 공을 들여 외국 가요를 번역하거나 아예 새롭게 곡을 만들어서 모은 129곡이 수록되어 있었고, 가격은 400원이었다. 1976년 초여름의 어느 날, 빠른 속도로 보급되고 있던 이 책이 고발되었다는 소식이 들려왔다. 나는 이 일로 중부경찰서에 여러 차례 출두하여 조사를 받아야 했다. 당국이 이 노래집을 문제 삼게 된 것은 거기에 실린 많은 노래가 아카데미에서 교육받은 사람들을 중심으로 노동운동, 학생운동, 농촌운동 등 각종 운동과 시위 현장에서 불리고, 또 엄청난 전파력을 가지고 퍼져나갔기 때문이다. 이 사건은 결국 검찰로 넘어가게 되어 나는 다시 두 번 출두해 조사를 받았는데, 한승헌 변호사의 노력으로 다행히 불기소 처분을 받아냈다. 그러나 노래집의 소각 조처가 내려졌다.

1970년대 민주화운동은 노래와 함께였다고 해도 과언이 아니고 아카데미 교육 역시 늘 이런 노래로 이루어졌다. 내가 작사하고 나인용이 작곡한 「내일을 위한 노래」는 바로 이러한 성격을 잘 말해준다고 할 수 있다.

1. 하나님 모습대로 창조된 우리 누구나 사람답게 살도록 하자
억압과 폭력 없는 내일을 위해 손에 손을 굳게 잡고 일터로 가자

2. 사랑이 햇빛같이 퍼지게 하고 정의가 강물처럼 흐르게 하자
불의와 부정 없는 내일을 위해 손에 손을 굳게 잡고 일터로 가자

3. 인간을 얽어매는 쇠사슬 끊고 자유의 종 울리자 메아리치게
속박과 체념 없는 내일을 위해 손에 손을 굳게 잡고 일터로 가자

4. 참 소망 새벽처럼 동트게 하고 평화가 대지에서 꽃피게 하자
좌절과 전쟁 없는 내일을 위해 손에 손을 굳게 잡고 일터로 가자

농민운동, 노동운동, 여성운동이 지닌 본질은 어디까지나 인간화다. 이 작은 노래 모음집에는 인간의 존엄성과 인간의 권리를 열망하는 절실한 의식과 정서가 고스란히 담겨 있었고 그 노래들을 부름으로써 서로 하나임을 우리는 확인할 수 있었다.

1975년 1월 27일부터 31일까지 수원 '내일을 위한 집'에서 열린 종교사회 중간집단 학생 교육.

내일을 위한 노래

강 원용 　　　　　　　　　　　　　　　　나 인용

1977년 5월, 수원 '내일을 위한 집'에서 열린 종교 분야 교육에
참석해 장구 장단에 맞춰 춤을 추는 강원용 목사.

크리스찬아카데미 창립 기념행사에서 집단무용을 펼치는 청년들.

『내일을 위한 노래』 서문

_ 크리스챤아카데미 원장 강원용

수많은 갈등 속에서 삶을 영위해야 하는 우리에게 예술은 하나의 구원일 수 있습니다. 그러나 그 예술마저 인간을 외면한 채 난해성과 고고함을 자랑하지 않으면, 사이비 예술이 인간의 정서와 의식을 마취시키고 있는 것이 오늘의 현실이 아닌가 합니다. 그렇기에 오늘날처럼 우리의 문명이 우리에게 요청하는 의식과 느낌을 절실하게 담을 수 있는 예술(예술이라는 말이 아니어도 좋지만)이 요구된 적도 없다고 생각됩니다.

여기에 펴내는 이 노래책은 그러한 요구에 정직하게 응답하려는 소망의 한 작은 표현입니다. 사회 전체의 구원을 지향하는 어려운 길을 가면서 때로 실망과 좌절을 느낄 때, 다시금 웃으며 떠날 수 있게 하는 데 이 작은 노래책이 도움된다면 기쁨이 되겠습니다.

세계의 젊음과 한 호흡으로 한마음으로 나아가고자 하는 뜻에서 외국의 새로운 노래들과 민요를 모으고, 그러한 보편성 위에 서서 꿋꿋한 자아를 키우고자 하는 뜻에서 우리의 노래들을 모아 한데 엮었습니다. 특히 실려진 새 노래들을 개발하는 데 참여해주신 여러분께 감사드립니다.

그리고 이 책이 나오도록 도와주신 나영수 선생, 유경환 선생, 이경열 선생과 화음을 다듬어준 황철익 선생, 그리고 대부분의 외국 노래를 우리말로 만든 김문환 간사의 노고를 치하하며, 앞으로도 이러한 노력이 계속되도록 뜻있는 여러분이 협조와 관심 기울여주실 것을 기대합니다.

1977년 4월 30일

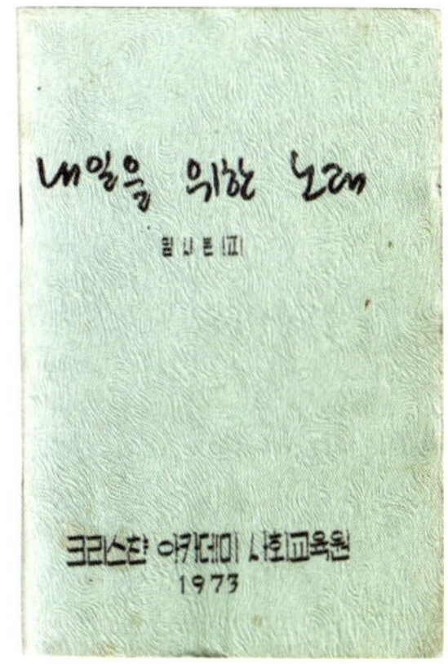

1973년 발행된
『내일을 위한 노래』 표지.

1977년 재발행된
『내일을 위한 노래』 표지.

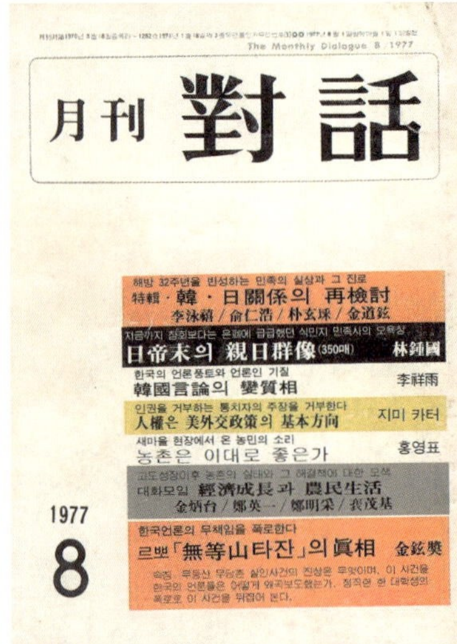

크리스챤아카데미의 기관지로 시작해
기층 민중을 대변하는 잡지로
자리 잡은 월간 『대화』 잡지.
1966년부터 1977년까지
발행되었으나 1977년 10월호를
끝으로 유신 독재의 긴급조치
위반으로 폐간당했다.

1977년 10월 나는 세계 기독교 사회운동단체 협의회에 참석차 캐나다에 가 있었다. 그런데 회의 도중 서울에서 급한 전화가 왔다는 연락을 받았다. 받아보니 월간 『대화』 편집진이 잡혀가고 있으니 어서 귀국하라는 소식이었다. 나는 회의도 마치지 못하고 서울로 돌아왔다. 내가 정보부에 불려간 것은 귀국한 바로 다음 날이었다. 정보부 조사실에 들어가 앉아 있으려니 50대 남자가 들어와 조사를 시작했다. 책상 위에는 그간 발행된 『대화』지가 수북이 쌓여 있었다. 『대화』지는 크리스챤아카데미가 설립된 1965년부터 회원들을 위한 뉴스레터 성격으로 발간되기 시작하여 자연스레 우리 아카데미의 기관지로 발전해온 잡지였다. 그것이 통권 70호까지 뉴스레터로 발행되다가, 1976년 11월호(통권 71호)부터 대폭 증면하고 사회문화 종합지로 다시 태어나면서 종래의 무가지에서 유가지로 전환한 것이다. 아카데미에서 주최하는 대화모임, 혹은 강연이나 토론 가운데는 일반인에게 알릴 만한 가치 있는 것들이 많은데, 그것들이 기존 신문이나 방송 매체를 통해서는 단편적으로밖에 보도되지 않으니까 충분히 알릴 수 있는 매체가 필요했다. 또 한국에는 에큐메니칼 운동에 대한 정보가 극히 빈약하니 WCC 활동이나 관련 자료를 고정적으로 실을 매체가 필요했다. 이 같은 생각에서 사회문화 종합지로 변신한 월간 『대화』가 첫 모습을 드러낸 것은 1976년 11월호였다. 김수환 추기경과 나의 기념 대담이 실리기도 한 이 혁신호는 내가 원래 의도했던 내용과 크게 다르지 않게 잘 만들어졌다.

그런데 문제는 12월호부터였다. 그때부터 편집진은 당국이 가장 예민하게 여기는 노동자, 농민, 빈민 등 이른바 기층 민중들의 현장에 주된 관심을 쏟기 시작했다. 아니나다를까 잡지 내용이 기층 민중의 삶의 현장과 노동운동 등 투쟁 현장 보도에 기울어지면서 즉각 당국의 경고가 날아드는 한편 광고 탄압이 시작되었다. 당국의 광고 탄압과 잇따른 경고 조치에도 계속 급진적으로 나가던 『대화』지에 첫 제동이 걸린 것은 1977년 9월호가 나왔을 때다. 문공부로부터 배포 중지 명령이 떨어진 것이다. 그런 와중에 캐나다에 갔던 것인데, 그 사이에 10월호가 발간되면서 그만 일이 터지고 말았다. 10월호가 긴급조치 9호 위반으로 고발되면서 편집장과 필자들이 정보부에 줄줄이 연행되었고 나까지 정보부에 끌려가게 되었다.

나는 두 차례 조사를 받았는데, 정보부 조사원이 초점을 맞춘 부분은 내가 편집진과 같은 입장인가 하는 것이었다. 물론 편집진과 나 사이에 견해 차이에서 오는 갈등은 분명히 존재했지만, 그 자리에서 그런 말은 할 수 없어 나는 모든 책임이 내게 있다고 주장했다. 이 사건은 다행히 관계된 사람들이 별로 다치지 않았으나 잡지는 폐간되는 최악의 조치로 결말이 났다. 그러나 『대화』지가 남긴 의의는 적지 않았다. 독재 권력의 정치 탄압과 불균형한 경제 성장으로 시달리던 1970년대의 척박한 상황 속에서 『대화』지는 가려진 현장의 모습과 억눌린 목소리를 전하는 매체로서 소임을 다한 것이다. 특히 나와는 방법상 차이를 드러내기는 했지만, 당시 편집진들은 신념을 지니고 한국의 기층 문제를 사회적으로 널리 알리고 숨겨진 진실에 대해 사람들이 눈뜨도록 촉구하는 언론 본연의 구실을 충실히 이행한 셈이었다. 『대화』지가 남긴 성과는 1980년대 이후 사회 분위기가 기층 문제에 더욱 관심과 노력을 집중하게 되었을 때, 민중 중심의 시각을 갖도록 하는 방향타 구실을 했으며, 1980년대 이후 활발하게 이어진 노동문학의 밑거름이 되기도 했다.

크리스챤아카데미 반공법 사건

아카데미에 불어닥친 가장 큰 고난은 1979년 3월에 발생한 크리스챤아카데미 사건이었다. 크리스챤아카데미는 창립 후부터 줄곧 기독교 정신에 기초해 우리 사회의 여러 부문에서 일어나는 부조리한 양극화 현상을 없애고 대화와 화해의 정신을 심음으로써 자유와 평등을 통하여 인간화가 이루어지도록 활동해온 기관이었다. 1970년대 전 기간을 통틀어 한국 기독교의 현실 참여 운동은 사회, 정치, 경제 분야에서 민주화, 인권, 통일 운동으로 다양하게 발전하였다. 이런 상황에서 아카데미 운동은 대중에 뿌리를 둔 중간집단 교육으로, 노조 간부나 농민, 여성들이 스스로 자주적인 운동을 시도해나갈 수 있는 자신감과 가능성, 능력을 불어넣어주는 데 매진하게 된다. 이는 장기적이고 느린 전략이었지만 가장 확실하고 무서운 전략이기도 했다. 이렇게 밑에서부터 일어나는 민주화 개혁 운동은 집권자에겐 어떤 강력한 운동보다 더욱 위험한 세력으로 보일 수도 있었다.

1979년 3월 9일 오전, 경동교회 아카데미 사무실에서 아카데미 여성사회 간사로 일하던 한명숙이 정보부에 연행되었다. 백방으로 수소문해 무슨 일인지 알아보았지만 '대수롭지 않은 일'이라는 정보부의 대답만 있을 뿐 심상치 않은 기운은 가시지 않았다. 한명숙이 끌려가고 나흘째 되는 13일, 수원 사회교육원에서 교육을 맡고 있던 농촌사회 담당 간사 이우재(전 민중당 당수), 황한식(현 부산대 교수), 장상환(현 경상대 교수)이 교육을 하던 도중 끌려갔는가 하면 산업사회 간사 신인령(현 이화여대 총장)과 김세균(현 서울대 교수)은 시내 사무실에서 연행당했다. 교육 실무를 담당하던 간사들에 대한 대대적인 연행이었다.

수원 '내일을 위한 집'에서 중간집단 교육에 나선 강원용 목사.
중간집단 교육은 농민, 노동자, 청년학생, 여성, 종교의 다섯 분야에 걸쳐 진행되었다. 중간집단 교육은 크리스챤아카데미가 한국 사회의 가장 큰 문제를 양극화와 비인간화로 인식한 1970년대 초부터 실천적 대안으로 준비해오다, 1970년대 중반부터 시행한 대중교육 사업이었다.

크리스챤아카데미 스태프들과 함께. 최의팔, 김문환, 한명숙, 장필화, 김영운 목사 등.
맨 오른쪽은 강대인 대화문화아카데미 원장.

연행된 6명의 간사가 반공법 위반 혐의로 수사받고 있다는 정식 통고가 내려온 것은 3월 15일이었다. 그 통고와 함께 한양대 교수 정창렬, 건국대 교수 김병태 등 간사들과 친하게 지내던 사람들과 아카데미에서 교육을 받은 노동자, 농민, 여성 등 50여 명도 정보부에 연행되어 조사를 받게 되었다. 그들 중에는 동일방직의 전 노조지부장 이총각, 콘트롤데이타 노조지부장 이영순, 반도상사 노조지부장 장현자, 그리고 얼마 후 신민당사에서 벌인 농성으로 유명해진 YH 노조지부장 최순영도 있었다.

3월 27일 드디어 내게도 정보부의 손길이 뻗쳐왔다. 아침 9시, 3명의 수사관이 사무실로 들이닥쳤다. 그들은 나를 끌고 가 남산 정보부 건물 지하 2층에 있는 조사실에 데려다놓았다. 그들의 조사는 내가 태어나 그때까지의 모든 행적을 시시콜콜 따지는 것부터 시작했다. 나는 식사시간과 새벽 2시부터 4시까지의 취침시간을 빼고는 계속 그들의 심문에 시달려야 했다. 그곳에서 조사를 받으면서 나는 가슴에 이름표를 붙이고 그들이 하라는 대로 포즈를 취하면서 사진 촬영을 당하기도 했다. 그동안 신문에 발표된 간첩들의 사진이 이렇게 찍혔겠구나 하고 생각하니 고약해지는 기분을 떨쳐버릴 수가 없었다. 일이 그들의 뜻대로 풀려간다면 나의 사진이 신문에 간첩 수괴 같은 꼴로 실리겠구나 생각하니 기가 막혔다.

정보부의 조사는 아카데미 중간집단 교육으로 옮겨가면서 내 숨통을 더욱 조여오기 시작했다. 조사관은 연행해 간 여섯 간사와 내 관계를 집요하게 캐물었다.

"그들이 비밀 서클을 만들어 혁명 모의를 하고 있었는데 당신은 그 사실을 알고 있지 않았소?"

나는 그 말을 듣고 비로소 그들이 어떤 방법으로 아카데미를 옭아매려는지 확연하게 알 수 있었다. 아카데미 전체를 혁명 조직으로 만들 속셈인 게 뻔했다. 유신 정권이 아카데미 중간집단 교육을 오래전부터 문제 삼아 왔고, 그것을 파괴하고자 관계 당국이 장기간에 걸쳐 치밀한 공작을 꾸며왔던 것이다. 조사 내용이 어떻든 그들은 이미 만들어놓은 각본대로 우리를 사회주의 혁명 조직으로 몰아붙일 게 틀림이 없었다. 그러다가 잡혀간 지 6일째가 되자, 사람들의 태도가 한층 누그러지더니 국장이 나를 찾아왔다.

"아직 조사에 미진한 부분이 있지만, 당신 나이도 있고 또 몸도 좋지 않고 하니까 일단 귀가 조치하기로 했습니다."

그날 밤 드디어 나는 정보부 조사실에서 풀려나와 집으로 돌아올 수 있었다.

내가 풀려난 것과 동시에 정창렬 교수와 아카데미 간사 6명은 정보부에서 서대문 구치소로 송치되었다. 그리고 일체의 면회가 금지된 상태에서 4월 3일 그들이 반공법 위반 혐의로 구속되었다는 사실이 가족들에게 통지되었다. 그러고는 4월 16일 중앙정보부는 마침내 언론에 크리스챤아카데미 사건을 자신들이 꾸민 내용대로 발표하고 사건을 검찰에 송치했다. 발표 내용은 크리스챤아카데미 사회교육원 간사 등이 불법 비밀 용공 단체를 만들어 북괴 노선에 적극적으로 동조하는 불온 활동을 해왔다는 것이었다. 정보부는 여기에다가 국내외의 비판적인 여론을 의식해 간사들의 반공법 위반 사건과 크리스챤아카데미가 직접적인 관련은 없다고 발표해 비난 여론을 비켜가려 했다. 그러나 국내에서도 국외에서도 이 사건은 아카데미 활동에 대한 정부의 탄압으로 인식되었다. WCC, CCA, 세계아카데미운동연합회, 독일교회연합회, 미국기독교연합회 등이 깊은 관심을 표명하여 우리 정부에 항의하고 조사단을 파견했다. 이 사건에 특별히 관심을 보인 나라는 아카데미 운동의 본원인 독일이었다. 5월 27일에 독일의 샤프 주교가 팔순 노구를 이끌고 방한해 세계의 관심이 쏠렸다. 독일교회연합회 총회장을 지냈고 독일 국민의 존경을 받고 있던 그는 이우재를 비롯한 구속자의 가족을 만나 얘기를 나누고서 이우재를 직접 만나보기 위해 법무부 장관에게 면회 신청을 했다. 그러나 면회 허가가 나온 것은 그가 일정을 마치고 독일로 떠난 직후였다. 그런데 그는 프랑크푸르트에 도착해 면회 허가가 나왔다는 소식을 듣자마자 곧바로 발걸음을 돌려 다시 한국에 들어왔다. 두 번째로 한국을 방문한 그는 손에 성경을 들고 주교복을 입고서 구치소를 찾아가 이우재를 면회했다. 그 모습이 외신을 타고 전 세계에 보도되기도 했다.

갖은 우여곡절 끝에 첫 공판이 열린 것은 7월 9일이었다. 공판 과정에서 끔찍한 고문 사실이 밝혀졌다. 고문이 얼마나 끔찍했던지 우리 직원들은 "차라리 자살하고 싶었다", "다시는 생각조차 하기 싫다"며 울먹였다. 공판 과정에서 보여준 검찰의 기소 사항은 억측과 조작뿐이었지만, 그들의 각본대로 진행되어 1심 선고 공판이 9월 22일에 열렸다. 공소 사실이 그대로 인정되면서 피고인들에게 중형이 선고되었다. 이우재는 징역 7년, 한명숙은 징역 4년, 장상환과 신인령은 징역 3년 6개월, 황한식과 김세균은 징역 2년, 정창렬은 징역 1년 6개월이었다.

직원들의 구속과 함께 우리한테 교육을 받고 현장에서 활동하던 수강생 700여 명도 불려가 조사를 받고 서약서를 쓰는 등 활동을 못하게 되면서 우리 중간집단 교육도 중단되고 말았다. 나는 우리 교육이 계속되었다면 1980년 봄의 혼란을 피하고 5·18의 비극과 군사 정권의 등장을 막는 역할을 할 수 있지 않았을까, 두고두고 회한이 남는다. 이 사건으로 고문당하고 옥살이했던 6명이 오늘도 현장에서 중요한 몫을 다하는 것을 보면 나는 참으로 흐뭇함을 느낀다.

제일 중형을 받았던 이우재는 그 후 정치에 뛰어들어 민중당 대표, 신한국당 부총재를 거쳐 지금은 한나라당 국회의원으로 활동하고 있다. 다만, 농촌운동에서 손을 뗌으로써 우리 농촌 교육 수강생들의 맥이 끊긴 것이 유감이다. 김세균, 황한식, 장상환은 대학교수로 활동하고 있다. 한명숙은 여성부 장관을 거쳐 환경부 장관을 지내고 있으며, 신인령은 이화여대 총장으로 재직하고 있다.

1970년대 중간집단 교육에 참가한 교육생들.

고문으로 짓밟힌 '민중·민주' 교육 사업

_『경향신문』 2003년 11월 30일

(…) 크리스찬아카데미 원장 강원용은 한국 사회 구조의 병폐를 양극화로 진단했다. 이념과 체제의 양극화 외에도 소수 권력 특권층과 다수 국민 대중, 도시와 농촌, 호화주택과 빈민촌, 기업주와 노동자, 남성 패권과 여성 등등. 이들 집단 간의 양극화 현상을 해소하는 것이야말로 사회 갈등을 치유하는 사활적 문제로 생각했다. 중간집단이란 '자율적·민주적 바탕 위에 형성된 집단으로 사회 개혁에 관심을 가지며 민중의 편에 서서 힘을 조직화·동력화함으로써 그들과 함께 양극화 사회의 화해와 통합에 기여하는 세력'을 의미했다. 주로 노동, 여성, 농민, 학생, 교회단체 회원을 수강생으로 하여 그 방면의 전문가들이 강사로 참여하면서 합숙 세미나와 강의 등 정규교육과 함께 현장 방문 및 교육, 소그룹 운용, 활동평가회로 후속교육을 이어나갔다.

이 교육의 각 분야 간사로 헌신적인 활동을 벌인 이는 신인령(현 이화여대 총장), 한명숙(환경부 장관), 이우재(국회의원), 장상환(경상대 교수), 김세균(서울대 교수), 정창렬(한양대 교수), 황한식(경남대 교수) 등으로 대학원을 마치고 막 강단에 선 신진 엘리트 그룹이었다.

작은 키에 몸이 약해 약봉지를 끼고 살았던 신인령은 아카데미 교육 활동에 전념하면서 기쁨과 벅찬 사명감으로 저절로 건강을 찾게 되었다. 그녀는 '최상의 윤리적 규범은 사랑의 법이다' '자기 실현의 극치는 자기희생으로부터 비롯한다'는 기독교윤리학의 거장 라인홀드 니버의 말을 그의 책(『도덕적 인간과 비도덕적 사회』)이 아니라, 4박 5일간 지속되는 수강생들과의 공동생활을 통해 체험한다.

한명숙은 결혼한 지 6개월 만에 남편이 서울대 상대의 '경제복지회' 서클에 연루되어 감옥에 있었음에도 아카데미 교육에 몰두했기 때문에 외롭고 슬퍼할 틈이 없었다. 그녀는 봉함엽서 한 장에 깨알 같은 글씨로 옥중의 남편과 모든 사회 현상에 관해 토론하고 교류하고, 그리고 그를 한없이 사랑했다.

이들 실무 간사의 열정은 점차 그 효력을 드러내기 시작했다. 역사와 사회를 향한 새로운 의식에 눈을 뜬 수강생들은 각자의 일터로 돌아가 노조를 결성하기 시작했으며 민주화를 요구하는 각종 조직을 건설했다. 중앙정보부는 마침내 이들을 향해 '용공 매도'라는 전가의 보도를 뽑아들었다.

맨 먼저 한명숙이 1979년 3월 9일 오전 10시, 중부경찰서 김 형사라고 거짓 신분을 말하는 중정 요원에게 영문도 모른 채 끌려갔다. 이후 간사 6명이 차례로 연행되었다. 그뿐 아니라 산업사회 교육 이수생이던 노조 여성지부장 최순영(YH무역), 이총각(동일방직), 박순희(원풍모방), 장현자(반도상사), 이영순(콘트롤데이타) 등이 끌려간 데 이어 마침내 3월 27일 원장 강원용이 중정으로 연행되었다. 이들이 연행된 후 중정은 압수수색 영장도 없이 사무실과 집 안의 모든 자료를 훑어 갔다.

여성 노조원 두어 명이 훈방된 이후에야 연행된 이들에게 실로 무섭고도 혹독한 고문이 가해진 사실이 조금씩 알려지기 시작했다.

4월 16일 중앙 일간지들은 일제히 중정의 발표문을 그대로 받아 대서특필했다. '불법 용공서클 일당 검거'라는 제목 아래 소위 불온서적이라는 이상야릇한 증거물과 간사들의 사진을 내보냈다. 해외에서도 관심이 높아 WCC와 독일교회연합회, 유럽에큐메니칼연합, 미국연합장로교회 등에서 한국을 항의 방문하기도 했다.

크리스찬아카데미 반공법 사건으로 구금된 구속자들이 재판을 받기 위해 구치소를 떠나고 있다. 이 사건으로 이우재, 황한식, 장상환, 신인령, 김세균, 한명숙이 실형을 선고받았다.

구속자들의 고문 사실이 정식으로 폭로된 것은 변호인 반대신문이 있던 7회 공판이었다. "야전침대 각목을 무릎 사이에 넣고 양쪽에서 밟는가 하면 '간첩도 이렇게 4시간이면 다 분다'면서 담뱃불로 등을 지지고 벽에 세워놓고 가슴을 쳐 숨을 쉬지 못했다. 18일간을 쉬지 않고 당하니 차라리 죽고 싶었다. 거기다 지하 고문실에 끌고 간다는 협박이 숨을 멎게 했다"(이우재). "따귀를 얻어맞고 구둣발로 차이고 각목으로 얻어맞고 지하실로 옮겨갈 때 자살하고 싶었다. 나는 거기서 완전히 항복했다. 그들이 불러주는 대로 쓰겠다고 빌었다."(한명숙) "발가벗기고 각목으로 패기 시작했다. 불러주는 대로 쓰지 않으면 계속 각목이 날아들었다."(장상환) "'이북과 어떻게 접선했느냐. 난수표와 책자를 내놓아라'며 간첩 대하듯 했다. 발가벗기고 각목으로 치니 넘어질 수밖에 없었다."(김세균)

이런 상태에서 이들에 대한 모든 혐의사실은 중정이 만들었고, 검찰은 이를 그대로 인정하여 법정 최고형을 구형했다. 검찰은 논고를 통하여 어처구니없게도 아카데미의 후원자인 WCC는 소련의 비밀경찰인 KGB(국가보안위원회)의 손아귀에 있다고 단언했다. 법원 역시 검찰과 호흡이 잘 맞아 9월 22일 담당판사는 공소사실을 대부분 인정하여 징역 7년 등으로 형량을 듬뿍 얹어 선고했다. 각국 교회기관들이 정부에 공한을 보내고 학술원 원장 이병도를 비롯한 교수 137명이 용감하게도 용공혐의를 뒤집어쓴 정창렬의 석방진정서를 재판부에 제출했다. 그래서인지 해가 바뀐 80년 1월, 항소심은 정창렬과 황한식에게 무죄를 선고하고 피고인 모두에게 1심에서 가장 큰 범죄였던 지하비밀서클 조직 부분에 대해서 무죄를 인정했다.

역설적이게도 재판부의 판결문은 아카데미 교육의 목적과 내용을 가장 잘 간추리고 있다. "아카데미는 궁극적으로 인간화의 실현을 이념으로 자유와 평등이 동시에 실현되어야 하며 이를 위해 정치·경제·사회·문화 전반에 걸친 심각한 양극화 현상을 해소하는 것이 급선무라 생각하여 그 방법으로 노조, 여성, 농민, 학생, 종교, 언론 등 소위 중간집단을 육성 강화하고 때로는 압력을 통하여, 때로는 화해와 통합 기능을 통하여 양극화의 해소를 기한다는 전제 아래 (…) 그들을 의식화시키는 과정에서 착취로부터 해방되고 권익이 제도적으로 보장되는 사회를 실현하기 위한 투쟁의식을 고취시키고 이들을 조직화시켜 사회주의 실현을 목적으로 했다." 마지막 사회주의 운운한 부분을 뺀다면 이는 정확한 지적이다. 수사기관이 수사과정에서 무수하게 자행한 불법적 연행과 압수수색, 고문에 대한 당사자와 가족들의 절규를 검찰과 재판부가 철저히 외면했음은 말할 것도 없다.

우리 사회를 계속 악의 순환 속으로 몰아넣은 근본 원인은 이른바 흑백이론이다. 이런 흑백이론은 폐쇄적이고 배타적이고 독선적이 되기 쉽다. 양극은 뒤집어놓고 보면 동전의 양면과 같다. 이상과 현실은 같지 않은데, 현실을 이상으로 바꾸어버리려는 정열은 혁명의 길이요, 현실을 미화하고 고수하려는 현상을 보수라고 한다면, 이상 혹은 규범을 향해 점진적으로 접근해가는 것이 제3의 길, 즉 개혁자의 길이다.

또 하나의 매듭, 아카데미 30년의 역사

1995년 5월 7일에 크리스찬아카데미 30주년 기념식이 아카데미하우스에서 열렸다. 돌이켜보면 크리스찬아카데미는 이미 1960년대부터 환경을 파괴하지 않는 공업화와 의식 개혁을 주창했고, 1970년대에는 인간화란 기치 아래 양극화 해소와 중간집단 교육을, 80년대에는 민주문화 공동체를 형성하기 위해 노력하는 등 역사와 시대의 요구에 부응하여 사회 개혁에 힘을 쏟아왔다. 30년 동안 크리스찬아카데미는 대화모임 약 500회, 사회교육 400회, 연구모임 185회, 출판물 86종이라는 기록을 남겼다.

크리스찬아카데미 30주년은 내 삶에서도 하나의 큰 매듭이었다. 그러나 그 매듭은 그 다음에 지을 또 다른 매듭을 위해 힘을 모으는 것이기도 하다. 나는 크리스찬아카데미 일이 지속적으로 잘 수행되길 바라는 마음에 30주년을 계기로 후원 기구를 결성하려고 노력했다. 아울러 시대 흐름에 맞추어 아카데미의 구조도 수직 체계에서 수평 체계, 즉 서로 방사선적으로 연결해가는 체제로 바꾸었다. 다시 말해 재단법인 크리스찬아카데미와 부설 기관인 한국사회교육원, 공동체성서연구원, 계간 『대화』 등이 수평 관계를 맺도록 조직을 개편했다. 그 후 우리는 10월 8일 가평에 '바람과물연구소'를 설립하고 이 사회에서 생명 가치를 실현하기 위한 활동에 들어갔다. 바람과 물이라는 뜻깊은 이름은 성서와 우리 풍류 사상을 토대로 김지하 시인이 지어주었다.

1970년대 아카데미하우스에서 열린
강원용 목사의 생일 파티. 왼쪽에서 세 번째에
고범서 박사의 모습이 보인다.

창 립 20 주 년

네 사진 모두 1985년 5월 7일, 크리스찬아카데미 창립 20주년 기념행사. 맨 마지막 사진에서 마이크를 든 이는 크리스찬아카데미 발전과 재정 자립에 크게 이바지한 고 최태섭 이사장.

1987년 5월 7일,
크리스찬아카데미 창립
22주년과 아카데미하우스
증축 개관 기념식.

1988년 아카데미하우스에서 열린
'88년 후반기 한국 정치의 주요 과제'
대화모임. 왼쪽부터 김종필, 김영삼,
김대중, 강원용 목사.

1991년 7월 4일, 아카데미하우스에서 열린 '환경보전을 위한 민간 주도 운동의 과제와 역할' 대화모임.

1992년 5월 14일, 아카데미하우스에서 열린 '유엔환경개발회의와 한국' 대화모임.

1992년 6월 11일부터 12일까지
아카데미하우스에서 열린 '14대 국회의
개원과 한국 정치의 과제' 대화모임.
앞줄은 정주영과 김대중.

1992년 10월 10일, 아카데미하우스에서 열린 '원불교의
자연, 환경관' 종교 간의 대화모임. 맨 오른쪽 안경 낀
이는 변선환 당시 감리교신학대학장.

1994년 2월 4일부터 1박 2일간 아카데미하우스에서
열린 '변화의 새 물결과 민의 대응' 대화모임.
마이크를 든 이는 김지하 시인.

1994년 11월 25일,
크리스찬아카데미 30주년
대화모임 '인간화를 위한 삶의
조건과 한국 사회'.

1995년 5월 7일
아카데미하우스에서 열린
크리스찬아카데미 30주년
기념식. 내빈으로 방문한
이명박 당시 국회의원.

문화행사 도중 탈춤을 추는 강원용 목사.

2005년 10월 18일부터 19일까지 아카데미하우스에서 열린
크리스챤아카데미 창립 40주년 기념행사. 축하 떡을 자르는 내빈들.

2005년 9월 29일, 올림피아호텔에서 열린 크리스챤아카데미
창립 40주년 기념 '민주화, 세계화 시대의 양극화' 심포지엄. 가운데가
조형 한국여성재단 이사장, 그 옆으로 강금실 전 법무부 장관.

1974

민주화의 밀알을 뿌리다

"인간회복이란 주체자가 됨이요 기쁨을 찾는 것이요
공동체에 참여하는 것이다."

예수 그리스도를 믿는다는 것은 그의 해방선언을 믿고 세상 안에서 두려움 없이 사는 것이다. 열린 마음으로 이웃과 더불어 사는 것이다. 보이지 않는 사슬로부터 해방된 인간으로 사는 것이다. 그것은 구체적으로 인간을 얽어매는 온갖 사슬에 도전하여 잘못된 정치, 불공정한 제도, 그릇된 사조와 싸우는 것이다. 그러나 이 싸움은 보복이 아닌 용서로, 파괴가 아니라 건설로, 속박이 아니라 해방으로 이기는 싸움이어야 한다.

1957. 서울법대생, 이승만의 양자 이강석의 변칙 입학에 반대해 수업을 거부함.
1958. 진보당 사건으로 조봉암에게 사형을 선고함. 자유당이 국회에서 보안법과 27개의 법안을 날치기 통과시킴.
1959. 경향신문이 여적 필화사건으로 폐간당함. 7월 31일 조봉암의 사형을 집행함.
1960. 3·15부정선거로 4·19혁명이 일어남. 장면 내각이 출범함.
1961. 5·16쿠데타가 발발함. 김종필 중앙정보부장, 일본에서 한일회담 뒷거래를 함.
1962. 정치활동정화법 공포. 박정희 국가재건최고회의장이 대통령 권한대행이 됨.
1963. 민주공화당 창당. 박정희, 제5대 대통령선거에서 15만 표 차이로 당선됨. 제3공화국 출범함.
1964. 한일회담 반대 데모가 일어남. 부산 시내버스 안내양들이 몸 수색에 반대해 파업함.
1965. 한일협정이 조인됨. 국회가 전투 사단의 파월을 비준함. 독일로 간 한국 광부의 파업이 일어남.
1966. 한국 간호사 251명을 서독에 파견함. 서울시가 최초의 공해 조사 보고서를 제출함.
1967. 제6대 대통령 선거에서 박정희가 당선됨. 제7대 총선에서 부정선거가 일어남.
1968. 중앙정보부에서 통혁당 사건을 발표함. 경부고속도로를 기공함.
1969. 3선개헌반대범국민투쟁위원회(위원장 김재준 목사) 결성. 3선개헌안 국민투표로 가결함.
1970. 김지하의 「오적」 사건 발생함. 신민당 대선 후보로 김대중을 지명함. 전태일 분신.
1971. 제7대 대통령 선거에서 박정희가 당선됨. 12월 6일 국가비상사태 선언함.
1972. 7·4남북공동성명 발표됨. 비상계엄 발표 후 유신헌법을 국민투표로 의결함.
1973. 유신정우회 창립. 김대중 납치 사건 발생함.
1974. 유신 정권 비판을 금하는 긴급조치 1호 선포됨. 민청학련 사건 발생함. 동아일보 백지광고 발행함.
1975. 유신헌법 찬반 국민투표로 찬성을 가결함. 인혁당 사건 관련자 8명을 사형함. 장준하 사망.
1976. 함석헌, 함세웅 등 민주구국선언 발표함. 판문점 도끼 만행 사건 발생함. 양정모, 한국 첫 올림픽 금메달 땀.
1977. 윤보선, 지학순 등 민주구국헌장 발표. 이리 열차 폭발 사고 발생함.
1978. 함석헌, 문익환, 박형규 등 재야인사 402명과 12개 재야 단체가 '10·17민주구국선언'을 발표함.

1979. 크리스챤아카데미 사건 발생. 박정희 암살. 12·12사태 발생함.

1980. 5월 광주민주화운동 발생. 김대중 등 37명, 내란 음모 혐의로 기소됨. 김대중에게 사형 선고 내려짐.

1981. 서울올림픽 유치 결정됨. 전두환, 12대 대통령으로 취임함.

1982. 부산 미 문화원 사건 발생함. 김대중, 형 집행정지 후 미국으로 떠남. 프로야구 출범함.

1983. 아웅산 폭발 사건 발생함. 대한항공기, 소련 전투기에 피격됨.

1984. 한국기독교 100주년 선교대회 열림. 서울 지하철 2호선 개통됨.

1985. 민주화추진협의회(민추협) 개헌 추진함. 고려대에서 전학련 출범함.

1986. 부천경찰서 성고문 사건 일어남. 대학교수단 민주화 요구 시국선언을 함.

1987. 박종철 고문치사 사건 일어남. 6·29선언. 직선제로 노태우 대통령 당선됨.

1988. 제24회 서울올림픽 개최됨. 시인 정지용, 김기림의 작품 해금됨. 전두환 부부 백담사 칩거함.

1989. 문익환 목사, 방북하여 김일성 면담함. 전교조 결성. 헝가리, 폴란드와 수교함.

1990. 소련과 수교함. 3당 합당으로 민자당 창당됨. 평화방송, 불교방송 개국함. 민중당 창당함.

1991. 지방자치 선거 시행됨. 고르바초프 방한함. 전국농민회, 미국 쌀 수입 반대 집회 엶. 남북한 유엔 동시 가입함.

1992. 김영삼 대통령 당선됨. 중국과 수교함. 남해 창선대교, 제2행주대교 붕괴됨.

1993. 소말리아 평화유지군 파병함. 청주 우암아파트 붕괴됨. 금융실명제 발표함.

1994. 김일성 사망함. 성수대교 붕괴됨. 지존파 연쇄 살인 사건 일어남. 북핵 위기와 카터 방북함.

1995. 전두환, 노태우 구속됨. 삼풍백화점 붕괴됨. 장쩌민 방한함.

1996. 한국 OECD 가입함. 삼성전자, 1기가 D램 개발함. 북한 무장공비, 강릉 침투함.

1997. 황장엽 망명함. 한보 사태 발생함. 김현철 구속됨. IMF 사태 발생함.

1998. 김대중 대통령 취임함. 일본 문화 개방됨. 정주영 소 떼 몰고 방북함.

1999. 대우그룹 몰락함. 씨랜드 화재 사건 발생함. 서해 상에서 남북한 교전 발생함.

2000. 남북정상회담 열림. 동강댐 백지화됨. 63명의 비전향 장기수 송환됨.

크리스챤아카데미가 펼치는 사업은 '대화모임', '연구 조사 활동', '교육 훈련', 이렇게 3가지로 나뉘어 있었다. 아카데미하우스가 세워지고서 대화모임과 연구 조사 활동은 큰 문제 없이 진행되었으나 교육 훈련 사업은 여전히 해결되지 않은 문제로 남아 있었다. 가장 큰 것이 마땅한 장소의 문제였다. 그렇게 되자 1967년부터 훈련원을 따로 세워야 한다는 의견이 강하게 제기되었고, 이에 따라 나는 그해 7월과 11월 두 차례에 걸쳐 독일을 방문한 길에 관계자들을 만나 훈련원 건립 문제를 협의한 끝에 약 5,300만 원의 예산으로 새 건물을 짓기로 합의를 봤다. 예산 중 대지를 포함해 총 공사비의 4분의 1을 한국에서 마련하기로 한 조건이었다.

공사가 한창인 수원 사회교육원 '내일을 위한 집'.
1970년 11월 16일 준공되었다.

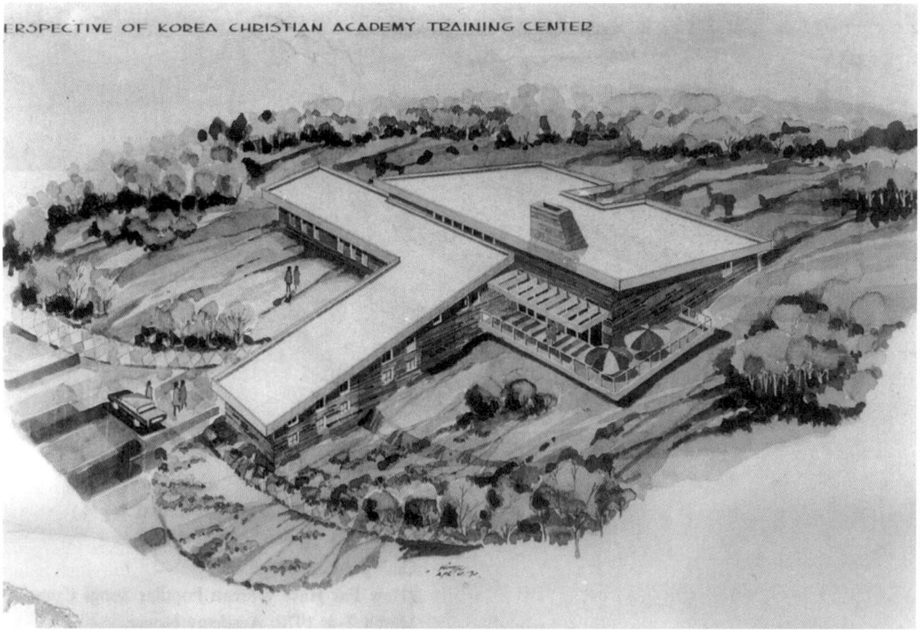

'내일을 위한 집' 조감도. 건평 460평에 2층 건물로
1970년대 크리스찬아카데미의 중간집단 교육을 통해
한국 사회 양극화 해소에 크게 이바지했다.

돌아와서 나는 대지 마련을 위해 뛰어다녔다. 마침 김신조 사건으로 한강 북쪽에는 큰 건물을 짓지 못하게 되어 고심하던 차에 수원 광교산 아래 하광교동(下光教洞)이라는 곳을 소개받아 찾게 되었다. '빛을 가르친다'는 뜻의 그 지명은 옛날 그곳 산꼭대기에서 큰 등을 켜놓고 불제자를 가르쳤다 해서 유래한 이름이었다. 그 땅을 매입하고 기공식이 열린 것은 1970년 4월 8일이었다. 그해 11월 공사가 끝나 대지 7,600평에 건평 460평의 아담한 2층 건물로 훈련원이 모습을 드러냈고 크리스챤아카데미 사회교육원이라는 정식 명칭을 갖게 되었다. 우리는 건물 현관에 '내일을 위한 집'이라 큼지막하게 써 붙이고 아카데미하우스의 준공 날짜와 같은 11월 16일 준공식을 진행했다.

‘내일을 위한 집’ 전경과, 내일을 위한 집에서 바라본 광교 저수지.

1970년 11월 16일, ‘내일을 위한 집’ 준공식.
독일 개신교 아카데미 관계자, WCC 관계자와 함께
강의실을 둘러보는 강원용 목사.

아카데미하우스가 소수 엘리트 계층에게만 열려 있는 게 아니냐는 비판의 목소리가 없지 않았던 만큼 사회 저변 층에 대한 교육과 훈련을 목적으로 한 사회교육원의 준공은 큰 의미가 있었다. 그리고 이 사회교육원이 준공됨으로써 비로소 크리스찬아카데미는 3가지 사업을 마음껏 펼칠 수 있는 외형적 기반을 갖춘 셈이었다. 이제 아카데미는 문제 발굴 차원의 대화와 연구 조사 활동 위주에서 문제 해결 차원의 교육 훈련 활동에 이르기까지 자체 역량을 키울 수 있게 되었다. 즉 대화모임을 통해 제기된 문제들은 지속적인 연구로 해결 방법을 찾아냈고, 이를 바탕으로 사회 대중을 향한 교육과 훈련이 이루어지면서 동시에 그 과정이 대화와 연구에도 영향을 미치는 유기적인 일련의 활동이 물 흐르듯 자연스럽게 이루어졌다. 이렇게 세 분야의 활동이 유기적으로 연결되어 아카데미는 비로소 완결된 체제를 갖추게 된 것이다. 그리고 양극화 해소와 인간화를 기치로 내건 중간집단 교육을 본격적으로 펼칠 준비도 마친 셈이었다.

'내일을 위한 집'의 강의실 풍경. 1974년 6월에 열린 중간집단 교육. 노동조합 간부 지도력개발과정 제1차 1기생과 토론하는 강원용 목사.

중간집단 교육 프로그램 중 참가자들과 담소를 나누는 강원용 목사.

참고로 중간집단 교육 이전인 1970년에서 1971년에 걸쳐 행한 훈련 프로그램을 소개하면 평신도 훈련, 여성 전도사 훈련, 젊은 목사 훈련, 청년과 성인 교육, 학생들을 위한 사회교육, 산업전도인 훈련, 버스안내원 훈련, 노조 안에 있는 기독교인 훈련, 성취동기 발전을 위한 훈련 등이 있었다.

1974년 7월, 중간집단 교육에서 학생들에게 강의하는 강원용 목사.
강의 제목은 「변화하는 사회 속에서의 자아 확립」.

1977년 7월에 열린 산업사회 중간집단 교육. 노동조합 간부 지도력개발과정 제2차 3기 참가자들에게 강의하는 강원용 목사.

1972년 4월 그리스의 크레타에서는 WCC 주최로 사회 개혁을 위해 일하는 전 세계 기독교운동 기관과 단체 대표들이 참가한 협의회가 열렸다. 그리스 정교회가 운영하는 크레타 아카데미하우스에서 열린 이 협의회에는 아시아, 아프리카, 북남미, 유럽 등 각 지역에서 약 60명의 대표가 모였는데, 내가 의장으로 추대되어 전체 회의를 주관하게 되었다.

회의의 목적은 알기 쉽게 말해 소외당한 대중의 해방을 위해 전 세계 기독교 사회운동 기관들이 공동으로 추진해나갈 수 있는 일을 토의하고 공통의 세계 전략을 찾는 데 있었다. 따라서 이 협의회에서 가장 주목할 만한 결과는 최종 사흘 동안 실천 전략으로 마련한 새로운 행동 모델들이었다. 당시 내가 주축이 되어 만든 행동 모델은 바로 중간집단을 육성하고 강화하는 전략이었다. 이미 말했듯이 1970년대 들어서면서 인간화를 기치로 내걸었던 아카데미는 비인간화의 가장 근원적인 원인이 양극화에 있다는 결론을 내렸고, 그 원인으로 지적된 것이 바로 상명하달의 일방통행 현상이었다.

1975년 2월에 열린 청년사회 중간집단 교육. 강원용 목사와 참가자들이 손을 맞잡고 노래를 부르고 있다.

1977년 10월, 여성사회 중간집단 교육에서 강의하는 강원용 목사.

비인간화를 불러오는 이 양극화 현상에 대한 대응책으로 우리가 내세운 것은 중간 매개 집단을 육성 강화하는 것과 민주화 전략이었다. 사실 이 2가지 대응책은 구체적인 실천에서는 하나로 귀결되는 것이었다. 자발적으로 조직되어 일정한 압력을 행사할 수 있는 중간집단이 사회 각 부문에 파고들어가서 지속적으로 활동해나감으로써 점진적이고 온건한 민주화가 이루어지고, 이에 따라 자연히 양극화 현상도 극복될 수 있기 때문이다.

이 같은 인식으로 아카데미는 1971년 5월 '중간 매개 집단의 강화'라는 주제 아래 진지한 대화모임을 가진 후 계속 그 문제를 놓고 씨름하던 중이었다. 생각은 좋았지만, 당시 한국 사회에서 그것을 실천해내는 데에는 어려운 점이 많았다. 우선 중간층이 될 만한 대중들이 나오려면 국민의 전반적인 의식 수준이 향상되어야 하고, 그들을 지원해낼 사회적 지원과 자금 역시 필요하므로 여러 면에서 난관이 많았다.

1974년 11월, 중간집단 교육. 농촌지도자 지도력개발과정 제1차 1기 참가자들과 함께.
농민 중간집단 교육은 수많은 농민 활동가를 배출하며 우리나라 농민운동 발전의 밑거름이 되었다.

따라서 나는 크레타 협의회에 우리의 입장을 알려 세계 교회의 관심을 끌 좋은 기회로 삼고자 했다. 나는 중간집단 육성 모델이 세계적 협력 사업으로 채택되도록 노력을 기울였고, 그 결과 우리의 모델이 아시아 지역 기독교 사회 교육의 시범 프로젝트로 채택되었다. 그리고 잇따라 열린 아시아 지역 참가자 회의에서는 그 시범 사업을 한국 크리스찬아카데미에서 실시하도록 결정을 내렸다.

이로써 실천 과정에서 난관에 봉착했던 아카데미의 중간집단 육성 문제가 돌파구를 찾게 된 셈이었다. 중간집단 육성 프로젝트를 위촉받은 아카데미는 이를 위한 구체적인 계획안을 작성, WCC의 인준을 받았고 그 계획안을 독일 교회에 제출해 1973년 자금 지원을 받게 되었으며 마침내 1974년부터 중간집단 교육을 시행하게 되었다.

1974년 9월, 노동조합 간부 지도력개발과정
교육에서 강의하는 강원용 목사.

1974년 10월, 종교사회 중간집단 수녀 교육에서
강의하는 강원용 목사.

1974년 7월, 청년사회 중간집단 교육 중
참가자들과 토론하는 강원용 목사.
왼쪽에 앉은 이가 강사로 참여한
양호민 박사이다.

1974년 2월, 청년사회 중간집단 교육에서 참가자들과 토론하는 강원용 목사.

1974년 4월 8일부터 12일까지 열린, 여성사회 중간집단 교육에서 강의하는 강원용 목사. 이 중간집단 교육 프로그램은 8일 '여성의 현재와 미래'(강원용), 9일 '한국문화 전통에서 본 여성의 위치'(강신표), 10일 '한국 여성의 과제'(이태영), 11일 '전체 환경의 위기와 새로운 가치관의 확립'(서남동), 12일 '사회 발전을 위한 중간집단의 사명'(한완상) 등의 강의로 진행되었다.

1974년 2월 26일부터 28일까지 수원 '내일을 위한 집'에서 열린 '중간집단 육성 강화를 위한 지도자 협의회' 기념사진. 이 협의회에서 중간집단 교육의 다섯 분야를 책임질 간사들의 사전 교육과 상호 토의가 이루어졌다. 강대인 · 김경화 · 김문환 · 김원배 · 김윤옥 · 김주숙 · 박기순(작고) · 박영배 · 박영숙 · 백재봉 · 신인령 · 신종선 · 안재웅 · 윤석인 · 이동준 · 이문영 · 이우재 · 이영희 · 이종경 · 이종헌 · 이직형 · 이현주 · 장필화 · 정숙자 · 정희경 · 조승혁 · 조혜숙 · 진민자 · 차경애 · 편영자 · 한명숙 · 한완상 등.

비인간화의 요인이 되는 양극화를 극복하는 길로 중간집단을 육성 강화한다는 계획을 세운 크리스챤아카데미는 우선 5개년 계획으로 각 부문의 중간집단을 교육하기로 했다. 중간집단 교육이 시작된 1974년 1월은 바로 유신 정권의 긴급조치 시대가 개막된 때이기도 하다. 정부는 1974년 1월 8일 일체의 개헌 논의를 금지하는 내용의 긴급조치 1호와 2호를 선포했고 그 열흘 뒤에는 긴급조치 3호가 잇따랐다.

1974년부터 1979년 9월까지 진행된 중간집단 교육은 내 생애의 활동 중에서 매우 중요한 부분을 차지하고 있다. 이 일은 기독교 신앙을 바탕으로 온건하고 점진적인 방법으로 민주화를 추구하고, 더 나아가 인간화를 실현하려는 내 신학적, 철학적 입장이 구체적으로 반영된 사업이었고 그런 만큼 나는 이 일에 신들린 것처럼 혼신의 노력을 기울였다.

중간집단 육성 강화라는 지향점은 내 사상을 구체적으로 표현한 것이긴 하지만 중간집단의 이념과 철학을 정립하는 데는 당시 많은 학자의 참여가 있었다. 전 국무총리 정원식, 한림대 교수 고범서, 전 부총리 한완상 등이 그 대표적 인물이다.

1974년 6월 18일부터 22일까지 열린 노동조합간부 지도력 개발과정 제1차 1기 중간집단 교육. 백재봉, 신인령, 이문영, 이영희, 임종율, 한명숙 등이 주도했다.

1974년 5월 8일부터 11일까지 분도회관에서 열린 '대구 지역 중간집단 육성 강화를 위한 지역사회의 과제' 프로그램.

중간집단이란 흔히 오해하듯이 억압하는 측과 억압당하는 측, 어느 편에도 속하지 않는 완충 지대의 집단이 아니다. 그렇다고 해서 중산층으로 구성된 집단도 아니다. 중간집단을 입장 없는 중립이나 양극의 완충 지대에 있는 어정쩡한 집단으로 착각해서는 안 된다. 중간집단이란 우선 자율적이고 민주적인 바탕 위에 형성된 집단으로, 힘없는 민중 속에 뿌리를 내리는 집단이다. 다시 말해 힘을 가지지 못한 자의 편에 확실히 서서 그 힘을 조직화하고 움직여내는 동인이 되어 그들과 함께 압력과 화해의 길을 여는 집단을 뜻한다.

크리스챤아카데미가 교육 대상으로 삼은 중간집단은 모두 다섯 분야에 걸쳐 있었다. 곧 종교 단체, 노동자 단체, 농민 단체, 여성 단체, 학생 단체가 그것이다. 종교 단체는 정치사회 의식이 빈곤하다는 약점이 있긴 하지만 중간집단으로 커나갈 수 있는 가장 유력한 후보였다. 왜냐하면 종교 단체는 그 자체가 자율 집단이고 엘리트인 사제와 교직자, 대중인 신도가 골고루 있으며 무엇보다 대중의 고통을 외면할 수 없다는 점, 그러나 평화적인 방법으로 사회정의를 실현해야 한다는 특성이 있기 때문이다.

노동 단체 중에서는, 우리는 노총을 주목했다. 물론 당시에는 노총이 노동자의 권익과는 거리가 있는 어용 단체라는 비난을 받으며 노동자들에게 외면을 당하고 있었지만 먼 장래를 전망해볼 때 잠재적 가능성이 크다고 판단했다.

농민 단체는 처음에는 분석 결과 중간집단으로서 그 가능성이 낮은 것으로 나왔다. 농민들의 성향이 원래 보수적인 데다가 당시 농촌운동이 관 주도로 진행되고 있었기 때문이다. 또 노동자와 달리 조직화에도 어려움이 있었다. 그러나 우리 농민들의 교육 수준과 의식 수준이 다른 후진국보다 높고, 비판적이고 젊은 지식층이 농촌 현장에 투신하는 경향이 뚜렷해지는 것을 보고 역시 앞날을 밝게 보고 있었다.

여성 단체는 중간집단으로서 잠재력이 매우 크다는 데 아무도 이의를 제기하지 않았다. 당시 여성 단체들은 비민주적 조직 운영과 어용성, 정치사회 의식의 마비 등 많은 문제점을 안고 있었으나 여성들의 높은 교육 수준과 가려져 있는 엄청난 능력, 그리고 급증하는 여성의 사회 진출 등으로 높은 기대를 받았다.

한국 현대사에서 가장 전위적이며 동적인 저항 세력 역할을 해온 학생들에 대해서도 우리는 큰 가능성을 보고 있었다. 다만, 중간집단 노릇을 제대로 하려면 과격하게 흐르는 경향을 막고, 이상뿐 아니라 현실도 중시하는 능력을 키워주어야 한다는 점이 다른 분야의 단체들에 비해 어려운 점이었다.

아카데미는 이상 다섯 분야에 뜻을 같이하는 유능한 직원들을 배치해 일을 추진했는데, 각 분야의 중견 지도자들과 학자들이 적극적으로 참여하고 협조해준 덕택에 일은 잘 진척되었다.

1974년 7월 17일부터 21일까지 열린 대학생 중간집단 교육에서 학생들과 토론하는 강원용 목사. 이 교육은 이화여자대학교 학생들을 대상으로 이루어졌다. "내가 페미니스트라고 말하고 싶지는 않다. 무슨 '주의'나 '주의자'라는 말 자체를 나는 싫어한다. 여자든 남자든, 흑인이든 백인이든 인간이 인간으로 대접받지 못하고 차별받는 것에 반대할 뿐이다. 남자 대신 여자가 주인 되는 세상도, 흑인 대신 백인이 억압받는 세상도 싫다. 노예와 억압이 사라지는 세상, 인간이 인간답게 존중받고 차별되지 않는 세상이 되어야 한다는 것이 소박한 내 생각이었다." (『역사의 언덕에서』)

1976년 1월 21일부터 24일까지
수원 '내일을 위한 집'에서 열린
'한국기독교장로회 청년 전국연합회'
중간집단 교육.

1975년 1월 7일부터 11일까지 열린, 농촌지도자 지도력 개발과정 제1차 2기 중간집단 교육. 1974년에 시작한 중간집단 교육은 그 시작 첫해에 산업사회 4회, 농촌사회 4회, 종교사회 7회, 여성사회 7회, 학생사회 7회 등 모두 29회의 교육이 이루어졌고, 820명이 참가하는 성과를 올렸다.

중간집단 교육 과정은 3차 교육을 원칙으로 했다. 교육 인원은 보통 30명 정도였고 장소는 수원 사회교육원 '내일을 위한 집'이었다. 처음에는 아카데미에서 각 단체에 요청하여 교육 대상자를 받았으나, 시간이 흐르면서 이미 교육을 받은 교육생들이 추천하거나 자발적으로 교육 신청을 해오는 경우가 늘어났다.

1차 교육은 '의식화 교육'으로 4박 5일에 걸쳐 실시했다. 강의, 세미나, 과제, 작업, 명상, 생활 과정 등을 통해 중간집단의 이념을 의식화시키고 사회의식, 역사의식을 일깨우는 일에 주력했다.

1977년 10월 7일부터 11일까지 열린 노동조합 간부 지도력 개발과정 제1차 14기 중간집단 교육.

1974년 8월 31일부터 9월 4일까지 열린 중간집단을 위한 여성사회 모임. 이 모임은 '사회 변동을 위한 중간집단의 사명'(고범서), '사회 발전을 위한 여성의 역할'(강원용), '국제사회의 변화와 이데올로기'(양호민) 강의와 참가자들의 토론으로 이루어졌다.

그런데 여기서 시작된 '의식화'란 말은 당국에 의해 공산주의 의식화로 몰려 1980년대 공안 정국에서 신문 지면을 요란하게 장식하게 되지만 원래 이 '의식화'란 말은 브라질의 사회교육자 폴 프레리어가 처음 썼던 말로, '자기 자신을 해방함으로써 자신이 처해 있는 문제 상황을 스스로 느끼게 하는' 것을 말한다. 이 의식화 교육이 끝나면 6개월 동안 실습 과정을 거치게 되고 2차 교육이 다시 4박 5일 정도의 기간으로 진행되었다. 이 교육은 '활성화 교육'이라 했는데 말하자면 휴화산을 활화산으로 만든다는 의미였다. 활성화 강의와 함께 실제 현장에서 활동할 때 필요한 조직 방법, 여론조사 방법, 집단 운영법, 인간관계 실습 학습 등도 골고루 가르쳤다.

2차 교육 후 다시 6개월 동안의 실습 과정을 거친 후 3차 교육인 '동력화 교육'을 실시했다. 이 과정은 교육 대상자의 필요에 따라 매우 융통성 있게 진행되었는데, 농민 지도자들은 20박 21일이 걸리기도 했다. 교육 내용은 그것이 최종 과정인 만큼 그들이 속한 집단에서 앞으로 실천해나갈 장기 계획을 수립하도록 하는 것이었다.

청년사회 중간집단 교육.

노동조합 간부 지도력개발과정 제10기 참가자들과 '평가 시간'을 갖는 강원용 목사. 벽에 붙인 대자보에 '공동 결의'가 보인다. 하나, 우리는 기업주의 혹사와 착취로부터 조합원을 보호하기 위해 끝까지 싸운다. 하나, 노동조합의 자유로운 발전을 저해하는 정치적, 법적 제약을 즉각 철폐할 것을 요구한다. 하나, 우리는 노동조합에 대한 부당한 관권 개입에 굴하지 않고, 조합의 자주성을 지켜나간다. 하나, 우리는 조합 운영의 부조리와 간부로서의 그릇된 자세를 과감히 시정한다. 하나, 우리는 산별, 지역별, 기업별 조직의 차이를 넘어 근로자 상호 간의 연대적 활동과 협조를 강화한다.

나는 중간집단 교육을 시작하면서 이 일에 적극적으로 매달렸다. 대부분의 교육에 빠지지 않고 참석해 강의도 하고 참가자들의 토론 내용을 들은 후 평을 하기도 했으며, 나를 찾아온 사람들과 내 방에서 새벽까지 이야기를 나누기도 했다. 그 때문에 교육 기간엔 일주일에 사나흘은 수원 사회교육원에서 묵었고 잠자리에 드는 시간은 새벽인 경우가 다반사였다.

다행히 교육에 참가하는 사람들의 반응이 기대 이상으로 좋았다. 첫째 날에는 참가자들 대부분이 굳어 있지만 둘째 날이 되면 눈에 띄게 긴장을 풀었으며, 셋째 날이 되면 한 가족처럼 자유로운 분위기에서 함께 먹고 마시고 춤추며 서로 기탄없이 흉금을 털어놓곤 했다.

이처럼 참가자들의 호응을 얻게 되자 앞서 말했듯이 자발적으로 교육을 받겠다고 찾아오는 사람들도 차츰 생겨났는데, 그중에는 무작정 보따리를 들고 올라와 참석하게 해달라고 요청하는 농민도 있어 우리를 흐뭇하게 했다.

농촌사회 중간집단 교육 참가자들과 함께.

1974년 7월 29일부터 31일까지 열린 '대학 신입생 하기교육'.

1976년 12월 14일부터 16일까지 열린 농촌지도자 지도력개발과정 제10기 교육 중 문화공연에 참가한 강원용 목사. 오른쪽이 이우재 간사.

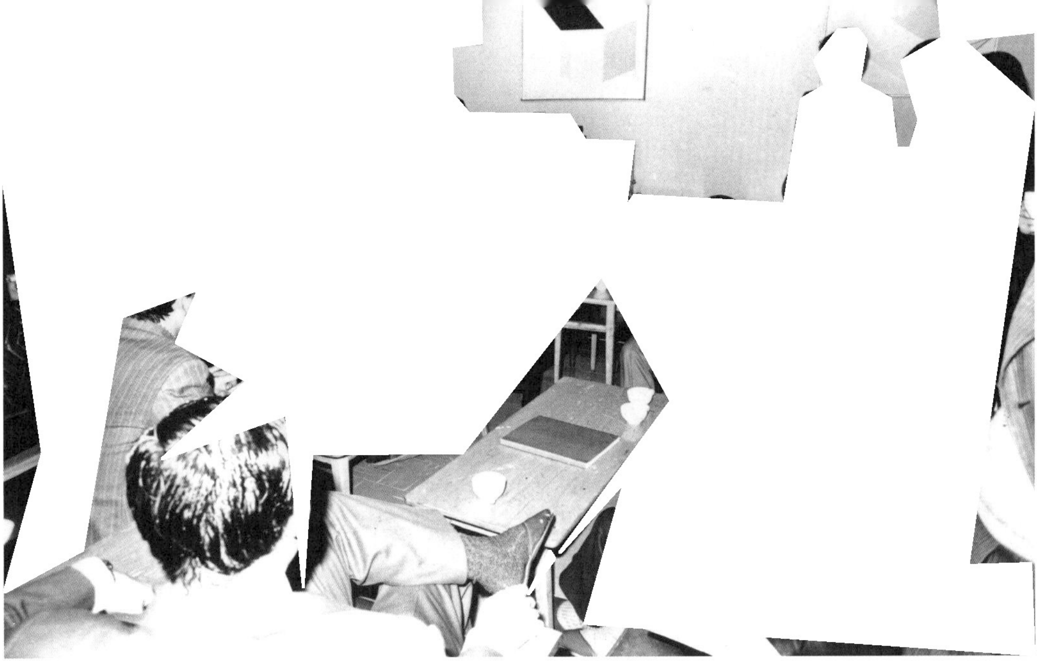

1975년 1월 20일부터 24일까지 열린 '젊은 교역자 중간집단 교육'.

중간집단 교육에서 열정을 다해 강의하는 강원용 목사. "이러한 중간집단의 기능을 요약해서 말하면, 힘을 가지지 못한 사람에게 힘을 불어넣어주면서 억압자에게 압력을 가하는 압력집단의 역할을 하는 동시에, 화해와 통합의 역할을 감당하여 모두가 함께 사는 공동사회의 건설에 노력하는 것이다. 한마디로 해서 바로 '압력과 화해의 기능'이라고 할 수 있다."(『빈들에서』)

중간집단 교육이 한국 사회에 남긴 유산

중간집단 교육은 조직화로 나아갈 것인가, 교육에 우선 주력할 것인가를 놓고 갈등도 있었지만, 시간이 지나면서 그 파급 효과가 대단했다. 특히 여성·노동·농촌 분야에 미친 효과는 마치 목마른 사람에게 물을 준 것과도 같았다.

농촌 중간집단 교육은 가장 성공적인 결실을 거두었다. 아카데미 교육이 사실상 농촌에 대한 최초의 의식화 교육이라고 할 수 있었으므로 결과는 그만큼 성공적이었다. 그 당시 새마을운동 같은 정부 주도의 교육이나 농업 진흥 사업들은 꽤 있었으나 농민 스스로 농업 정책을 바꾸는 운동은 거의 없는 상태였는데 이우재, 황한식, 장상환 같은 사람들이 정력적으로 이 교육에 주력하여 새로운 농민운동에 불을 붙였다. 1970년대 대표적 농민운동으로 기록되는 유명한 함평 고구마 피해 보상 투쟁은 우리 아카데미에서 교육받은 사람들이 주동이 되어 시작한 것이다.

중간집단 교육 참가자들과 담소를 나누는 강원용 목사.

분야별 중간집단 교육 참가자들의 기념사진. 유신 독재 시절의 중간집단 교육은 그 활동의 언론 보도를 암묵적으로 통제할 만큼 정권에서 예의주시하고 있었다. 그러나 당시 동아일보는 기사에서 중간집단 교육의 성격을 "중간집단의 육성 강화는 바람직한 민주 복지사회로 발전하기 위한 사회적 지도력을 높이는 사업"으로 소개했다.

우리가 가장 힘을 쏟았고 큰 결실을 얻은 분야는 노동조합 육성 강화 교육이었다. 이 교육은 이미 조직된 노동운동과 연계하여 펼쳐나갔다. 주로 노조 측에서 지부장급 사람들을 우리에게 추천하면 그들을 교육해 노조운동을 활성화하는 역할을 했다. 교육 활동이 가장 활발했을 때는 전국의 현장 노동조합에서 아카데미 교육 출신 노동자들이 다수 위원장으로 선출되었고, 또 우리 교육 참가자들이 누구에게 투표하느냐에 따라 후보의 당락이 결정될 정도로 영향력을 가진 주도 세력으로 자리를 잡았다. 교육은 신인령, 이영희, 김세균 등이 맡았는데 교육을 받은 수강생들이 조직을 만들어 열심히 활동했고 1970년대 크고 작은 노조 사건에 이 수강생들이 주역을 담당했다. 특히 여성 노동자들의 활약이 대단했다. 1970년대 노동운동사에 굵직한 사건으로 남아 있는 원풍모방, 동일방직, 콘트롤데이타, 반도상사, YH 사건의 주동자인 박순이, 이총각, 이영순, 최순영, 한순임 등은 모두 우리 교육에 참가했던 사람들이었다. 그리고 이 노조 교육에는 박노해 시인, 김근태, 천세영, 방용석, 남상헌, 유동우 등도 꽤 열심히 참여했던 기억이 있다.

여성 중간집단 교육은 한국 여성운동에 한 획을 그었다고 자부할 수 있다. 그때까지만 하더라도 여성을 대상으로 한 교육이나 운동은 여가 선용이나 자선 활동, 여성의 지위 향상을 위한 것이었다. 마치 머슴 대우를 좀 더 잘해달라는 것이었다면, 우리는 머슴을 없애버리고 여성은 남자와 똑같은 인격적 존재임을 깨우치면서, 전통적인 가부장제에서 성차별을 철폐하자는 방향으로 교육했다. 이 교육의 수강생들은 그 후 성차별을 없애고 여성의 사회정치 참여를 이끄는 일에 큰 역할을 했으며 현재도 계속하고 있다.

여성사회 중간집단 교육에서
강의하는 강원용 목사.

청년사회 중간집단 교육에서
강의하는 강원용 목사.

1977년 7월 18일부터 23일까지 수원 '내일을 위한 집'에서 열린 노동조합 간부 지도력개발과정.

종교사회 중간집단 교육.

농촌사회 중간집단 교육.

윤후정, 박명숙 등이 지도한 여성사회 중간집단 교육.

여성사회 중간집단 교육 참가자들.

청년사회 중간집단 교육 참가자들.

크리스찬아카데미의 역할은…74년부터 여성 대상 교육, 진보운동의 주역 키워내

_『중앙일보』 2003년 3월 10일

한국 사회를 통틀어 볼 때 여성 인물의 대표적인 산실은 크리스챤아카데미(현 대화문화아카데미, 당시 원장 강원용 목사)다. 서울 수유동에 있는 이 아카데미는 1974년부터 젊은 여성들을 대상으로 한 '의식화' 교육인 중간집단 교육 프로그램을 운영해왔다. 열정적 실천에 목말라 있던 젊은 여성들은 이 프로그램을 통해 암울한 시대와 사회구조적 쟁점으로서의 여성 문제를 인식하기 시작했다.

이때 참가했던 여성들은 이후 한국의 여성학 운동을 주도하고 진보적 여성운동을 이끌었다. 주부운동이라는 새로운 분야를 개척했으며 여성 미디어운동, 여성 평화운동 등의 주역으로 활동 중이다. 70년대 후반에서 80년대에 걸치는 여성 노동운동가 중에도 이 프로그램에서 교육받은 이들이 많다. 한명숙 환경부 장관과 신인령 이화여대 총장, 장필화 이대 여성학과 교수, 이정자 녹색소비자연대 대표, 이계경 전 여성신문 사장 등은 중간집단 교육 프로그램의 간사로서 직접 참여했었다. 이제는 고인이 된 이태영 전 가정법률상담소장을 비롯해 윤후정 전 이대 총장, 이인호 국제교류재단 이사장, 박영숙 전 의원 등은 중간집단 프로그램의 교육을 담당했던 지도자 그룹이다.

아카데미는 회원단체가 아닌 교육기관으로서 진보적 담론을 형성하고 이를 젊은 세대에 전파하는 역할을 주로 했다. 이미경·김희선 의원, 이현숙 '평화를 만드는 여성회' 공동대표, 이혜경 여성문화예술기획 대표, 김근화 여성자원금고 이사장, 김경애 동덕여대 여성학과 교수 등이 교육생으로 참가해 페미니즘(여성주의)을 접했다. 이들은 아카데미에서 여성의식의 싹을 틔웠고 이후 각계에서 두각을 나타내는 인물로 성장했다.

이영순 전 한국여성노동자회 회장, 최순영 민노당 부대표 등은 신인령 당시 아카데미 노동분과 간사가 키워낸 여성 노동운동가들. 70년대 후반 반도상사 노사분규 등의 주역으로 활동했다. 김명자 전 환경부 장관도 아카데미와 인연이 있다. 88년부터 아카데미가 주최한 세미나에 참석했고 이후 환경 관련 프로그램에 지속적으로 참가했다. 이 같은 활동은 국민의 정부에서 최장수 장관이 되는 데 일조했다.

1995년 2월 10일부터 11일까지 다솜교육관에서 열린 '여성 중간집단 교육을 돌아보고 내다보며'. 이들 대부분이 1970년대 여성 중간집단 교육생이었다. 강선미·강정숙·강혜숙·김경애·김근화·김미령·김윤옥·김재희·김지명·김청자·김현자·김혜영·박유희·박인덕·신용자·안상님·이건용·이계경·이상화·이숭리·이정자·이정희·이혜경·전명자·지순희·진민자·차경혜·차명희·최영실·한국염·한명숙·한진이·홍명희·홍성혜 등.

"우리 사회에 끊임없이 가난하고 소외되고 짓눌린 사회 계층이 집단적으로 발생하는데도 그것을 인간 사회에서 어쩔 수 없이 나타나는 현상쯤으로만 생각하며 교회는 그저 뒤치다꺼리나 하는 것이 능사일까? 불의하고 잘못되고 병든 사회제도와 정치구조 속에서 피 흘리고 상처받고 신음하는 사람들이 계속해서 발생하고 있는데도 말이다. 나는 좌파적인 급진 사상 때문이 아니라 예수 그리스도의 복음 때문에 그렇게 실천할 수밖에 없었다."

1976

세계 교회의 일치와 평화운동을 이끌다

"하나님이 와 있는 곳이 바로 하나님의 나라요,
사랑에 지배받는 삶 속에 이미 구원이 와 있는 것이다."

우리 기독교인이라고 하는 사람들이 예수님을 죽이라고 소리치는 '눈먼 광신주의 군중'은 아닌지 우리는 생각해보아야 한다. 평화의 왕, 진리의 사람, 화해자 예수님을 이야기하면서도 냉전의 사고에 사로잡혀 대량 살생을 불러올 전쟁도 불사하겠다는 십자군 정신을 가진 교회 지도자들과 그들을 추종하는 성도들이 적지 않기 때문이다.

1954년 5월 하순, 캐나다에서 유학 생활을 마치고 뉴욕 유니언 신학교에 들어가기 전 나는 잠시 시카고에 머물게 되었다. 일리노이 주립대학 여름학교 영어 강좌에 등록하고 당시 시카고에 유학 중이던 박정수, 한배호, 전영철 등이 자취하던 아파트에 머물며 뉴욕으로 떠날 때까지 그들과 함께 지냈다. 시카고에 잠시 머문 이유 중 하나는 세계교회협의회(World Council of Churches, WCC) 제2차 총회가 시카고 북쪽 에번스턴에서 8월에 개최되는데, 한국기독교장로회에서 나에게 총대로 참석하라고 했기 때문이다. 당시 WCC 청년부 위원이던 나는 서울에서 연락을 받은 대로 기장을 대표하는 총대로서 참가 신청을 했다. 그 회의에는 한국의 보수파인 예장에서도 몇 명의 대표를 파견해놓고 있었다.

그런데 뜻밖에도 주최 측에서 "원칙적으로 한국에 장로교는 하나인데 어떻게 대표를 따로 받을 수 있느냐?" 하며 나의 참가를 거절했다. 난감해진 나는 여기저기 교섭을 해봤지만, 소용이 없었다. 그런데 마침 일본 대표단 일행 중에 내가 해방 후 일본에 잠시 갔을 때 만났던 다케다 기오코가 있었다. 그녀는 당시 WCC 총무이자 총회 책임자인 비셔트 후프트와 무척 가까운 사이였다. 내 사정을 알게 된 기오코가 후프트에게 얘기를 잘 해줘서 정식 총대가 아닌 협동 총대의 자격으로 총회에 참석하게 되었다.

WCC 제1차 총회. 이 총회는 1948년 네덜란드 암스테르담에서 열렸다. WCC는 제1차 세계대전 후 일어난 '교회일치운동'의 성과물로 탄생한 국제 연합 조직이다. WCC가 추구하는 '교회일치운동'은 세계 모든 교회가 공동으로 사회 문제에 대처하는 교회의 '사회참여운동'과 세계 모든 교회가 연합하는 길을 찾아가며 신앙과 그 질서를 회복하는 '영성운동'의 두 가지 축으로 이루어진다. 이 운동은 제2차 세계대전으로 총회가 미뤄졌다가, 1948년에 그 첫 총회가 시작되었고 이후 6년마다 대륙별로 총회가 열렸으며, 2013년도 제10차 총회는 우리나라 부산에서 열릴 예정이다.

세계교회협의회(World Council of Churches, WCC) 중앙위원으로 활동하던 당시, 국제회의에서 연설하는 강원용 목사.

암스테르담 제1차 총회 모습. 이 총회의 주제는 '인간의 무질서와 하나님의 섭리(Man's Disorder and God's Design)'였고 147개 교회 351명 총대가 참석했다. 초대 총무로 비셔트 후프트가 선출되었다.

1954년에 열린 WCC 제2차 에번스턴 총회의 공식 포스터. 이 총회의 주제는 '그리스도는 세상의 소망(Christ-the Hope of the World)' 이었으며 161개 교회, 502명의 대표자가 참가했다. 이 총회엔 아이젠하워 당시 미국 대통령도 참석했다.

WCC 제2차 에번스턴 총회의 회의 모습. 당시 캐나다에서 유학을 마치고 뉴욕 유니언 신학교의 입학을 기다리던 강원용 목사가 이 총회에 참석해 세계 교회와의 첫 인연을 맺게 된다.

이 총회의 주제는 '그리스도는 세상의 소망'이었다. 당시는 세계적으로 냉전 체제가 굳어져서 동서 양 진영의 대립이 매우 심각했고 미국에서도 매카시즘이 득세하는 분위기였다. 이 같은 상황에서 WCC의 진보 세력은 양 진영의 극단적인 대립을 지양하고 공존의 길을 찾자고 주장하고 있었다. 그런데 이승만 정부는 공산주의와의 공존이란 절대 있을 수 없다고 생각했고 이 입장은 한국 교회 역시 마찬가지였다. 더구나 한국 대표단은 WCC를 용공으로 규정하고 동서 화합에 분명한 반대 입장을 밝히는 조건으로 정부 승인을 받아 회의에 참석했으니, 첫날부터 한국 대표단은 그 문제에만 신경을 곤두세우고 있었다.

아무튼 나는 에번스턴 총회에 참석했다가, 총회가 끝나자마자 일리노이 주 맘모스 대학에서 열린 세계기독학생연맹(WSCF) 이사회에 참석하게 되었다. 원래 나는 이 이사회에 참가할 자격이 있는 건 아니었으나, 한국에서 기독학생운동을 해왔다는 사실을 알고 있던 다케다 기오코가 애를 써준 덕분에 특별히 참가할 수 있었다. 이 회의 참가는 내게 매우 중요한 전환점을 가져다주었다. 그 모임을 통해 필립 포터, 나일스 등 세계적인 기독교 지도자들을 알게 되었고 그들과의 교류가 후일 세계를 무대로 한 나의 활동에 큰 도움이 되었기 때문이다.

1958년 일본 도쿄에서 열린 제14차 세계기독교교육협의회(World Convention on Christian Education, WCCE) 총회 기념사진. 강원용 목사는 이 총회에 한국 대표로 참석했고 1962년 벨파스트 총회에도 연이어 참석했다.

5·16이 일어난 1961년, 나 개인적으로 가장 의미 있는 일은 인도 뉴델리에서 두 달 동안 열린 WCC 3차 총회에 참석한 일이었다. 한국기독교장로회가 정식 회원 자격을 얻어 내가 대표로 참가한 매우 의미 있는 회의였다. 나는 이 회의에 정식 총대로 참가함으로써 WCC 활동에 적극적으로 참여할 수 있는 발판을 마련하고 이로써 이후 세계 곳곳을 돌아다니며 한국 대표로서 영향력 있는 목소리를 토해낼 수 있었다. 말하자면 뉴델리 총회는 세계를 향한 활동의 시초가 된 셈이다.

WCC는 그동안 분리되어 반목하고 있던 교회를 하나로 뭉치게 하려는 에큐메니칼 운동의 결과물이라 할 수 있다. 1948년 네덜란드 암스테르담에서 창립총회가 열렸을 때만 해도 유럽과 북미에 국한된 운동이었는데 앞서 이야기한 에번스턴 2차 총회를 거쳐 뉴델리에서 3차 총회가 개최되었을 때는 국제선교협회(IMC)와 통합하는 성과를 거뒀으며, 그 10년 후에는 세계기독교교육협의회와도 통합하였다. 이같이 조직이 발전하면서 1960년대와 1970년대에는 아시아, 아프리카, 라틴아메리카의 교회들이 회원으로 가입하고 동방정교회, 오순절교회와 아프리카의 독립교회들까지 포괄하였으며 이후 러시아를 중심으로 한 공산권 국가의 정교회도 가입하게 되었다. 로마 가톨릭은 가입을 보류했으나 정식으로 옵서버를 파견하는 등 WCC는 명실공히 세계적인 단체로 비약했다.

나는 뉴델리 총회에 참가하기 전에 인도의 벵갈라에서 열리는 세계기독학생연맹(WSCF) 회의에도 주제 강사로 초청을 받아 참석하기로 되어 있었다. 그러나 여권을 받는 것이 문제였다. 당시 군사혁명정부는 WCC가 용공이라며 여권을 내주기가 곤란하다는 것이었다. 박정희 의장의 보좌관을 만났더니 책상 위에 문서를 한 아름 꺼내놓으며 "이것이 다 WCC가 용공 단체라는 증거물입니다" 하

WCC 제3차 뉴델리 총회 회의장에서 연설을 듣는 강원용 목사.

는 것이었다. 나는 너무나 어이가 없어 대뜸 설명도 못 하고 그가 들이미는 문서들을 들여다보았다. 나는 하도 답답해서 그에게 말했다.

"내가 지금이라도 이 문서들과 정반대되는 내용을 담은 문서를 한 트럭이라도 가져올 수 있는데, 그러면 그것도 다 읽겠습니까?"

"아이고, 그걸 우리가 무슨 시간이 있어 다 읽겠습니까?"

"그러면 정부는 절대로 이 일에 개입하지 마십시오. 이런 일은 기독교 안의 보수 세력과 진보 세력의 대립인데, 왜 정부가 끼어들어 귀찮은 일을 자초합니까? 당신들에게 전혀 득이 될 일이 없으니 그냥 놔두는 게 좋을 겁니다."

이런 우여곡절 끝에 나와 함께 인도로 떠난 일행은 8명이었다. 총회 정식 대표인 김활란 박사와 나, 청년·여성 대표로 박상증, 강문규, 오재식, 손명걸, 박영숙 등이 있었던 것으로 기억한다.

WCC 제3차 뉴델리 총회에 참가한 한국 대표단의 모습. 김활란, 길진경, 김길창, 오재식, 손명걸, 강원용 목사 등이 이 총회에 참가했다.

총회를 방문한 인도 네루 수상. 맨 왼쪽은 비셔트 후프트 WCC 총무.

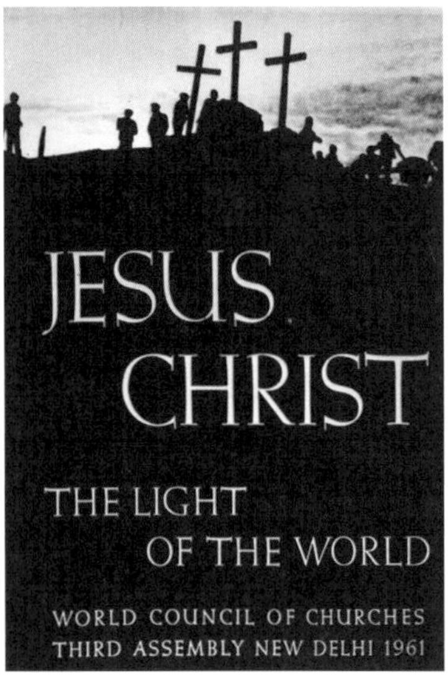

1961년에 열린 WCC 제3차 뉴델리 총회의 공식 포스터. 이 총회의 주제는 '예수 그리스도는 세상의 빛(Jesus Christ–the Light of the World)'이었으며, 197개 교회 557명의 대표자가 참가했다. 이 총회는 1961년 11월 17일부터 12월 5일까지 열렸다.

WCC는 뉴델리 제3차 총회에서 당시까지 WCC와 함께 양대 기독교 국제 조직이었던 국제선교협회(IMC)와 통합을 이룸으로써 명실공히 국제적인 단체로 비약하게 된다. 또한 동방정교회와 오순절교회가 새로 가입하기도 했다.

나는 우선 벵갈라에서 개최된 WSCF 대회에서 최초로 세계 사람들을 대상으로 강연을 무사히 마치고 일행과 함께 뉴델리 총회에 참석했다. 그 총회에서 가장 인상 깊었던 것은 총회의 주제인 '예수 그리스도는 세상의 빛'과 관련해 WCC 총무 비서트 후프트가 한 얘기였다. 총회에는 각국 취재기자들도 많이 왔는데, 그중 하나가 "그리스도만 세상의 빛이라면 다른 종교는 어떻게 보는 것이냐?"고 물었다. 그 물음에 그는 이렇게 대답했다.

"그리스도만이 세상의 빛이라는 표현 자체는 매우 배타적이고 폐쇄적이지만 그리스도 안에서는 온 세상이 하나이기 때문에 그리스도가 누구인가를 알 때 그 의미는 매우 개방적이고 포괄적이 됩니다. 따라서 표현은 배타적(exclusive)이지만, 의미는 포괄적(inclusive)인 역설로서 그것을 이해해야 할 것입니다."

그의 이야기를 통해 나는 처음으로 다른 종교에 대한 긍정적인 눈을 뜨게 되었는데, 이런 태도는 WCC 역사에서도 전환점을 마련한 것이었다.

1962년 6월, 나는 세계기독교교육협의회(WCCE)가 북아일랜드 벨파스트에서 주최하는 세계기독교교육협의회 총회와 영국 옥스퍼드 대학에서 열리는 'WCC 교회와 사회위원회' 세계대회 준비모임에 참석하기 위해 유럽으로 떠났다. 나와 함께 가게 된 일행은 강신명, 홍현설, 김윤국, 김주병, 이성화 박사 등 모두 6명이었는데, 다 유럽은 초행이었다.

벨파스트에서 보는 풍경은 매우 목가적이었다. 날씨는 흐리거나 비가 흩뿌리는 궂은 날이 대부분이었지만 사람들은 더할 나위 없이 순박하고 친절했다. 벨파스트 회의는 변화하는 세계 속에서 기독교 교육을 어떻게 올바로 정립할 것이냐 하는 문제를 놓고 작은 그룹 모임으로 진행되었는데, 나는 한 그룹의 성서 공부 지도자로 봉사했다. 한편, 기독교 교육이란 결국 교회 전체와 세

계 전체를 고려해야 한다는 맥락에서 WCC와 통합될 가능성에 대해 토의를 벌이기도 했다.

나는 이 여행에서 뜻밖의 수확도 거두었는데, 귀국길에 취리히 아카데미 하우스에서 열린 기독교 사회운동 모임에 참석하게 된 것이다. 특히 그해는 내가 이끌던 '기독교사회문제연구회'에서 동아시아교회협의회와 공동으로 '사회참여의 새로운 형태'라는 주제로 온양에서 뜻깊은 회의를 주최한 성과를 거둔 터여서 취리히 모임에 기대가 더욱 컸다. 그 모임에서 나는 독일 아카데미 운동의 창시자 뮐러 박사를 만났고, 그와의 만남은 이후 한국 크리스찬아카데미 창립에 중요한 계기가 되었다. 뮐러 박사의 추천대로, 두 달의 유럽 여행을 마치고 돌아오는 길에 일본에 들러 일본 아카데미 책임자였던 독일인 슈미트를 만났다. 나는 그와 하코네로 가서 아카데미 운동에 대해 많은 이야기를 나눈 다음 서울로 돌아왔다.

1962년 6월, 북아일랜드 벨파스트에서 열린 WCCE 총회 기념사진.
앞줄에서 뒤로 네 번째, 한가운데서 오른쪽으로 서너 번째에 강원용 목사의 얼굴이 보인다. 이 총회엔 홍현설 감리교신학대학장 등이 함께 참가했다.

국내가 한일협정 비준 문제로 한창 시끄럽던 1964년 여름, 아르헨티나 코르도바에서 열리는 세계기독학생연맹(WSCF) 총회에 참석하기 위해 나는 멀고 먼 남미를 방문하게 되었다. 나는 당시 한국기독학생연맹(KSCF) 위원장직을 맡고 있었다. 비행기로 무려 40여 시간을 날아 아르헨티나의 수도 부에노스아이레스에 도착한 날은 7월 14일이었다. 세계기독학생연맹 총회였던 만큼 참석자들은 대부분 젊은 사람들이었고 분위기 또한 활기찼다. 그런데 이 회의에서 가장 인상적이었던 것은 격렬한 반미 분위기였다. 특히 남미의 젊은이들은 토론이 시작되면 분노에 찬 목소리로 맹렬히 미국을 공격하곤 했는데, 처음에는 그 같은 분위기에 퍽 당황했고 좀 지나치지 않은가 하는 저항감까지도 생겼던 게 솔직한 심정이었다. 그러나 그들과 대화를 나누고, 또 직접 그들이 처한 정치사회 현실을 내 눈으로 직접 목격하면서 차츰 그들을 이해하게 되었다. 그 넓은 코르도바 주의 땅덩어리가 불과 10여 명 대지주의 소유였고, 부에노스아이레스의 외곽 지역에 있는 빈민촌은 처참하기 그지없었다. 나를 더욱 기가 막히게 한 것은 그 나라의 교회들이었다. 가톨릭 교회 자체가 거대한 땅을 소유한 대지주로 그 잘못된 체제의 지배 세력이라는 점도 그렇거니와 19세기 이후 들어온 개신교 역시 모순과 고통으로 가득 찬 사회 현실에는 무관심한 채 경건주의 일변도로 나가고 있었다. 물론 가톨릭 성직자들과 개신교 인사들 가운데는 해방신학 등을 내걸고 현실 개혁을 부르짖으며 구체적인 정치 행동을 모색하는 사람들도 있었지만, 그 수는 소수에 불과했다. 이 같은 상황이니 남미의 뜻있는 젊은이들의 고민과 방황은 심할 수밖에 없었고 많은 젊은이가 공산주의를 그 대안으로 받아들이고 있었다. 나는 기독교인으로서 공산주의를 택할 수도 없고 그렇다고 현실에 안주할 수도 없어 고민하고 좌절하는 남미의 젊은이들과 대화하면서 깊은 공감과 연민을 느꼈다.

1964년 여름, 아르헨티나 코르도바에서 열린 세계기독학생연맹(WSCF) 회의에 참석한 강원용 목사.

1960년대의 한
국제회의에서 패널로 나선
강원용 목사.

1965년 4월 12일 크리스찬아카데미 대화모임에 참석한 WCC 실행위원 파울 베게스 신부.
신부의 오른쪽으로 백낙준 박사, 왼쪽으로 강신명 목사, 강원용 목사가 앉아 있다.

1965년 10월 크리스챤아카데미를 방문한 독일 개신교 총회장 쿠르프 샤프 박사 부부와 독일 개신교 관계자 일행. 맨 오른쪽부터 샤프 박사와 부인, 비슈만 박사, 쉴링겐지펜 박사.

1965년, WCC 회의에 참석한 강원용 목사와 러시아정교회의 키릴 신부. 키릴 신부는 2009년 러시아정교회의 수장인 총대주교에 선출되어 바티칸과의 화해에 나서는 등 러시아정교회의 개혁에 나서고 있다.

1966년 7월 17일 스위스 제네바 WCC 본부에서 열린 'WCC 교회사회위원회' 세계대회.
한국 대표로 백낙준 박사, 김재준 목사, 강원용 목사 등이 참가했다. 이 대회에서
WCC 2대 총무로 유진 카슨 블레이크(미국 NCC 회장, 인권운동가)가 선출되었다.
블레이크 박사는 1970년 10월 15일 한국을 방문하기도 했다.

1967년 4월 27일부터 5월 1일까지
일본에서 열린 동아시아기독교협의회
(EACC) 회의에 참석해 연설하는
강원용 목사.

아카데미하우스 건축 공사로 한창 바빴던 1966년 7월 초, 나는 제네바에서 열리는 'WCC 교회와 사회위원회' 세계대회에 참석하게 되었다. 나와 함께 한국 대표로 참석한 사람은 백낙준(전 연세대 총장) 박사와 김재준 목사였다. 1961년 인도 뉴델리 대회에서 '교회와 사회위원회' 실행위원으로 뽑힌 후 매년 준비 대회에 참석하면서 제네바 본 대회를 준비해온 나로서는 이 대회에 남다른 의미를 둘 수밖에 없었다. 사실 '교회와 사회위원회' 대회는 WCC 역사에서 중대한 전환점을 기록한 역사적인 대회였다. 이를 계기로 WCC의 핵심 사안이 미소 대결로 상징되는 체제 이념 문제(동서문제)에서 빈국과 부국 간의 격차 문제(남북문제)로 바뀌었기 때문이다.

당시 WCC는 '현재 세계는 사회혁명, 과학기술혁명, 신학혁명의 소용돌이 속에 있다'고 전제하고 그 같은 상황에서 교회가 세계적 차원에서 일어나는 혁명에 어떻게 대응해야 하느냐는 문제를 제기했던 것이다. 대회 참석자들은 '전 세계 인구의 20퍼센트밖에 안 되는 대서양 연안의 북쪽 나라들이 전 세계 부의 80퍼센트를 차지하는 이 엄청난 불균형의 세상에서 어떻게 갈등을 풀고 평화를 이룩할 수 있을 것인가' 하는 문제를 놓고 심각한 토의를 벌였다.

제3세계에 속한 빈국 중 하나인 한국의 대표로서 나는 솔직히 이 같은 변화가 반가웠다. 그러나 전쟁의 위협이 남아 있는 분단국가에서 온 나로서는 공산주의에 대한 비판 없이 '제국주의 운운' 하는, 공격만이 무성한 토의 분위기에 제동을 걸 필요가 있다고 느꼈다. 그래서 내 견해를 밝혔으나 거의 무시당하다시피 했으며 오히려 '보수 반동'이라는 비난을 감수해야 했다. 나는 무슨 일이든 원칙보다 상황(context)을 가지고 판단해야 한다고 믿는 사람이다. 만일 남미에서 태어났다면 나도 해방신학에 동조했을 터이지만 공산화의 위협이 가장 큰 한국에서는 판단의 결과가 크게 달라질 수밖에 없다고 생각한다.

WCC 중앙위원회는 총회 중 최고 의결기관으로 전 세계 모든 교회를 대표한다고 자부하는 중요한 기관이다. 한국 대표가 이 중앙위원에 선출된 것은 세계 교회에서 한국의 지위를 말해주는 일이기에, 1968년 여름 스웨덴 웁살라에서 열린 WCC 총회에서 내가 중앙위원으로 선출된 일은 한국 교회의 기쁨이기도 했다. 인도 뉴델리 총회에서 김활란 박사를 비롯한 한국 대표들이 나를 중앙위원으로 내세우려다 실패하고 7년 만에 뜻을 이루게 된 것이다.

웁살라 총회의 주제는 '만물을 새롭게'였다. 이는 오늘날 급변하는 역사 속에서 하나님이 하시는 일은 고정된 일이 아니라 새로운 변화를 일으키는 일이라는 전제 아래 기독교인들이 역사의 선두에 서서 항상 세상을 새롭게 하는 개혁에 앞장서야 한다는 인식을 담고 있었다.

1968년 스웨덴의 웁살라에서 열린 제4차 WCC 총회. 이 총회의 주제는 '보라, 내가 만물을 새롭게 하리라(Behold, I make all things new)'였으며 235개 교회 704명의 총대가 참가했다. 아르메니아 정교회 등 뉴델리 총회보다 38개의 회원교회가 더 참여했다. 원래 총회의 개회 연설자는 마틴 루터 킹 목사였다. 그러나 킹 목사는 총회 개최 4개월 전에 암살되었다.

WCC 웁살라 제4차 총회에 참가한 강원용 목사. 강 목사는
이 총회에서 한국인 최초로 WCC 중앙위원에 선출되었다.

이때 유럽에서 일어난 68운동의 여파로 자유와 개혁이라는 새로운 바람이 물결을 타고 있어 주제도 그렇지만 토의 내용이나 수준도 매우 진보적이었다. 이 총회에서 다루어진 최대 이슈는 2년 전 제네바에서 열린 '교회와 사회위원회' 세계대회에서 제기되었던 빈부 격차 문제였다. 참가자들은 '하나님은 한 분이시고 그가 창조한 세계도 하나이며 따라서 세상 사람 모두가 한 백성'이라는 신학적 해석 아래 지구에서 생산되는 모든 것은 하나님의 것으로 그의 모든 백성을 위해 쓰여야 한다는 데 생각을 같이했다. 기독교의 이웃 사랑이 빈국과 부국 간의 모순과 갈등에 대한 관심으로 새로운 차원에서 구체화되기 시작한 것이다.

이 회의에 참가한 잭슨 여사는 남북문제를 해결하려면 우선 부유한 나라들이 책임을 느껴야 한다면서 "선진국들이 국민 총생산의 1퍼센트를 발전도상국의 경제 발전을 위해 유엔 같은 국제기구에 헌납할 것"을 주장해 사람들의 관심을 끌기도 했다. 그리고 구체적인 결정도 내렸다. 즉 부유한 나라의 교회는 잭슨 여사의 주장대로 실천하도록 정부에 압력을 가하고, 교회 스스로 수입의 1퍼센트 이상을 헌납하기로 했으며 WCC 안에 '발전에 대한 교회 참여부(CCPD)'를 신설해 그 문제를 지속적으로 다루도록 한 것이다.

WCC 웁살라 총회에 참가한 한국 대표단. 강원용 목사, 백낙준 박사, 김재준 목사, 한배호 박사, 김준영 목사. 이 총회에서 서남동 박사는 WCC 신앙·직제위원회 실행위원으로, 한배호 박사는 국제문제위원회 실행위원으로 선출되었다.

총회에서 중요하게 다룬 또 다른 문제는 인종 차별 문제였다. 이 문제를 토론하는 자리에는 미국의 흑인 문학가 볼드윈의 강연이 있었는데, 그는 백인의 유색 인종 착취의 역사를 신랄하게 공격하면서 백색 인종주의를 벗어나지 못한 그때까지의 서구 기독교를 거부한다고 목소리를 높였다. 그의 강연 내용 중에는 내게 충격적인 것이 참 많았다. 지금도 기억나는 것은 "인종차별주의자들은 인간의 육체만 믿고 영혼은 믿지 않는 사람들"이라는 정곡을 찌르는 얘기였다.

이 밖에 웁살라 총회에서는 청년과 여성 문제가 크게 부각해 그동안 주변부에 머물러 있던 여성과 청년들이 WCC의 핵심에 들어서게 되었다. 청년 문제에 관해서는 총회에서 미국의 유명한 인류학자인 마거릿 미드 여사가 한 말이 특히 기억에 남는다. "우리 기성세대들은 결코 젊은 세대보다 앞서 있다는 착각에 빠져서는 안 된다. 젊은이들은 우리 뒤에 오는 사람들이라고 여기는 사고방식부터 바꿔야 한다. 오히려 1968년도의 주역은 젊은이들이고 우리(기성세대)가 바로 지난 세계에서 새 세계로 이민 온 사람들이다." 그녀의 이 말에 떠나갈 듯한 박수가 터졌다.

여성 문제에서도 총회는 여성을 '창조적 파트너'로 규정하고 여성의 역할을 강조했다. 당시 총회에 참석한 사람 중 여성 대표는 9명에 불과했는데, 여성의 역할과 비중이 강조되면서 그들 모두가 중앙위원에 선정되고 각 분과 위원회 위원으로 위촉되는 일이 일어났다. 그뿐 아니라 총회에서는 앞으로 청년과 여성이 대거 참여할 수 있도록 헌장을 개정하기로 결의해 이후부터 WCC 내에서 그들의 목소리가 크게 강화되었다. 웁살라 총회가 있기 약 반년 전 방콕에서 열렸던 EACC 총회에서 내가 청년과 여성을 중시하는 방향으로 헌장 개정을 주장했다는 얘기는 바로 앞에서 했지만, 이 같은 양 단체의 흐름은 물론 같은 맥락에서 이해되어야 할 것이다. 어쨌든 이 같은 시대의 흐름에 따라 웁살라 총회 이후부터 WCC는 총회 전체 참가자의 약 4분의 1을 여성이 차지하는 획기적인 변화를 보이기 시작했다.

웁살라 대회의 또 다른 특징은 교회 일치를 인류 일치와 연결한 점이다. 그 이전까지는 교회의 일치만 얘기했는데, 이때부터 교회와 인류를 같은 차원에서 다루기 시작해 '인류 공동체 안에서 모든 인간과 연대 관계를 구체적으로 어떻게 이룰 것인가' 하는 문제가 심도 있게 제기되었다.

그런데 당시 WCC가 교회 테두리를 벗어나 인류의 일치를 주장하게 된 신학적 배경으로는 '우주적 그리스도' 개념을 얘기할 수 있다. 신약 「골로새서」에 나오는 우주적 그리스도라는 개념은 쉽게 말해 그리스도는 우주를 창조한 우주적 존재이므로 모든 인종과 종교와 자연, 한마디로 만물을 다 포함하고 있다는 것이다. 이런 열린 그리스도 개념은 기존의 '신자만 구원해주는' 닫힌 그리스도 개념과는 본질적으로 다르다. 따라서 신자니 비신자니 선교국이니 피선교국이니 하는 구별이 무의미해지고 모든 인류가 하나님의 같은 백성이라는 일치점을 가지게 되는 것이었다. 그러나 이 같은 기독교의 지평을 혁명적으로 변화시킨 우주적 그리스도 개념은 그 후 결국 소수의 목소리에 그치고 말았다.

WCC 웁살라 총회에서 총대들과 함께.

필립 포터 박사와 강원용 목사 ● WCC 웁살라 총회에서 도미니카공화국 출신인 필립 포터 박사는 1972년부터 1984년까지 제3대 WCC 총무로 헌신했다. 제3세계 지도자로는 처음 있는 일이었다. 그는 1984년 한국교회협의회(KNCC) 60주년 기념행사 참석차 내한해 기자회견에서 WCC의 용공 문제를 묻는 기자의 질문에 "1950년 유엔군 한국 파병을 WCC가 공식 지지하고 한국 피난민 구호와 한국전 종식 노력을 벌일 때조차 그런 비난을 받아왔다"고 대답했다. 그는 또 해방신학에 대해 "구원(해방)의 대상은 영혼만이 아니라 전 인간, 개개인만이 아니라 전 인류이다. 그런데 여기까지는 질문이 없다가, 신학자들이 이 기초적인 신앙의 원칙을 각자 처한 상황에 적용, 분석, 이해하려는 과정에서 비판적인 말들이 생긴 것"이라고 설명하기도 했다.

WCC 중앙위원으로
분과 토의를 주재하는
강원용 목사.

WCC 실행위원들과 함께. 맨 왼쪽은 새문안교회 강신명 목사.
오른쪽에서 두 번째는 로버트 한스 클라인 목사.

1972년 네덜란드 유트레히트에서 열린 WCC 중앙위원회
회의에서 WCC 초대 총무 비셔트 후프트 박사와 함께
담소를 나누는 강원용 목사.

1968년 스위스 제네바에서 열린 WCC 중앙위원회
전체 회의에 참석한 강원용 목사.

1968년 스위스 제네바,
세계교회협의회 총회.

WCC 실행위원들과 함께.

1975년 케냐의
나이로비에서 열린
WCC 제5차 총회에서
관계자들과 함께.
오른쪽부터 비서트 후프트,
조 기요코, 웨델.

유신 독재가 한창이던 1975년 11월 23일, 케냐 나이로비에서 WCC 제5차 총회가 열렸다. 나는 중앙위원으로 당연히 그 회의에 참가해야 했으나, 이른바 긴급조치 시대의 경색된 분위기 때문에 여권을 발급받는 일이 쉽지 않았다. 당국에서는 갖은 핑계를 대며 여권 발급을 미루기만 했다. 그러다 하루는 중앙정보부에서 오라 하더니 말도 안 되는 훈계를 늘어놓고는 여권을 내미는 것이었다. 그것도 서울과 나이로비만 한 번 왕복할 수 있도록 제한된 여권이었다. 함께 가기로 되어 있던 안병무 등 몇 사람은 끝내 여권이 나오지 않아 떠나는 내 발걸음은 무겁기만 했다. 나이로비까지 가는 과정에서도 정보부원들의 감시가 늘 따라다녔고, 나이로비 공항에서도 나를 맞이한 것은 정보부 사람들이었다.

아무튼, 나이로비 총회는 전체적인 흐름으로 보아 새로운 것이 많았다. 우선 평신도와 청년, 여성의 목소리가 눈에 띄게 높아졌고 북미와 유럽 대표가 처음으로 전체 대표의 과반수에 못 미쳐 제3세계의 비중이 크게 늘었음을 보여주었다. 총회는 분과별로 진행되었으나 전체적으로 공통된 흐름은 있었다. 그것은 곧 복음의 전체성(wholeness)에 대한 강조였다. 개인 구원이냐 사회 구원이냐 하는 문제에서 사회 구원 쪽으로 기울어졌던 방콕 선교 대회 때와는 달리 '둘 다(both)'라는 말과 '모든 분야에 걸쳐서(at all levels)'라는 말이 강조되었다. 이 두 표현은 전체 보고문의 밑바탕을 흐르는 일관된 사상이기도 했다. 또한 이 총회의 주제는 '예수 그리스도께서 자유롭게 하시고 하나 되게 하신다'였다. 이 말은 바로 다양성으로 나타나는 '자유'와 그 자유 속에서 대화를 통해 옳은 길로 함께 나아가는 '일치' 사상을 함축적으로 드러내주고 있었다.

내가 나이로비 총회에서 가장 관심을 둔 문제는 문화, 그것도 언어 문제였다. 사실 내가 언어 문제를 본격적으로 제기한 것은 1972년 네덜란드 유트레히트에서 열린 중앙위원회 모임부터였다. 그때 나는 WCC 모임에서 영어, 불어, 독어만 공용어로 사용되는 현실에 강한 불만을 토로하고 다음과 같은 대안을 제시했다.

"우선 현실을 고려해서 공통어는 영어로 정하자. 그러나 어디서 회의가 개최되든 개최국의 언어를 제1언어로 하자. 통역 문제가 어려워지겠지만 각 나라에서 통역할 사람들을 데려오면 될 것이다. 언어 문제는 이제 커뮤니케이션의 문제라기보다 문화의 지배 관계를 나타내는 상징적인 문제가 되었다."

이 같은 내 제안은 열띤 토론 과정을 거쳐 마침내 투표에 부쳐졌다. 하지만 내 제안은 투표에서 부결되고 말았는데, 부결된 원인은 아이러니하게도 아프리카 사람들이 반대하고 나섰기 때문이었다. 그들은 이미 자기네 고유의 언어를 상당 부분 상실한 탓에 내 제안을 받아들일 수 없었던 모양이다. 네덜란드에서는 비록 부결되고 말았지만 나는 나이로비 총회에서도 언어 문제를 집요하게 제기했다.

나이로비 총회에서 크게 떠오른 또 다른 문제는 기독교와 다른 종교와의 대화 문제였다. 그런데 이를 다루면서 혼합 종교의 우려가 제기되었다. 나는 "다른 종교와 대화하면 혼합 종교가 된다"는 주장에 아시아인으로서 이런 반박을 폈다.

"기독교 역사를 한번 보자. 팔레스타인 히브리 문화권에서 생긴 기독교는 그리스에 들어가 그리스 문화와 융합, 토착화했고 유럽에 가서 다시 유럽 문화와 어울려 뿌리를 내렸다. 그런데 왜 기독교가 동양 문화에 들어와 토착화하는 것만 유독 문제 삼는 것인가?"

나는 이러한 문제에서도 이른바 제국주의 국가에서 온 사람들과 제3세계 사람들 사이에 놓인 엄청난 시각차를 느끼지 않을 수 없었다. WCC 안에서도 제3세계 사람들이 타파해야 할 벽은 그렇게 높았다.

WCC 나이로비 총회의 회의 모습. 사진 아래쪽에 강원용 목사. 나이로비 총회의 주제는 '예수 그리스도께서 자유롭게 하시고 하나 되게 하신다(Jesus Christ Frees and Unites)'였다. 285개 교회 676명의 대표가 참가했다. WCC는 1968년 웁살라 총회 후, 사회참여를 강화했다. 1968년에 기독교의료선교위원회, 1969년에 인종차별철폐위원회, 1970년에 교회개발참여위원회, '살아 있는 신앙과 이데올로기와의 대화위원회' 등의 조직을 신설해 구체적인 실천활동에 나섰다. 또한 1971년에는 세계기독교교육협의회(WCCE)가 WCC에 통합되었다.

WCC 나이로비 총회에서
참가자들과 함께.

1977년 스위스 제네바 WCC 본부 로비에 모인 중앙위원들.
한가운데에 강원용 목사가 보인다. 맨 앞줄 왼쪽 끝이 당시
총무였던 필립 포터 박사.

예수 그리스도를 믿는다는 것은 그의 해방선언을 믿고 세상 안에서 두려움 없이 사는 것이다. 열린 마음으로 이웃과 더불어 사는 것이다. 보이지 않는 사슬로부터 해방된 인간으로 사는 것이다. 그것은 구체적으로 인간을 얽어매는 온갖 사슬에 도전하여 잘못된 정치, 불공정한 제도, 그릇된 사조와 싸우는 것이다. 그러나 이 싸움은 보복이 아닌 용서로, 파괴가 아니라 건설로, 속박이 아니라 해방으로 이기는 싸움이어야 한다.

내가 동아시아기독교협의회(East Asian Christian Conference, EACC) 정식 스태프로 참석하기 시작한 것은 1962년 12월 스리랑카의 자프나에서 열린 총회부터였다. 원래 1959년 말레이시아 쿠알라룸푸르에서 열린 EACC 창립총회에도 총대로 참가하기로 되어 있었으나 당시 나를 미워하던 자유당 정부가 내게만 여권을 내주지 않아 참석하지 못했던 사연이 있던 터여서 그 회의 참가 역시 내게는 뜻깊은 것이었다. 이 자프나 회의를 시작으로 나는 EACC와 긴밀한 관계를 맺게 되었으며, 그 이듬해 3월 일본 회의에서 동북아 지역 책임간사가 되었고 9월에 다시 스리랑카에서 열린 EACC 관계 모임에 계속 참가하면서 활동 영역을 넓혀갔다. 결국 1968년 방콕 총회에서 부회장으로 선출되었고 1973년 싱가포르 총회에서는 회장직을 맡아 1977년까지 일했다.

1960년대, EACC 분과모임에서 토론하는 강원용 목사. 1968년 부회장에 선출된 강원용 목사는 5년간 EACC의 헌장 개정과 기구 개편에 관여해 EACC 발전에 크게 이바지했으며, 1973년 싱가포르 총회에서 회장직에 선출되면서 기구의 영문 이름도 CCA(Christian Conference of Asia)로 바꾼다.

1968년 1월, 태국 방콕에서 열린 동아시아기독교협의회(East Asian Christian Conference, EACC) 총회. 강원용 목사는 이 총회에서 부회장으로 선출되었다.

특히 1968년 1월 말에 태국 방콕에서 열린 동아시아기독교협의회(EACC) 총회는 나에게 세계 교회로의 새로운 소명을 안겨준 대회였다. 1960년대 초부터 세계 교회 활동과 관련을 맺으면서 지금까지 매년 많을 때는 일고여덟 차례, 적을 때는 서너 차례 정도 외국 여행을 하며 내 시간의 3분의 1에 달하는 시간을 외국에서 보냈는데, 세계를 무대로 한 내 활동에 관록이 붙기 시작한 때가 바로 1968년부터다. 이해에 나는 EACC 부회장이 되면서 WCC 중앙위원을 맡게 되었기 때문이다.

방콕에서 열린 EACC 총회의 주제는 '인간 공동체 안의 기독교 공동체'로 인구 절대다수가 기독교와 무관한 아시아에서 소수인 기독교 공동체의 문제에 초점을 맞춘 것이다. 회의 장소는 안식교회에서 운영하는 한 요양소였는데 건물도 임시 건물에 날씨가 너무 덥고 습기가 많아 20일간 육체적으로 고역을 치러야 했다. 하지만 방콕의 그 회의가 유난히 내게 힘들었던 것은 육체적 고통

세 사진 모두 1974년 3월, 뉴질랜드에서 열린 아시아기독교협의회(CCA) 실행위원회.

때문이 아니었다. 당시 EACC는 '월남문제위원회'를 조직해놓고 매일 밤늦게까지 마라톤 회의를 했는데 한국 대표인 나는 각국 대표로부터 쏟아지는 비난을 감수해야 했다. 한국은 이미 1965년부터 월남에 국군을 계속 파병하고 있었고 그 덕분에 제3세계를 비롯한 세계 여론의 고역을 받고 있었다.

"미군과 한국군은 월남에서 즉각 철수해야 한다"는 목소리가 회의장을 지배하는 가운데 나는 매일 곤란한 입장을 견뎌야 했다. 국제 모임에서 번번이 겪게 되는 '곤란한 처지'는 그 이후 한 번도 제대로 풀린 적이 없다. 이후 국내 정세가 3선 개헌, 유신, 12·12사태, 광주항쟁 등 악화일로를 걸으면서 나는 국제회의에서 늘 대답하기 곤란한 질문과 받아치기 어려운 공격을 감수해야 했다.

나는 늘 다른 사람들과 목소리를 맞추어 우리 정부를 공격할 수도 없고, 그렇다고 앞장서서 우리 정부를 옹호할 수도 없는 처지였다. 정부는 정부대로 밖에 나가 자기들을 옹호해달라 하고, 반정부 세력은 내가 앞장서서 비난의 목청을 높이기를 바랐다. 하지만 내 입장은 그 두 세력 어느 쪽 편도 아닌, '제3의 것'이었다. 어떤 한국 인사들은 국내에서는 정부 비판을 못 하니까, 국제회의에 나와 우리 정부를 마음껏 두들겨 대곤 했는데, 나는 우리의 부끄러운 문제를 외국 사람들에게 공공연히 떠들어서 그들의 힘을 빌리려는 생각 자체가 좋게 생각되지 않았다.

아시아기독교협의회(CCA)에 참석한 강원용 목사.

아무튼, 나는 방콕 총회에서 부회장에 피선되었다. 동시에 '정책과 구조 위원회' 위원장직을 맡게 되었다. 이 위원회는 말 그대로 그간 문제가 된 EACC 대회 헌장을 개정하고 기존 조직 체계를 변화하는 현실에 맞게 바꾸는 매우 중요한 일을 추진했다. 위원회는 그 후 5년간 헌장 개정과 기구 개편 작업을 추진해 1973년 총회에서 마무리된 안을 통과시킴으로써 EACC에 일대 변혁을 가져왔다. 내가 헌장 개정을 놓고 시도한 중요한 일 중 하나는 총회에 청년과 여성 대표를 꼭 참석시키고자 한 것이다. 그 때문에 나는 어느 교단이든지 제1대표는 누구라도 좋지만, 제2후보는 반드시 여성, 제3후보는 청년이어야 한다는 조항을 개정안에 집어넣었다. 이는 교회의 자주권을 무시한다는 이유로 거센 저항을 받았지만 결국 내 뜻대로 관철되었다. 그리고 EACC라는 명칭도 CCA(Christian Conference of Asia)로 바꾸었다. 동아시아(East Asia)란 명칭은 서양 사람들이 볼 때 동쪽이어서 붙인 것이기에 아시아의 독자적인 주체성을 드러내고자 일부러 명칭을 바꾼 것이다.

CCA 의장단인 사미트 팡, 주반잇, 김영운 목사 등 CCA 회의 참가자들과
노래를 부르는 강원용 목사.

CCA 임원들과 함께.

1974년 10월 15일부터 17일까지 홍콩에서 열린 아시아기독교사회운동기관협의회(ACISCA) 대표단과 함께. ACISCA는 CCA의 공인 단체로 강원용 목사의 제안으로 WCC와 CCA의 내부 합의를 끌어내 아시아의 사회문제에 공동으로 대응하고자 1970년 설립된 조직이다.

1969년 4월, 나는 WCC와 EACC가 공동 주최한 오스트레일리아 퍼스에서 열린 '아시아 지역 평신도 지도자회의'에 참석하게 되었다. 나는 주제 강사로 초청되어 「평신도 훈련에 관한 비판적 고찰」이라는 강연을 하면서 평신도 교육과 훈련을 위한 아주 구체적인 계획을 밝혔다.

1960년대는 세계 곳곳에서 평신도운동이 활발히 전개된 시기였고, WCC가 사회운동에 강한 관심을 드러내기 시작한 때이기도 했다. 퍼스 회의에 참석한 사람들은 주로 기독교 사회운동 기관의 책임자들이었고 그런 만큼 사회참여에 관심이 높았다. 당시는 평신도 교육이나 훈련이 유럽 중심의 프로그램뿐이었는데, 나는 아시아를 비롯한 다른 지역에서도 그 지역에 맞는 평신도 훈련이 필요하다는 생각을 강연장에서 발표했다.

"지금 '세계 속의 교회, 세계를 위한 교회'라는 선언은 기독교계에 여러 방법으로 퍼져나가고 있다. '세계를 위한 교회'라는 말은 평신도 훈련에서도 교회 중심적이 아니라 사회 지향적이어야 함을 말한다. 평신도운동을 하려고 하는 우리가 모색해야 할 새로운 방향을 이야기해보자. 아마도 현대 교회에서 가장 흔히 쓰는 단어가 '참여'일 것이다. 우리는 사회에 참여해야 한다. 그러나 그것은 단순한 '구호품 전달자'를 뜻하는 것이 아니며, 우리 사회에서 소외되고 잊혀진 다수 사람과 만나 하나가 되어야 한다는 것이다. 참여는 지금까지 우리의 특권적인 자세를 집어던지고 이들 가난하고 발언권 없는 대중과 함께하여 그들의 정치적·사회적 상황을 개선하는 것이다. 교회 갱신이 평신도 훈련이다. 다른 사람들을 위해 정치적·사회적 행동에 개입하는 것이 평신도 훈련이다. 이 일을 위해 평신도에게 더 많은 정보와 지시를 줄 필요는 없다. 사회를 위해 행동하는 교회는 세상에 발을 딛는 자연스러운 질서에 의해서 세상을 만드시고 구원하시는 그리스도를 따라 살 것이기 때문이다."

강원용 목사는 아시아종교인평화회의(ACRP) 활동과 관계한 세계종교인평화회의(WCRP) 활동에도 헌신했다. 사진은 WCRP 회의에서 연설하는 모습.

이 회의에서 아시아 평신도 교육과 훈련이 교회 지향적인 것과 사회 지향적인 것으로 양분된 점이 지적되었다. 나는 이 두 가지 흐름이 혼재해 있는 상태는 바람직하지 않다고 보고 그 둘을 나눌 것을 제안했다. 그리고 이 같은 내 제안이 받아들여져 사회 지향적인 성격의 기독교 운동 단체들이 따로 모여 연합체를 결성하기로 합의했다. 이 합의를 바탕으로 다음 해인 1970년 일본 오이소 아카데미하우스에서 '아시아기독교사회운동기관협의회(ACISCA)'가 설립되었으며, 내가 의장으로 선출되었다. ACISCA는 사회 문제에 관심을 둔 아시아 기독교 단체 프로그램을 맡고 있는 사람들과 함께 연결하는 것을 목적으로 하고 사회 참여에 중점을 둔 회합, 연구, 훈련 등의 사업을 펼쳐나가기로 했으며, 아시아 인류 공동체에 들어가 그 속에서 생기는 사회 문제를 건전하게 해결하기 위해 행동할 것을 과제로 삼고 있었다. 이렇게 생겨난 ACISCA는 창립 직후 일본에서 열린 EACC 중앙위원회 회의에서 공인 단체로 인정을 받았으며 이후 1972년 다른 지역의 비슷한 협의체들과도 관계를 맺고자 그리스 크레타에서 세계협의회를 개최하는 등 활발한 활동을 벌이게 되었다.

1976년 11월 25일부터 12월 1일까지 싱가포르에서 열린 아시아종교인평화회의(ACRP) 창립총회에 참가한 강원용 목사. 1981년 뉴델리에서 열린 ACRP 총회에는 우리나라 종교계를 대표해 김수환 추기경, 이병주 성균관 유도회장, 박길진 원광대 총장이 참가했다. 이 기구의 1986년 총회는 서울에서 개최되었으며 강원용 목사는 1987년부터 1996년까지 회장직을 맡아 활동했다.

세 사진 모두 1977년 5월 13일부터 6월 9일까지 말레이시아 쿠알라룸푸르에서 열린 CCA 제6회 총회.

CHRISTIAN CONFERENCE OF ASIA 6th ASSEMBLY
"JESUS CHRIST IN ASIAN SUFFERING AND HOPE"
MAY 31 - JUNE 9 1977, PENANG

1983년 7월 캐나다 밴쿠버에서 WCC 제6차 총회가 열렸다. 이 총회를 맞게 된 내 감회는 특별했다. 우선 나는 1975년 나이로비 총회에서 밴쿠버 총회의 준비위원으로 뽑혀 이 대회를 위해 이 나라 저 나라를 돌아다니며 동분서주해왔기 때문이다. 그만큼 애정을 기울여 준비한 대회인 데다 나는 이 밴쿠버 총회에서 회장단에 선출되기로 내정되어 있었다. 내가 회장단 물망에 오르기 시작한 것은 1975년 나이로비 총회 때부터였다. WCC 회장단은 6대주를 대표하는 여섯 명의 회장들로 구성되는데, 아시아 지역을 대표하는 회장으로 인도네시아인 시마투팡과 함께 내 이름이 거명된 것이다. 그때 시마투팡이 먼저 회장이 되기로 하고 다음에는 내가 이어받는 것으로 의견을 조정해 합의했기에, 말하자면 나는 그때 차기 회장으로 내정된 셈이었다.

WCC에 관계한 한국인들도 내가 차기 회장이 되리라는 것을 알고 있었고, 그중 재야 운동권으로 분류되는 사람들까지도 나를 지지해주고 있었다. 나는 총회 날짜가 가까워짐에 따라 '정말 회장직을 맡을 것인가' 하는 문제를 놓고 숙고를 거듭했다. 그러나 마찰이 있을 수밖에 없는 한국 정부와 WCC 사이에서 내가 처할 곤란한 입장과 앞으로 또 7, 8년간 큰 가방을 들고 그 어려운 여행과 회의에 참석해야 한다는 것에 수락을 망설였지만, 마음을 다잡고 어려운 점이 있더라도 회장에 선출되면 열심히 일하기로 결정하고 비행기에 올랐다.

총회 장소는 밴쿠버의 브리티시컬럼비아 대학이었다. 한국 대표는 나와 김관석, 박형규, 김용복, 이대수, 김형태, 이태영, 김옥라, 김유숙 등 10명 안팎이었는데 회의 장소에 가보니 예상보다 한국 사람들이 훨씬 많이 와 있었다. 그들은 대부분 젊은 운동권 사람들로, 자기들끼리 똘똘 뭉쳐 다니는 것이 자주 눈에 띄었다.

1978년 9월, 핀란드 헬싱키에 있는 러시아정교회 앞에서 WCC 중앙위원들과 함께.
뒷줄 왼쪽에서 세 번째가 강원용 목사.

1978년 9월, 핀란드 헬싱키에서 WCC 중앙위원들과 사적 방문에 나선 강원용 목사.

WCC 중앙위원으로 활동하던 때의 강원용 목사. 1975년 나이로비 총회에서 실행위원으로 선출된 강원용 목사는 1983년 제6차 총회 준비위원으로 세계 곳곳을 방문해 WCC 공식 활동을 벌였다. 스위스 제네바, 취리히, 핀란드, 프랑스, 미국, 헝가리, 소련 등을 방문했다. 1982년 9월의 소련 방문은 당시 수교가 없던 소련에 민간인 신분으로 특별 비자를 받아 방문했던 만큼 큰 뉴스거리가 되었다.

1982년, WCC 중앙위원으로 소련을 공식 방문해 러시아정교회 알렉세이 2세 총대주교를 예방한 자리. 강원용 목사 오른쪽은 WCC에서 오랫동안 깊은 우정을 쌓아온 키릴 대주교(현 총대주교).

1983년 캐나다 밴쿠버에서 열린 WCC 제6차 총회. 7월 24일부터 8월 10일까지 '예수 그리스도는 세상의 생명(Jesus Christ-the Life of the World)'이라는 주제 아래 301개 교회 847명의 총대가 참가했다.

그러다 일정대로 회장을 공천하는 날이 가까워져 공천위원회가 열렸다. 아시아 지역에서는 내가 단독 후보로 나오게 되어 있었는데, 갑자기 인도의 정교회 대주교 그레고리우스라는 사람이 또 다른 후보로 추천되는 예상 밖의 일이 일어났다. 그렇게 되자 아시아 지역 대표들은 크게 놀랐다. 인도인이 이미 세 차례나 회장을 한 마당에 또 인도인이 회장을 하는 건 있을 수 없기에 인도 대표들조차 의아하게 생각했다. 일이 이렇게 돌아가자 당연하게 여겨온 나의 회장 피선에 문제가 생긴 셈이었다. 그러자 관계자들이 8월 4일 2차 회의에서 내가 단일 후보로 조정될 것이라며 다음과 같은 주문을 했다.

"당신이 회장이 되려면 무엇보다 한국 대표들의 강력한 지지가 필요합니다. 그들의 추천서를 받아오십시오."

나는 이 문제를 한국 대표들과 의논했고 그 결과 8월 3일 아침 추천서 문제를 다루는 한국 대표 전체 회의가 열렸다. 물론 나는 참석하지 않았다. 그런데 회의 결과, 내 추천서에 대표 전원의 서명을 받는 일이 실패로 돌아가고 말았다. 운동권의 지지를 받는 대표 4명이 서명을 거부했기 때문이다. 나는 그제야 비로소 사건의 심각성을 느끼기 시작했다. 일부 한국인들이 나를 반대한다는 이야기를 듣기는 했어도 그냥 감정적인 잡음 정도로 알았는데, 실제로 부딪쳐보니 나에 대한 반대가 계획적이라는 것을 알게 되었다. 그들은 서울에서부터 대책을 세워 보수파인 김평태 목사가 중앙위원이 되는 것과 내가 회장이 되는 것을 반대하고, 대신 그들이 지지하는 김관석 목사를 중앙위원으로 밀면서 앞으로 WCC를 등에 업고 반정부 운동을 벌여나가기로 한 것이었다. 그들은 밴쿠버에 도착해서도 WCC 실무진과 아시아 지역 청년 대표들을 대상으로 은밀한 여론 조성 작업을 진행하고 있었던 것이다.

회장 선출 과정에서 예상치 않은 난관을 만난 나는 착잡한 심정으로 '이유 여하를 막론하고 같은 한국인, 그것도 내가 속한 기독교장로회 대표들이 이처럼 반대하는 것을 굳이 추진하지는 않겠다' 하고 내심 포기를 결심했다. 차라리 후련한 느낌이었다. 그런데 공천위원회에서 강하게 나를 추천해 한국 대표의 추천 없이도 6일 총회에서 나와 그 인도 후보를 놓고 투표를 하기로 했다는 것이다. 그 소식을 듣고 5일 아침 총회 장소로 나갔는데 나는 문득 눈에 들어온 벽보를 보고 기절할 듯 놀랐다. 거기에는 이런 내용이 씌어 있었기 때문이다. "한국에서 온 강 목사는 독재자인 전 대통령의 자문역이자 지지자인데 WCC 회장이 되기를 바라고 있다." 벽보는 한 군데만 붙어 있는 것이 아니었다. 나는 너무 창피해 쥐구멍에라도 들어가고 싶은 심정이었다. 악몽을 꾸는 것 같았다. 내가 회장이 되는 것에 반대하는 사람이 다름 아닌 한국 사람들이고, 그것도 내가 속한 기독교장로회라는 것, 그리고 이렇게까지 노골적이고 필사적으로 반대하는 현실에 나는 할 말을 잃고 말았다. 내가 할 수 있는 것이라곤 완전히 포기하는 것뿐이었다. 나는 서슴지 않고 회장직 포기를 결심했다.

WCC 밴쿠버 총회에서 회장단 후보에 올랐던 강원용 목사. 맨 앞줄 왼쪽에서 여섯 번째가 필립 포터 총무, 여덟 번째가 강원용 목사. 밴쿠버 총회는 그간 강원용 목사가 WCC 활동에서 중점을 두어 주장해온 여성과 청년의 참여가 그 어느 때보다도 활발했다. 이 총회의 총대 비율은 여성 비율 30퍼센트, 청년 비율 15퍼센트, 평신도 비율 46퍼센트였다.

이태영 박사는 그래서는 안 된다며 끝까지 말렸고 미국인 변호사에게 부탁해 나를 변호하는 글을 밤새워 작성하기도 했다. 그녀는 그 글에서 "강 목사가 국정자문위원이 된 것은 김대중을 살리기 위해서였다"는 점을 강조했다. 그러나 나는 그녀를 말렸다. 더는 한국인끼리 싸우는 추태를 외국인들 앞에서 보이기 싫었다.

투표가 있던 6일 아침, 나는 회의에 참석하지 않고 그냥 밴쿠버를 떠났다. 회장이고 뭐고 그런 일을 당하면서까지 그곳에 더 머물 이유도, 그러고 싶은 마음도 없었다. 그렇게 나는 30년간 일해온 WCC를 영원히 떠났다. 명예도 퇴임식도 없는 쓸쓸한 발걸음이었다. 충격과 상처투성이의 귀로였다.

따지고 보면, 사단은 1972년 방콕 대회에 있었던 셈이다. 거기서 급진 운동권 세력과 결별하고 그 후 국내외에서 공격을 받아오다 드디어 이렇게 회복 불가능한 상처를 입고 만 것이다. 양극단을 배제하고 중간 입장에서 조정과 화해의 역할을 자임해온 나의 활동이 불러온 숱한 오해와 비난들이 어제오늘 일은 아니고 한두 번 있는 것도 아니지만, 이때처럼 내게 상처와 회한으로 다가온 적은 없었다. 나의 WCC 활동만 보더라도 1975년 나이로비 대회에서 중앙위원과 실행위원으로 선출되었을 때는 보수파의 방해 공작을 받았는데, 밴쿠버 총회에서는 반대로 운동권의 공격을 받았으니 생각하면 참으로 기가 막혔다. 내가 사는 동안 선택한 길이 끝내 사람들에게 이해받지 못하고, 그래서 받아들여지지 못할 수도 있다는 생각이 들었다.

강원용 목사와 WCC 그리고 한국 교회를 향한 외침

_ 박경서 전 인권대사

강원용 목사의 WCC 활동을 뒤돌아보면, 그는 세계(교회)를 한국에 가져오고, 한국을 세계로 가져간, 이른바 쌍방 통행을 시켰다는 것으로 요약할 수 있다. 이후에 여러 후배가 한국을 세계로 가져가려고 노력했지만, 세계를 한국으로, 한국을 세계로 가져가는 쌍방 통행의 사고를 지닌 사람은 없었다.

1957년부터 시작한 EACC 활동 역시 한국 울타리에 갇혀 있는 한국 교회를 세계라는 큰 틀 속에서 볼 수 있게 해주었고, 1958년 이후 강 목사가 미국에서 돌아와 경동교회에서 한 설교는 한국의 젊은이들을 일깨워 그 눈을 세계로 돌리게 하였다.

강원용 목사는 WCC에서 서구 교회 중심의 사고와 운영에 의문을 제기하고 끊임없이 대안을 제시했다. 아시아, 라틴아메리카, 아프리카, 이른바 저개발 국가의 용서, 인격, 이런 부분들을 서구 교회가 배워야 한다고 강력하게 주장하면서 서구 교회가 개발도상국에 있는 제3세계 교회의 목소리에 귀를 기울이지 않으면 서구 교회는 아무런 희망이 없다고 설파했던 것이다. 이런 맥락에서, 당시 320여 개 교단 대표, 120여 명으로 구성된 중앙위원회에서, WCC의 모든 공식 모임과 회의가 영어, 불어, 독일어, 스페인어, 러시아어로 진행되는 것에 강력하게 항의했다. 다섯 개의 언어는 아시아, 아프리카, 라틴아메리카 식민지 세력들의 언어로서, 세속 세계는 그렇게 돌아갈지 몰라도 WCC마저 서구 중심으로 운영되는 것에 문제를 제기했던 것이다. 강원용 목사는 WCC의 모든 공식적인 중앙위원, 실행위원 모임에서 모든 위원이 자기 나라 말로 이야기할 수 있도록 제안을 했고, 위원회에서 예산 문제로 난색을 보였을 때, 강원용 목사는 예산 문제 해결을 위해서, 중앙위원이나 실행위원이 연설할 때 제네바에 있는 자기네 사람을 데려와서 하고 그것을 WCC에서 영어나 독일어로 번역하면 많은 돈이 들지 않을 거라며 끝까지 관철했던 일화가 있다. 이것은 WCC라는 세계적인 기구 속에서 어지간한 배짱이 아니면 할 수 없는 신선한 충격이면서 강원용 목사의 카리스마와 쌍방 통행의 신념을 선명하게 보여준 사례이다.

강원용 목사가 한국에 와서 부르짖은 것은 교회 갱신과 사회 갱신(Renewal of Church and Renewal of Society)이다. 그중 하나가 여성 목사 안수 주장이다. 여성들에 대한 목사 안수가 없던 시절, 그런 주장은 당시에는 이단으로 취급받는 시절이었지만 WCC에서도 그렇고 한국에 와서도 강 목사의 주장은 굽힘이 없었다. 현재까지도 정통파에서는 여성 목사 안수가 없는데, 그와 비교해보면 굉장히 개혁적인 목소리가 아닐 수 없다. 잘못하면 이단으로 몰릴 수 있는 민감한 타 종교의 구원 논쟁에서도, 강 목사 스스로는 예수를 믿는 목사로서 예수만

이 구원할 수 있다고 생각하지만, 자기의 믿음이 그렇다고 해서 타 종교에 구원이 없다고 얘기하는 것은 안 된다는 굉장히 진보적인 태도를 보였다. 아직도 예수님을 믿지 않거나 다른 종교를 믿는 사람들에게도 구원이 있다고 생각한다는 얘기는 잘못 전달되면 커다란 오해의 소지가 되지만, 강 목사는 거침없이 메시지를 전달했던 것이다. 아울러, 강원용 목사는 교회 갱신을 얘기하면서, 기복신앙을 깬다든지, 목사들의 비인간적인 면, 여성 안수 문제, 교회 내에서의 청년 학생들의 목소리를 없애는 문제, 목회 권위주의 등 교회의 모든 문제를 갱신하면서 이 갱신을 딛고 사회 구원의 메시지를 전해야 한다고 얘기한다.

강 목사의 설교에서 한결같이 나오는 것은 사회에 대한 예언자적 목소리이다. 전부 예수 믿으면 천당 간다는 얘기밖에 없는 오늘의 한국 교회 상황에서 강원용 목사는 4, 50년의 경동교회 목회 현장에서 사회를 향한 예언자적 메시지로 한국과 사회에 대한 복음을 선포했던 것이다.

강원용 목사는 크리스챤아카데미 중간집단 교육의 사상, 즉 '사이·너머(between and beyond)'의 사상을 가지고 항상 제3의 길이 있다고 얘기했다. 보수와 진보 둘 다 필요하지만, 보수와 진보의 대화에는 항상 어려움이 따르기 때문에, 교회는 가운데 서서 소통의 다리가 되어야 한다는 논리이다. 둘 다 중요하고, 둘 다 하나님의 목소리이기 때문인데, 예컨대 젊었을 때는 진보, 나이 들면 보수로 가는 게 당연하고, 또 가난한 사람들은 상대적으로 진보적이 되고 잘사는 사람들은 보수화되지만, 둘 다 하나님의 선택받은 종들이기 때문에 가운데 서서 공동의 선을 이끌어야 한다는 주장이다. 가운데 선다는 것은 사상도 없고 회색분자라고 당하기 마련이지만 제3의 길을 위해 기꺼이 감당하면서, 또한 거기에 머무르지 않고, 비행기가 두 날개로 비행하듯이 그 둘을 추슬러서 제3의 길에 서는 것, 이것이 곧 교회 갱신과 사회 갱신의 길이고, 평화의 길이라는 것이다. 크리스챤아카데미의 장구, 다리 등의 키워드와 상징들이 이를 말해주고 있다.

이런 얘기들은 한국에서뿐만 아니라 WCC에서도 한결같이 주장해왔던 얘기들이고 기록에도 많이 남아 있다. 이분법적 사고가 아니라 '뱀과 호랑이', 헤겔의 '변증법적 사고'처럼 '사이·너머', '제3의 길' 이런 사상은 함석헌 선생이나 김재준 목사, 강원용 목사 등의 신앙고백 속에서 계속 흐르는 하나의 큰 물줄기였다고 할 수 있다.

아시아 평화의 가교

내가 경동교회에서 퇴임한 직후인 1986년 6월 17일부터 닷새 동안 서울에서는 아시아종교인평화회의(ACRP) 총회가 열렸다. 나는 그 대회의 대회장을 맡아 대회 운영을 총괄하게 되었다. ACRP는 아시아 태평양 지역의 평화 문제를 비롯해 여러 문제를 각 종교가 서로 특성을 존중하고 협력하는 속에서 해결하고자 세운 기관이었다. 이 평화회의는 세계종교인평화회의와도 협조 관계에 있다. 아시아종교인평화회의가 창립된 것은 1976년으로, 나는 싱가포르에서 열린 창립 총회에 강연자로 참석한 일이 있었다.

서울에서 유치된 ACRP는 인도 뉴델리 총회에 이은 세 번째 총회로 주제는 '아시아 평화의 가교'였다. 앰배서더호텔에서 열린 서울 총회에는 아시아 지역을 주축으로 한 21개국의 15개 종교 지도자 450여 명이 참석해 아시아인이 당면한 공통 과제를 종교인 입장에서 토론하고 대안을 제시했다.

구체적인 주제는 '인간의 존엄성과 인간화의 촉진', '빈곤 해방', '비폭력 성취' 등 3가지였다. 또 이 회의는 총회 때마다 기념으로 구체적인 사업을 하나씩 벌이는 관례가 있는데, 서울 총회에서는 서울 평화교육센터를 건립하기로 결의해 지금도 그 사업이 진행 중이다. 나는 서울 총회에서 5인 회장단의 한 명으로 피선되었으며, 1987년 스리랑카에서 열린 실행위원회에서는 의장으로 선출되었다.

1986년 6월 17일부터 21일까지 서울에서 개최된 아시아종교인평화회의(ACRP) 총회. 21개국에서 기독교, 불교, 가톨릭, 유교, 힌두교, 이슬람교, 지나교, 신도, 시크교, 유태교, 조로아스터교 등 15개 종교 대표가 한자리에 모였다. 국외 인사로는 인도의 페르난데스 대주교, 로마 교황청의 아린제 추기경, 일본 천태종 야마다 에타이 선사 등이 참가했다. 강원용 목사는 대회 기조연설에서 “인류가 멸망하지 않으려면 오직 고등종교들의 평화를 위한 협력과 노력에 기댈 수밖에 없다”는 토인비의 말을 인용해 “대화로 평화의 다리를 놓아 공동의 선을 위해 협력할 것”을 당부했다.

1983년 11월 2일, 일본에서 열린 '한일종교인학술회의'에 참석한 강원용 목사.

1984년 5월, 한국 천주교 200주년 기념행사로 방한한
교황 요한 바오로 2세와 환담하며.

1989년 2월 28일, 3·1운동 70주년 기념으로 수운회관에서 열린 '민족평화를 위한 종교인대회'. 강원용 목사가 회장으로 있는 아시아종교인평화회의 한국위원회(KCRP)가 주최했으며 김경수 성균관장, 김대거 원불교종법사, 김수환 추기경, 서의현 조계종총무원장, 정운채 천도교교령 등 6대 종단의 대표자와 성직자들이 참가해 '민족화해 종교인 선언'을 채택했다.

1986년 6월 25일, 중국 베이징 인민대회장에서 열린
세계종교인평화회의(WCRP)에 참가한 강원용 목사.
개회 기도를 드리는 모습.

1987년 8월 28일, 네팔에서 열린 ACRP 회의에 참석해
관계자들과 대화를 나누는 강원용 목사.

1988년 2월, 일본 도쿄에서 WCRP 임원, 실행위원들과 함께.

1990년 7월, 미국 프린스턴 신학대학에서 열린 WCRP 운영위원회.
맨 뒷줄 왼쪽에서 네 번째가 강원용 목사.

●

1991년 10월 말에는 네팔의 수도 카트만두에서 아시아종교인평화회의가 열렸다. 나는 의장인 관계로 회의 준비를 위해 개회일인 10월 28일보다 며칠 앞서 떠났다. 회의 주제는 내 의견이 반영된 것으로 '21세기를 향한 아시아 종교인'이었다. 네팔은 힌두교 국가인데도 우리를 환영하는 현수막이 카트만두의 온 거리에 널려 있었다. 경제적으로는 매우 뒤떨어졌으나 오염되지 않은 환경이 신선하게 느껴졌다. 특히 기억에 남는 것은 개회식 때 국왕 부처가 참석한 일이었다.

원래 이 나라는 전제 왕국이었는데 그 전해에 민주화 물결을 타고 대대적인 시위가 일어났다고 한다. 시위는 유혈사태로까지 번지려 했으나 다행히 국왕이 용단을 내려 내각책임제를 시행함으로써 평화적으로 해결되었다는 것이다. 이에 따라 총선거가 치러져 의회주의 시대가 열렸다. 그런데 국왕은 그 이후 외출을 전혀 하지 않다가 그날 처음으로 모습을 드러낸 것이었다. 따라서 개회식 날 회의장 주변 시가지는 모처럼 국왕이 행차하는 모습을 보려는 사람들로 들끓었고, 각료들과 국회의원, 외국 대사 등도 대거 참석해 성황을 이루었다. 그날 모인 사람은 18개 종교, 22개국 대표와 방청객 등 모두 600여 명에 달했다. 개회식에서 국왕은 원고도 없이 즉석 기념사를 했는데, 그 내용이 매우 조리 있어 그의 지적 수준을 엿볼 수 있었다. 개회식이 끝난 후 나는 국왕 내외와 차를 마시며 뜻있는 환담을 하기도 했다. 그 자리에서 국왕은 내게 정중하고도 특별한 초청을 해주었다.

"내년 여름쯤 다시 와서 히말라야 산 휴양지에서 쉬다 가도록 하시죠."

그 모임 폐회식에는 새 헌법에 따라 실권을 쥐게 된 수상이 와서 태국말로 강연했는데 내가 보기에는 국왕이 훨씬 더 인상적이었다. 그로부터 12년이 지난 지금까지 나는 국왕이 초청해준 히말라야에 못 갔을 뿐 아니라, 국왕 가족이 비극적인 최후를 맞았다는 보도를 듣고 애도의 정을 금치 못했다.

비렌드라 네팔 국왕과
환담하는 강원용 목사.

1990년 10월 28일부터 11월 2일까지 네팔에서 열린 ACRP 회의에 참석한 강원용 목사. 기념사진 가운데 부분 앞줄에서 오른쪽으로 세 번째에 서 있는 이가 강원용 목사.

1990년 11월 2일, 네팔에서 열린 ACRP 회의에 참석한 북한 종교인 대표단과 함께.

특기할 것은 이 회의에 북한 대표 두 명이 참석한 일이다. 한 사람은 70대의 품위 있는 천도교 교령으로 정신혁이라는 사람이었고, 또 한 사람은 도마라는 가톨릭 대표였다. 이들은 아시아종교인평화회의에 가맹하고 싶다는 뜻을 내보이며 한국 대표들과의 접촉도 꺼리지 않아, 예상에도 없던 남북한 종교인 모임이 자연스럽게 이뤄졌다. 우리는 함께 모인 자리에서 '남북 종교인이 상호 방문하는 등 종교 교류를 하자'는 데 의견을 같이했다. 귀국 후 사전 허가도 없이 북측 대표를 만났다고 해서 좀 문제가 되기도 했으나 그들이 오는 줄 모르고 나가서 만난 것이었으니 결국 별 탈 없이 수습되었다. 내게 자연의 거대함을 새삼 일깨워준 히말라야의 웅장한 산줄기를 배경으로 열린 카트만두 회의에서 나는 만장일치로 의장에 재선되어 1996년 사임할 때까지 여러 활동을 하였다.

1993년 홍콩에서 열린 ACRP 총회 준비모임에서 회장단과 함께.

●

1993년 9월 4일에는 시카고에서 열린 세계종교인대회에 참가했다. 1892년 세계 종교인들이 모이고 꼭 100년째 되는 해를 기념하여 모인 이 대회에는 약 6천 명이 참가하여 「지구 윤리」라는 문서를 만장일치로 통과시켰다. 환경 문제를 이대로 두면 100년 후인 2093년에 있을 세 번째 대회에는 지구의 생명이 다 죽어 모일 수 없을 것이란 전제에서 독일 신학자 한스 큉 박사를 비롯한 여러 종교학자가 이 지구 윤리 선언서를 작성했다.

이 대회 분과 토의에서는 지금까지 역사에서 종교가 해온 역할에 대한 논의가 이뤄졌는데, 나는 역기능이 더 많았다는 편의 토론 주제를 맡았다. 종교의 순기능을 주장한 미국인 강사는 마틴 루터 킹 목사를 예로 들어 설명했다. 나는 반론에서 킹 목사의 훌륭한 역할을 부인하지는 않으나, 킹 목사가 목숨을 걸고 싸운 인종차별의 원인이 무엇이었는가를 물었다.

"청교도의 후예인 미국인들이 아프리카에서 흑인들을 짐승 사냥하듯이 강제로 잡아다가 백인들의 노예로 삼을 때 과연 기독교는 무슨 역할을 했습니까? 헉슬리가 '기독교는 역사적으로 인류를 위해 좋은 역할을 많이 했지만, 인류에게 해를 더 많이 끼쳤다'고 한 주장은 지나치기는 해도 우리 종교인들이 겸손하게 경청해야 할 것입니다. 지난 2천 년간 일어난 참혹한 전쟁 중에 종교전쟁이 얼마나 많았는지 생각해봅시다. 특히 이슬람교와 기독교 사이에 계속되어온 1,400년간의 전쟁 기록을 살펴보아야 하며 19세기 식민지 쟁탈전에서 종교가 행한 역할을 다시 한번 검토해보고 반성합시다."

종교의 역기능이나 허물에 대해 부인하거나 모른 체하기보다 솔직히 인정하고 반성하는 것이 종교의 생명이라고 생각한다. 이 대회에서 가장 크게 다룬 문제인 지구 윤리만 해도 1960년대 하비 콕스가 공업화와 도시화 현상을 예찬하면서 이런 공업화의 배경에는 기독교의 공헌이 컸다고 한 것과는 매우 대조적인 입장이었다. 대한성공회에서는 이해 11월, 이 세계종교인대회의 지구 윤리를 주제로 100주년 기념 학술대회를 개최했다. 나는 대회 기간 중인 11월 5일 「21세기를 향한 한국 교회의 비전과 과제」라는 제목으로 강연했다. "우리 앞에 전개될 지구촌 시대의 특징은 종교와 문화의 다변화이며, 이러한 시대에는 상호 협력하여 공동의 광장을 만드는 일이 모든 종교의 최우선 과제여야 합니다." 세상은 바야흐로 새로운 변화의 시기를 맞고 있었고, 종교와 종교인 역시 이런 변화에 맞는 길을 찾아가는 것이 큰 과제로 떠올랐다.

1993년 6월 28일부터 30일까지 필리핀에서
열린 ACRP 총회에 참석한 강원용 목사.

●

1994년 11월, 이탈리아에서 세계종교인평화회의(WCRP) 6차 총회가 열렸다. 먼저 바티칸에서 교황 요한 바오로 2세가 임석한 가운데 개회식이 있었고, 총회는 북쪽 지방에 있는 레바 가든에서 열렸다. 이 총회는 사상 최대 규모였다. 전 세계 63개국 22개 종교에서 860여 명이 정식으로 등록했는데, 미등록자를 합치면 참석자가 천 명이 넘었다. 나는 이 총회에서 공동의장에 피선됐고 실행위원과 차기 총회 준비위원장직을 맡게 되었다. 이 총회에는 아시아 지역 외에 유럽, 아프리카, 중동 지역에서도 대거 참여했다. 특히 동유럽과 이전까지 비교적 냉담한 반응을 보였던 서구 기독교 문화권에서 많이 참석한 것이 인상적이었다. 총회의 주제는 '세계의 상처 치유'와 '평화를 위한 종교'였다. 참석자들은 6개 분과로 나뉘어 회의를 진행하고 마지막에 종교 간 협력을 통해 세계 각지의 분쟁과 문제를 해결하자는 내용의 '카르타 선언문'을 채택하고 나서 막을 내렸다. 나는 이 총회에서 지구와 환경 문제를 집중적으로 제기했다. 크리스챤아카데미는 이미 1960년대부터 공해 없는 경제 발전을 주장해왔고 1990년대 들어와 공해나 환경이라는 말을 '생명 중심'이라는 말로 바꾸어 환경 문제에 참여해왔다. 사실 환경 문제를 해결하려면 국가 정책이나 기업의 역할 그리고 민간의 참여가 필요하지만, 무엇보다 먼저 올바른 생명 윤리관이 필요하다. 나는 이런 취지로 연설에 나섰다.

"나는 생태계 문제를 환경이라는 말로 인식하는 한 환경 위기는 해결할 길이 없다고 생각한다. 환경이란 말은 모든 것을 인간 중심으로 하고 자연계는 인간의 들러리로 인식하게 한다. 그러므로 우리의 사고를 '환경은 생명이다'로 전환해야 한다. 1988년 서울 올림픽의 주제는 '천·지·인'이었다. 즉 하늘과 땅과 인간의 조화가 우리의 전통적 사고이다. 동물계도 인간과 마찬가지로 생명이며, 물과 흙과 공기와 햇빛도 역시 생명이다. 동양의 고대 철학자인 장자는 '천지는 나와 더불어 같은 무리요, 만물은 나와 더불어 한 몸이다'라고 했다. 한국의 토착 종교인 천도교는 '천지와 부모는 한 몸이어서 천지는 곧 부모요, 부모는 곧 천지이니 천지 부모는 일체라 믿고 이 땅 아끼기를 어머니같이 하라'고 하였다. 자연 파괴는 곧 어머니의 피부를 깎는 행위이며, 이 우주 만물을 하나의 생명체로 보고 모든 생명의 존엄성을 강조한 것이다. 아울러 불교에서는 자연 속에 불성을 보고 도교에서는 도성을 본다. 서구 기독교의 역사에서도 12세기 이탈리아의 성 프란체스코 같은 이는 생각뿐 아니라 그의 행동과 삶에서, 특히 그가 죽기 전에 남긴 『태양의 노래』에서 참으로 놀랍게도 동양의 사고를 보여준다. 위대한 신학자이자 의학자인 슈바이처는 기독교 신앙을 모든 생명에 대한 외경으로 보았고 또 그렇게 살았다. 그러므로 우리는 동양, 서양 할 것 없이 전 세계의 모든 종교와 문화 속에 있는 환경을 생명으로 이해하는 전통을 토대로 인간 중심주의에서 생명 중심주의로 패러다임을 바꿔야 한다."

오늘날 우리가 가장 서둘러 해결해야 할 과제가 바로 생명 보전이라는 것을 분명히 인식하려면, 우선 우리의 사고를 전환해야 한다. 정권을 담당하는 행정부와 입법부의 윤리가 바뀌어야 한다. 그리고 기업가들이 바뀌어야 한다. 생명에 반대되는 행위를 해가면서까지 이윤을 추구하고 기업을 경영하는 것은 살인해서 돈을 버는 반인간적 범죄라 인식해야 한다. 그리고 무엇보다 국민 전체가 생명을 존중하는 윤리의식을 지니고 행동에 나서야 한다. 생명을 위한 윤리 실천은 좁은 의미의 환경 보호만이 아니라 우리나라에서 발생하는 교통사고, 부정식품, 마약 문제 등으로 넓혀가야 할 것이다.

1996년 10월 13일부터 20일까지 태국에서 열린 ACRP 총회에 참석한 강원용 목사. 이 총회에서 강원용 목사는 10년간 ACRP를 이끌던 회장직에서 물러나 명예회장에 추대된다.

•

1996년 10월에는 내가 10년간 회장을 맡아온 아시아종교인평화회의(ACRP) 총회가 열렸다. 나는 이 총회를 마지막으로 은퇴할 것을 표명하고 총회 준비에 몰두했다. 애초 총회 장소를 중국으로 결정하고 나는 중국을 세 번이나 방문하면서 교섭을 벌였다. 그 과정에서 대만 참가 문제를 명백하게 밝혔다. "ACRP로서는 어느 회원국이든 정치적 이유로 입국 허가를 내주지 않는다면 그런 지역에서는 총회를 열 수 없다는 것이 기본 원칙입니다." 이에 중국 쪽 태도는 자못 긍정적이었다. "만일 대만이 정치적인 이유로 중국에 대표를 못 보내겠다면 우리로서는 어쩔 수 없지만, 우리는 대만이 참가해주길 바라고 있습니다."

그런데 정작 대만이 참가하려 하자 중국 정부는 대만 대표의 참가를 허락하지 않는다는 것이었다. 그때는 이미 총회 장소와 총회 전 청년들이 모일 장소 등을 예약까지 하고 통지가 각국에 나간 때였다. 우리로서는 이해하기 어려운 일이었다.

"중국 종교인 단체가 반대하는 것이 아니라 중국 정부의 방침이라 어쩔 수 없습니다."

"하지만 내가 세 번이나 북경을 방문하면서 종교인 연합회와만 협의한 것이 아니라 정부 당국의 종무 담당 총책임자도 만나서 합의했습니다. 지금 와서 이렇게 태도를 바꾸면 어떻게 합니까?"

더구나 나는 대만 정부가 중국 본토에서 모이는 모임이라는 것을 문제 삼았을 때 대만을 직접 방문해 그들을 설득하고 합의까지 해놓은 상태였다. 대만 정부를 설득하는 과정에서 마지막까지 문제가 된 것은 명칭이었다. '중화민국 종교인 평화회의'라고 해야 한다는 것을 나는 '대만 종교인 평화회의'로 하자고 설득해서 겨우 그 문제를 해결했는데, 인제 와서 중국이 입국을 허락하지 않으니 난감하기만 했다.

결국 총회 장소를 옮길 수밖에 없었다. 그런데 갑자기 총회 장소를 옮기려니 적당한 장소를 찾기가 쉽지 않았다. 우선 급하게 태국을 방문하여 교섭해 보았다. 태국에서는 환영했지만 역시 경제적인 부담이 문제였다. 게다가 수도 방콕에서는 적당한 장소를 갑자기 찾을 수가 없어 방콕 대신 아유타야라는 곳으로 정했다. 어쨌든 새로 장소를 정했으니 준비를 서둘렀고, 1996년 10월 13일부터 20일까지 총회가 열렸다. 뉴욕 유니언 신학교의 정현경 교수가 주제 강연을 맡은 이 총회는 우여곡절 끝에 급하게 준비된 대회치고는 그런대로 진행이 잘된 셈이었다. 특히 예배를 진행하는 방식은 아시아 전역에서 온 여러 종교 지도자들에게 큰 감동을 주었다. 여러 종교가 함께 모이는 총회에서 제일 중요하면서도 어려운 행사가 바로 예배인데, 우리는 예배위원회를 조직하고 한국에서 종교 예배를 연구하는 이정훈 목사 내외를 초청하여 개회, 폐회 예배를 집전하도록 했다. 세계 여러 종교가 다 함께 참여하여 마련한 축제와도 같은 이 예배는 세계 종교인의 마음을 녹여 큰 감동을 낳았다.

나는 이 총회에서 퇴임사를 하고 연단에서 내려왔고, 전체 회원들은 기립 박수로 나를 배웅해주었다. 지난 10년을 되돌아보며 정든 이 모임의 책임을 완전히 벗어버렸다는 생각을 하니 시원스럽기보다는 섭섭한 감정이 더 컸다. 총회에서는 나에게 명예회장직을 만장일치로 결정해주어 나의 아쉬움을 달래주었다.

2003년 3월, 틱낫한 스님 평화포럼 초청 '전쟁 문화 속에서 종교의 영성' 강연회에서. 틱낫한 스님은 1995년에도 아카데미하우스를 방문해 대화모임을 가졌다. 이 자리에서 스님은 이해를 바탕으로 한 평화를 강조하는 발제문을 발표했다. "꽃이 꽃 아닌 것으로 만들어지듯, 불교는 기독교를 포함해 불교가 아닌 것으로 만들어졌으며 기독교 또한 불교를 포함해 기독교가 아닌 것으로 만들어졌습니다. 우리는 서로 다른 뿌리와 전통과 보는 방법을 지니고 있으나, 우리는 사랑과 이해와 수용이라는 공통의 자질을 함께 지니고 있습니다. 우리의 대화를 열고자 하면 우리는 편견을 버리고 가슴을 열어 깊이 경청함으로써 우리가 알며 이해하는 것을 참되게 대면해야 합니다."

우리가 말하는 교회의 일치란 기계적인 교회의 통일을 의미하는 것이 아니다. 다양성을 가진 일치를 말한다. 우리는 서로 차이가 있으면서도 '그리스도 안에서' 그리고 '봉사와 친교'의 현장에서 그 일치점을 찾을 수 있다. 신조나 교리가 다른 점을 이야기하되 그것이 사랑, 즉 친교를 깨뜨리게 해서는 안 된다. 또 땅에 있는 모든 교회는 구체적으로 오늘을 사는 땅의 백성에게 봉사하기 위해 있음을 알아야 한다. 이 사실을 깨닫는다면 교회는 두꺼운 벽 안에서 교리, 신조, 전통의 담만을 쌓고 지낼 수 없다.

국경을 넘은 신뢰와 우정, 바이제커 독일 대통령

1991년 2월 중순, 나는 당시 방송위원장에 재선되어 3년의 임기를 새롭게 시작하려던 참이었다. 그러나 3당 합당 후 정국은 매우 어지러웠고 방송의 중립화를 외치며 방송 개혁에 앞장서던 내게도 정부 당국의 제동이 걸려왔다. KBS 사태 등 일련의 사건을 거치며 정부 편을 들어주지 않았기 때문에 나는 보이지 않는 퇴진 압력을 받고 있었다. KBS 서영훈 사장을 몰아낼 때 쓴 수법을 내게도 들이밀었고, 결국 나는 오물을 뒤집어쓰기 전에 먼저 용단을 내려 사표를 제출했다. 그런데 마침 2월 말에 독일 대통령 바이제커가 방한하게 되어 나는 그 관계 일로 사표 제출을 잠시 미룰 수밖에 없었다. 정부에서 나와 그의 오랜 친분 관계를 알고 그의 방한을 앞두고 양측 입장을 조절하기 위해 그를 한번 만나달라고 부탁해왔기 때문이다. 그러나 나는 정부 특사 자격이 아니라 친구라는 개인 자격으로 만날 것을 전제하고 여비도 내 돈으로 쓰면서 그를 만나러 독일로 떠났다.

1969년, 크리스찬아카데미 초청으로 한국을 방문한 바이제커 당시 서독 기민당 중앙 의원. WCC 중앙위원과 실행위원 자격으로 아카데미를 방문, '노사 문제 대화모임'에 참석하기도 했다. 강원용 목사와는 1968년 스웨덴 웁살라 총회에서 인연을 맺었고, 그 우정은 평생 변치 않았다.

바이제커와 친분을 맺기 시작한 것은 1968년 WCC 웁살라 총회에서 내가 중앙위원이 되면서부터였다. 당시 그는 명망 높은 국회의원이자 독일 평신도연합회 총재로서 WCC 중앙위원 겸 실행위원이었다. 같이 WCC 중앙위원으로 활동하면서 그와 나는 교분을 맺게 되었으며 유신 때는 내 초청으로 그가 일본을 방문하는 길에 한국에 들러 수유리 아카데미하우스를 둘러보기도 했다. 그 후에도 그는 한 번 더 아카데미를 방문한 일이 있으나 그때는 대통령이 되기 전이었다. 이 같은 친분 때문에 바이제커는 1975년 독일에서 출간된 내 책 『호랑이와 뱀 사이에서』의 발문을 써주기도 했다. 발문의 내용은 대략 이렇다.

1975년 독일에서 출간된 『호랑이와 뱀 사이에서』.

"강원용 박사는 그의 나라를 넘어서 세계적으로 알려진 인물이다. 많은 사람이 아시아기독교협의회 회장과 세계교회협의회의 중앙위원인 그를 만나왔으며 그의 청렴 강직한 성품과 진리에 있어서만큼은 비타협적인 그의 열정을 보아왔다. 그러나 이같이 국제 관계에서 그를 안다는 것은 제한적인 의미를 지니고 있을 뿐이다. 강 박사는 크리스챤아카데미를 한국에서 유일한, 각계각층의 사람들과 집단들의 대화 장소로 만들었다. 나는 수차례 방문으로 감명 깊은 실례들을 함께 체험했다. 강 박사는 노동조합과 기업의 대화가 절박하게 요청되는 상황에서 그 실마리를 푸는 시도를 수행했다. 그리고 국가는 민주주의 관계를 기본으로 해야 한다는 정신을 바탕으로 정부와 야당 지도자들을 화해시키고자 노력했다. 이렇게 볼 때 강 박사는 분열을 피하고자,

1969년, 방한한 바이제커 의원과 강원용 목사, 백낙준 박사가 환담하고 있다.

1988년 2월 28일, 독일에서 열린 올림픽 성공 기원 '한국의 밤' 행사에 참석한 바이제커 당시 독일 대통령과 강원용 목사, 박세직 올림픽조직위원장.

동반 관계로 대립을 없애고자, 그리고 자조(自助)를 가능케 하고자 힘써왔다고 할 수 있다. 이 때문에 그는 양자택일론의 오류에 빠지지 않는다. 강 박사는 사회의 모든 계층에 조건 없이 대화의 장소를 제공해 한국 국민의 복지에 도움을 주고 있다. 강원용 박사는 갈등에서 완전히 벗어난 사람은 아니지만, 모두가 그를 이해하지 못한다 하더라도 자신의 위치를 명확하게 지킬 인물이며, 자신의 가치 기준과 힘의 원천을 믿음 속에 가진 사람이다. 그렇기에 그는 곤궁한 처지에 있는 자신의 동료와 동포를 누구보다도 많이 돕는 것이다."

아무튼, 독일로 건너간 나는 1991년 2월 20일 오후 6시 대통령 관저로 가서 2시간 동안 그를 만났다. 친구로서 정담을 나누고 방한과 관련한 얘기도 했다. 바이제커가 한국을 방문한 것은 2월 25일이었다. 인격과 철학과 신념을 갖춘 정치가로 독일 국민에게 큰 존경과 사랑을 받는 그의 방한은 언론의 관심을 끌기도 했다. 바이제커는 방한 일정에 아카데미하우스 방문을 잊지 않고 27일 부인과 함께 비공식 일정으로 아카데미하우스를 찾았다. 나는 친구로서 그를 맞이했고 함께 초청한 가까운 친구 몇과 함께 아카데미의 '구름의 집'에서 점심을 같이했다. 그때 바이제커는 내게 아카데미에 대해 이런 이야기를 했다.

"한국인으로서는 가장 오랜 친구인 강 원장님, 나는 크리스챤아카데미를 통하지 않고서는 한국을 이해할 수 없었을 겁니다. 나는 이 나라가 가진 소중한 것 중 하나가 바로 아카데미의 대화운동이라고 여기고 있습니다. 갈라진 남북 사람들이 함께 자리해서 통일 문제를 놓고 대화할 수 있는 장소로도 아카데미만 한 적소는 없을 것입니다. 한국인과 우리 부부를 연결해준 이곳은 우리의 가슴속 깊은 곳까지 와닿는 장소로서 다시 와보고 싶은 곳이기도 합니다."

그의 아카데미하우스 방문과 이 같은 이야기는 방송위원장직의 사의를 굳히고 새 출발을 모색하던 내게 큰 격려가 되었다.

1991년 국빈 방한 중, 개인적 일정으로 아카데미하우스를 찾아 강원용 목사와 백운대를 바라보는 바이제커 독일 대통령. 바이제커는 1984년부터 1994년까지 독일 대통령을 지내면서 헬무트 콜 총리와 함께 베를린 장벽을 무너뜨리고 1990년 독일 통일을 이루어내는 데 큰 공헌을 한 정치가였다. 1970년대 빌리 브란트 총리가 사회민주당 당수로 동방외교를 추진할 당시에도 서독기민당의 유력한 정치인이었던 바이제커는 헬무트 콜을 비롯한 같은 당 지도부의 경고에도, 정파를 떠나 빌리 브란트를 적극적으로 도와 독일 통일의 기초를 다지는 데 이바지했다. 결국 그의 정치적 소신으로 기민당은 독일을 통일한 정당으로 역사에 남게 되었다.

바이제커 내한 인터뷰 중에서

_『동아일보』 1969년 4월 1일

"한국과 서독은 타의로 분단된 점에서 서로 비슷한 상황이다. 양국 분단의 통일 전망을 밝혀 달라."

"서독과 한국은 모두 남의 힘으로 조국이 분단되었다는 점에서 그 상황이 비슷하지만, 내가 보기에는 한국의 비극이 더 심각한 것 같다. 독일은 우선 지리적으로도 대륙의 열강 속에 싸여 있지만, 한국은 대륙의 한쪽 끝 반도에 있으면서도 고립해 있다. 양국 모두 역사의 수레바퀴에 휘말려 분단된 만큼 지금 시점에서 장차 어떤 방법으로 통일될 것인가 전망하기란 극히 어렵다. 그러나 독일의 경우, 현재 유럽의 정서가 '유럽 통합'이라는 초국가적인 공동체를 향해 움직이고 있어 국민들의 통일 염원이 더 절실하지만, 동구와 서구의 통합이 오기 전에는 그 전망은 밝지 못하다. 한국도 힘으로 분단을 강요당한 만큼 당장 어떤 정치적 해결을 기대하기 어려울 것이다. 참고 기다리는 것이 상책일 수도 있다. 그러나 슬픈 현실은 한국도 마찬가지이겠지만, 오늘을 사는 젊은 세대들이 국토 통일에 대한 관심을 점점 잃어가고 있다는 사실이다. 왜냐하면 서로 상대방을 모르기 때문이다. 이렇게 가다가는 어찌 될까 생각하니 마음이 어둡다. 독일 같으면 당장 정치적으로 바로 통일의 길을 찾을 수 없으니, 교회운동이나 예술활동 등 비정치적인 활동을 통해 통일에의 불변하는 의지를 계속 살려나가는 길밖에 다른 길이 없다고 본다."

1988

민주문화와 창조적인 인간화를 후원하다

"나와 너, 나와 역사의 올바른 관계에서 인간은 가치 있는 삶을 살게 된다. 이런 관계와 조화 속에서 창조적인 인간이 생겨난다."

새로운 것의 탄생에는 해산의 고통이 따르는 법이다. 모든 것을 새롭게 하시는 하나님의 사업에 동참하는 자는 마음을 다해 고통을 축복으로 받아들여야 한다. 고난을 당함으로 이미 새 나라의 시민이 되었다는 기쁨을 맛보게 될 것이며, 부활의 아침과 함께 우리는 황량한 유형지에서 새 하늘과 새 땅을 바라보는 요한처럼 새 역사의 무대 위에서 하나님과 만나게 될 것이다.

내가 자란 곳은 함경남도 이원군 남송면 원평리로 무척이나 시골이었다. 그래도 변화의 바람은 불어 열 살 되던 해 우리 동네에도 소년단이 생겼다. 이 소년단은 3·1운동 후 활발히 전개된 애국청년운동의 하나로 이원군 일대에 조직된 이원군청년회의 하부 조직이었는데, 아동 교육과 예술운동을 적극적으로 펼쳤으며 해마다 어린이날에는 갖가지 행사를 벌였다. 나는 소년단에 들어가고 싶었지만 입단할 수 있는 연령이 열두 살 이상이었으므로 들어갈 수가 없었다. 낙심한 나는 혼자 궁리를 하다가 아홉 살부터 열두 살에 이르는 내 또래들을 모아 어린이단을 만들고 내가 단장이 되어 딴에는 여러 가지 활동을 펼쳤다.

그중 하나가 아침 일찍 일어나서 온 동네를 돌아다니며 고함을 질러대는 조기 운동이었다. 나는 나팔을 뛰뛰– 불며 돌아다니고 싶었지만, 나팔 살 돈이 없었다. 단원들과 의논 끝에 우리는 가을 추수 들판을 찾아가 위문공연을 하기로 했다. 동네 아저씨들이 벼를 베어 단으로 묶는 곳에 찾아가 노래를 들려주고 사례로 볏단과 콩단을 받아 모아서 드디어 나팔을 장만할 수 있었다.

우리 단원들은 연극도 했다. 소년단에서는 명절이면 나무로 가설무대를 만들어 연극을 하곤 했는데, 연극이 너무너무 하고 싶어 끼워달라고 졸라댔지만 어리다고 끝내 끼워주지 않았다. 화가 난 나는 「장화홍련전」, 「심청전」, 「흥부전」 등이 실린 10전짜리 빨간 책을 사서 연극으로 각색한답시고 끙끙거렸다. 그러고는 명절을 앞두고 단원들과 연습에 들어갔는데, 내 멋대로 연출을 하고 여자 역도 주로 내가 맡았다.

어린아이들이 꾸민 우습기 짝이 없는 엉터리 연극이었지만 워낙 구경거리가 없는 시골이었는지라 명절 공연에는 여러 동네에서 사람들이 구경 오는 성황을 이루었다. 나는 이렇게 어린 나이에 연극과 인연을 맺어 평생 연극을 사랑하게 되었다. 만약 목사가 되지 않았더라면 연극배우가 되었을지도 모른다.

안의섭 화백이 그린 강원용 목사의 초상화.

SUOMEN URHEILUMUSEO
STADIO

WCC 활동 등 세계 곳곳을 방문하던 시절의 강원용 목사. 서구 중심의 문화에 반대한 강원용 목사는 아시아, 아프리카 등 제3세계 문화가 그 다양성 속에서 보존되고 상호 소통될 수 있어야 한다고 강조했다.

WINNIPEG FREE PRESS, SATURDAY, MAY 5, 1962

Doctor of Divinity degrees went to Rev. Cecil Gordon, St. Andrews River-Heights United, Winnipeg (left); Rev. David Johnson, Fifth Avenue United, Medicine Hat, Alta., and Rev. Won Yong Kang, of Seoul, Korea, at United College convocation in Knox United Church Friday.

캐나다 지역 신문에 실린
강원용 목사의 박사 학위 수여 기사.
1965년 5월, 강원용 목사는 모교인
캐나다 매니토바 대학에서
명예신학박사 학위를 받았다.

1970년대 WCC 중앙위원으로 활동할
당시 터키를 방문한 강원용 목사.
짬을 내 박물관을 관람하고 있다.
메모하는 강원용 목사를 빤히
쳐다보는 아이의 모습이 인상적이다.

1976년 10월 11일부터 15일까지
수원 '내일을 위한 집'에서 열린
중간집단 교육에 참가해 교육생들과
함께 연극 공연을 펼치는
강원용 목사. 맨 오른쪽
색동저고리에 보자기를 쓴 이가
강원용 목사이다.

●

어릴 때부터 연극을 좋아했던 나는 은진중학 시절에도 연극을 많이 했다. 그러나 연극을 가르쳐줄 만한 사람은 없었고 연출이나 연기를 제대로 해본 사람도 없어서 우리는 아쉬운 대로 이미 나와 있는 대본을 구해서 이용하기로 했다. 연희전문학교 학생들이 공연했던 「초막의 웃음」이라는 대본을 구해 무대에 올렸고 어느 해 크리스마스에는 모세의 이야기를 다룬 「이스라엘의 태양」이라는 작품을 공연했다.

사실 용정에 있을 때, 연극을 공연하면서도 틈나는 대로 영화에 홀딱 빠져 있었다. 용정에도 영화관이 하나 있었는데, 새 영화가 들어올 때마다 나는 거의 빠뜨리지 않고 보았다. 그런데 학교에서는 학생들의 영화 관람을 금지하고 그것을 어기는 학생은 정학으로 처벌했기 때문에 영화 한 편을 보려면 감시 교사인 체육선생님과 한바탕 숨바꼭질을 해야 했다. 나는 그렇게 영화관에 다니면서도 한 번도 들키지 않았는데, 그 까닭은 변장하고 영화관에 들어가서는 꼭 체육선생님 옆자리에 앉았기 때문이다. 등잔 밑이 어둡다고 자기 옆자리는 제대로 보지 않고 다른 데서만 학생들을 찾았으니 들키지 않은 것이다.

이후 나는 목사가 되면서 연극을 직접 공연할 수는 없었지만, 연극 구경만큼은 그 후로 지금까지 이어지고 있다. 연극은 내 인생의 동반자라 할 만큼 빼놓을 수 없는 즐거움이었다. 일본 유학 시절에도 어쩌다 고향에 갈 일이 있으면 나는 일부러 서울을 거쳐 가곤 했다. 단성사에 들러 연극을 보기 위해서였다. 돈도 없는 신세였지만 밥은 굶어도 연극만은 절대로 양보할 수 없는 게 내 생활신조였다. 당시 황철이나 심영, 문예봉 같은 배우들이 인기였다. 일본에서는 긴자에 있는 축지소극장에서 주로 연극을 관람했다. 그곳에서 비로소 제대로 된 연극을 만날 수 있었는데 고리키의 「밤주막」 같은 작품이 기억에 남는다.

극단 산울림의 1969년 사무엘 베케트의 「고도를 기다리며」의 국내 초연 장면. 세계 곳곳에서 새롭게 해석해 무대에 올린 이 연극은 강원용 목사가 가장 좋아하는 작품이었다.

미국 뉴욕 유니언 신학교 유학 시절, 나는 주말에 기숙사에 혼자 남아 공부 잘하는 미국 학생에게 빌려 온 노트를 내 노트와 대조해가며 틀린 부분을 고치곤 했다. 나는 자유로움과 고적함 그리고 학문 속에 푹 빠져 주말을 보내곤 했다. 내 평생 이 시기만큼 평화로운 삶은 그 이전에도 그리고 이후에도 다시 없었다. 나는 사람의 한평생 가운데 이런 고요한 시간, 순수한 학문에 푹 잠기는 시기가 인생을 더욱 풍요롭게 만들 수 있다고 생각한다. 나처럼 숨 돌릴 틈도 없이 살아온 삶에는 더욱더.

홀로 기숙사에서 이렇게 공부를 하고 나서 조금 여유가 생기면 영화와 연극 관람에 시간을 할애했다. 뉴욕에는 연극의 거리 브로드웨이가 있었고 영화관이 수없이 많아서 언제든지 좋은 연극과 영화를 즐길 수 있었다. 늘 가벼운 주머니였지만 연극과 영화를 사랑하는 나로서는 쉼 없이 쏟아지는 그 좋은 연극, 영화의 유혹을 물리칠 수가 없었다. 한 편의 연극이나 영화를 보는 것만으로도 나의 쓸쓸하고 고통스러운 주말은 단번에 넘치도록 보상을 받을 수 있었으니, 내가 어찌 그 유혹을 벗어날 수 있겠는가.

찰리 채플린의 1952년 작, 「라임라이트」 포스터와 영화의 한 장면. 강원용 목사는 뉴욕 유학 시절, 접한 영화 중 이 영화와 함께 「자전거 도둑」을 평생의 명화로 간직했다.

브로드웨이 연극은 관람료가 매우 비쌌다. 나는 10달러 이상 내야 하는 1층 좌석은 엄두도 못 내고 값이 제일 싼 맨 위층 뒷좌석에 자리를 잡아 관람용 망원경으로 무대를 감상하곤 했다. 연극에 비하면 영화는 값이 훨씬 쌌으나, 개봉관에서 보려면 2달러 20센트 정도를 내야 했고 재개봉관에서는 1달러나 1달러 20센트 정도로 영화를 두 편이나 볼 수 있었으므로 나는 주로 재개봉관을 이용하곤 했다.

그 외로운 주말에 본 「고도를 기다리며」, 「잔 다르크」, 「안네 프랑크의 일기」 같은 연극이나 「라임라이트」, 「카사블랑카」, 「누구를 위하여 종은 울리나」, 「차와 연민」, 「릴리」, 「하이눈」, 「왕과 나」, 「로마의 휴일」, 「길」 같은 영화는 50년 가까이 흐른 지금도 기억에 남는 작품들이다. 특히 사무엘 베케트의 「고도를 기다리며」는 이후 다른 연출로 수없이 보아 왔지만, 브로드웨이에서 본 것만큼 내게 감명을 준 연출은 없었다. 찰리 채플린의 「라임라이트」는 지금도 자주 볼 정도로 나는 이 영화를 사랑한다. 펠리니가 만든 이탈리아 영화 「길」과 비토리오 데 시카의 「자전거 도둑」도 내게 깊은 인상을 남겼다. 나는 지금도 할리우드 영화보다 한국인 정서에 더 잘 맞는 건 유럽 영화라고 생각한다. 유럽은 우리처럼 오랜 문화 전통과 역사를 지녔기 때문인지 우리에게 더 큰 감동을 주는 것 같다. 유럽이나 중동처럼 전통문화가 강한 나라들의 영화가 우리에게 정서적으로 맞는데, 현재 우리나라에 수입되고 소개되는 영화나 문화는 미국 일변도여서 안타깝기 짝이 없다. 외래문화를 건강하게 소화하기 위해서라도 다양한 세계 문화를 섭취해야 하지 않을까.

이탈리아 감독 비토리오 데 시카의 1948년 작, 「자전거 도둑」의 포스터와 영화의 한 장면. 강원용 목사는 영화제 심사위원장과 영화심의위원을 맡을 만큼 영화에 조예가 깊었다.

1975년 11월, 방한한 독일 작가 루이제 린저와 함께.
맨 왼쪽은 이어령 박사.

1981년 5월, 미술전시회를 둘러보는 강원용 목사.

1995년 크리스찬아카데미 30주년 기념행사에서 탈춤 공연을 관람하는 내외빈 인사. 강원용 목사의 오른쪽은 1994년 『만연원년의 풋볼』로 노벨 문학상을 받은 일본 작가 오에 겐자부로.

아시아영화제와 뜨거운 아이스크림

아카데미하우스 공사로 정신없이 바쁘던 1966년 5월 초, 나는 엉뚱하게도 서울에서 열린 아시아영화제 심사위원장직을 맡게 되었다. 아카데미 일에도 시간이 모자라 그런 외도에 시간을 뺏길 처지는 아니었으나 아시아영화제를 주최하는 영화인 단체 회장이던 김태수의 간청으로 어쩔 수 없이 그 일을 하게 되었다. 나는 바쁜 시간을 쪼개 아시아 각국에서 출품한 영화를 감상해야 했는데 어떻게 된 셈인지 출품된 외국 영화 필름이 세관을 통과하지 못하고 보세 창고에 보관되어 있었다. 그 때문에 심사위원들은 보세 창고까지 찾아가서 작품들을 봐야 했으니 시간이 없는 나로서는 여간 번거로운 일이 아니었다.

그래도 나는 심사위원장이라 출품된 작품을 다 봤는데, 대부분의 심사위원은 출품작을 제대로 보지도 않았다. 열댓 명 되는 심사위원 중 그래도 열심히 본 사람은 나하고 조경희(전 예총회장), 여석기(전 외대 교수), 유한철(영화평론가) 등 몇 명에 불과했다. 이렇게 무책임하게 심사를 했으나 그래도 수상작은 결정해야 했으므로 수상작을 뽑는 모임이 중부경찰서 건너편에 있는 '새마을'이라는 일식집에서 열리게 되었다. 그런데 그 자리에 뜻밖에도 중앙정보부에서 나온 사람 하나가 참석해서는 우리의 의견은 싹 무시한 채 일방적으로 모든 상마다 수상작을 하나하나 지명하는 것이었다. 심사장이 아니라 정부의 심사 결과 발표장이었다. 결국 나는 "심사위원장을 그만두겠다" 하고는 그 자리에서 뛰쳐나왔다. 그러나 유한철과 김태수의 간청으로 마음이 약해져서 결국 영화제의 심사 결과 발표장에 나가기는 했다. 아시아영화제가 열린 시민회관은 유명 배우들과 영화 관계자들로 휘황찬란했지만 심사위원장으로 참석한 내 기분은 꼭두각시 극에 떠밀려서 참가한 것처럼 영 개운치가 않았다. 영화제가 시작되고 드디어 심사위원장의 심사 보고 순서가 왔다. 단상에 올라간 나는 심사 결과를 보고하면서 아무래도 그냥 넘길 수가 없어 이런 말로 내 불편한 심기를 드러내 보였다.

"이번 영화제 심사는 한마디로 '뜨거운 아이스크림'을 만드는 것과 같았

제13회 아시아영화제의 심사위원장으로 참가한 강원용 목사. 이 영화제는 1966년 5월 5일부터 9일까지 서울 시민회관에서 열렸고 8개국 43편의 영화가 출품되었다. 당시 많은 관심을 받았으나, 박정희 정권은 수상작 선정 개입 등 영화제를 정치적으로 이용했다. 영화제 작품상은 홍콩 영화 「藍과 黑」에게 돌아갔으며 여우주연상은 「청일전쟁과 여걸 민비」에서 열연한 최은희가 수상했다.

1966년 아시아영화제에서 여우주연상을 받은 「청일전쟁과 여걸 민비」 포스터와 영화 장면. 총감독 신상옥, 감독 박원식, 나한봉, 최은희와 박노식이 주연을 맡았다.

습니다. 아이스크림은 차가워야 하는데 뜨거운 아이스크림을 만들려니 고충이 많았습니다."

나중에 영화제 주최 측은 뜨거운 아이스크림 운운한 내 발언 때문에 정보부와 공보부로부터 나라 망신시켰다면서 공격을 당했다고 한다.

부산영화제 등 민간의 자발적인 참여로 이루어지는 영화제가 성황을 이루는 요즘 세상에서는 상상하기 어려운 이 얘기는, 유감스럽게도 사실이었다. 영화를 영화로서 제대로 평가할 수 없고 심사를 양심에 따라 공정하게 하지 못하는 것이 오히려 '정상'이었던 시대가 있었다.

1966년 3월 30일부터 31일까지 워커힐호텔 라인만홀에서 열린 크리스찬아카데미 '한국 영화의 현실과 방향' 대화모임.

1967년 1월 28일부터 29일까지 아카데미하우스에서 열린 '한국 영화의 예술성과 흥행성' 대화모임.

영화계와 맺은 첫 인연이 이렇게 좋지 않았음에도 나는 다음 해인 1967년, 이번에는 영화심의위원으로 다시 한번 영화와 관계를 맺게 되었다. 무대와 연극을 좋아하는 내 성격과 영화가 대중에 끼치는 영향을 결코 무시할 수 없는 현실이 나를 다시 영화계와 관계하도록 했던 것이다. 그러나 나름 사명감으로 임했던 그 일 역시 내게 쓴맛만 남긴 채 헛수고로 끝나고 말았다.

당시 영화심의위원은 위원장인 공보부 차관을 포함해 정부 인사 5명, 민간인 6명 등 모두 11명이었던 것으로 기억하는데, 심의위원들이 하는 일은 국내에서 상영되는 국내외 영화를 심의하는 것 외에도 국제영화제 출품작을 추천하거나 국외 수출 영화를 선정하는 것 등, 이 세 가지를 주로 했다.

당시 정부는 우리 영화가 수출되면 실적에 따라 제작사에 장려금을 지급했고, 막대한 이권인 외화수입권도 배정해줬다. 영화사에서 보자면 심의위원회의 추천을 받는 일은 돈벌이와 직결되는 매우 중요한 일이었다. 나는 시간을 내기가 매우 어려운 가운데도 심의가 있는 날이면 공보부 영화시사실에 나가 꼬박꼬박 영화를 보곤 했다. 그런데 이번에도 어떻게 된 셈인지 시사실에 모습을 나타내는 심의위원은 몇 명 되지 않았다. 다른 사람들은 영화를 보지도 않고 심의를 하는 것이었다. 나는 그 점이 참 못마땅했다. 그때 영화계 내에서는 누가 냉장고를 받았느니 어쨌느니 하면서 제작자와 일부 심의위원 사이의 더러운 뒷거래 소문이 나돌고 있었다.

그러다 한번은 수출 영화를 심의하게 되었는데, 그때 영화계에서 힘깨나 쓰던 사람이 만든 영화가 올라와 있었다. 그런데 심의 결과 그 작품이 일본 영화를 표절한 것으로 밝혀져 수출 불가 결정이 내려졌다. 너무나 당연한 판정이었다. 그러자 제작자가 재심 신청을 냈다. 나는 몹시 불쾌해서 재심이 열린 자리에서 한마디 쏘아붙였다. "우리가 잘못한 게 뭔지, 재심 이유도 분명치 않은 데다, 이 자리에서 재심 투표까지 해야 하는데, 여기 계신 분들은 영화를 보지도 않고 어떻게 투표를 하겠다는 겁니까?" 그러자 유명 작가인 한 심의위원이 "솔직히 난 영화를 못 봤소. 나는 투표를 안 할 테니 다른 사람도 각자 양심에 맡깁시다" 하는 것이었다. 그래서 양심을 믿고 투표에 들어갔는데, 결과는 11표 중

1968년 5월 24일부터 25일까지 아카데미하우스에서 열린 '한국 영화 검열의 한계' 대화모임. 평소 대중문화에 관심이 많았고, 뉴욕 유학 경험 등 서구 영화의 동향을 잘 알고 있던 강원용 목사는 아카데미 활동은 물론, 개인적인 시간을 쪼개 국내 영화 발전에 큰 역할을 했다.

찬성표가 9표 나오고 나와 이어령만이 반대표를 던져 9대2로 추천 불가 결정이 뒤집어지고 말았다.

나는 그길로 공보부 차관을 찾아가 사표를 던졌다. 이어령도 후에 사표를 냈는데, 이렇게 되자 기자들이 그 내막을 알고는 내게 찾아와 캐묻기도 했다. 그렇게 심의위원을 그만두고 난 직후 서울신문사 건물에서 무슨 시상식인가 있어 참석했다가 공보부 장관인 홍종철을 만나게 되었다. 그는 나를 보자 잘 만났다는 듯이 대뜸 이렇게 물었다. "영화심의위원을 그만두었다는데 어떻게 된 일입니까?" 나는 장관인 그만은 사실을 알아야 할 것 같아 그간 있었던 일을 모두 털어놨다. 내 말이 끝나자 그는 충격을 받았는지 얼굴이 새파래지더니 식이 채 끝나기도 전에 서둘러 나가버렸다. 홍 장관이 어떻게 조처를 했는지 그 얼마 후 영화심의위원 전원이 사표를 내게 되었고 그 이후부터는 심의위원 명단이 신문 등에 공개되지도 않았다.

1990년 6월, 영화계 인사들과 함께. 강원용 목사의 왼쪽이 신상옥 감독. 앞줄 오른쪽에서 두 번째가 배우 최은희. 신상옥, 최은희 부부는 1978년 납북, 8년간 억류되어 있다가 1986년 오스트리아 빈에서 극적으로 탈출해 1989년 귀국했다. 신상옥 감독은 2006년 작고했다.

경동교회에서 1970년대 초반부터 본격적으로 펼친 축제예배는 당시 교계 안팎에서 심상치 않은 시선을 끌게 되었는데, 그중에서도 가장 큰 말썽을 불러일으킨 행사가 바로 1972년 중고등학교 신우회 주관으로 교회에서 열린 '복음가요 페스티벌'이었다. 이 행사에 출연해 노래한 사람은 당시 청소년들에게 큰 인기를 끌던 가수 조영남과 윤형주 등이었다. 이 복음가요 페스티벌은 나도 놀랄 정도로 대성황이었다. 조영남과 윤형주의 인기 때문에 우리 교회뿐 아니라 다른 교회에서도 학생들이 몰려왔고 성인들도 많이 와서 참석했다. 한마디로 대성공이었다. 그런데 당장 다음 날부터 보수 교단에서 비난과 공격을 쏟아내기 시작했다.

"두고 봐라. 앞으로 강원용이는 경동교회를 나이트클럽으로 만들 것이다."

워낙 파격적인 사건이었던 만큼 언론도 이 문제에 큰 관심을 보였다. 나는 그대로 두어서는 안 될 것 같아 '아카데미 대화모임에서 토론을 벌이자' 하고 제안했지만 반대 입장의 사람들이 참석하지 않아 일방적인 모임이 되고 말았다. '그렇다면 기독교 방송에서 토론하자'고 다시 제의했지만, 이번에도 반대 입장의 사람들이 나타나지 않았다.

그런데 그 얼마 후 차를 타고 가던 중 라디오를 들어보니 시민회관에서인가 조영남이 공연하는 것이 중계되고 있었다. 그는 노래 한 곡을 부르고 나서 경동교회에서 있었던 그 공연을 이야기하면서 이렇게 덧붙였다.

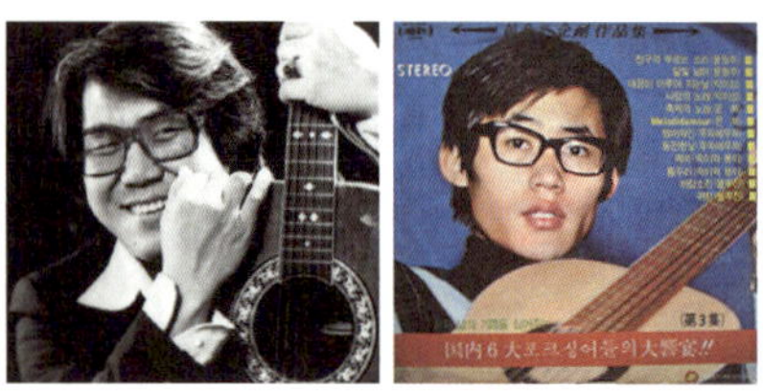

경동교회 복음가요 페스티벌에 참가했던 가수 조영남과 윤형주.

1970년대 경동교회 축제예배 모습. 연극을 강단에 올린 예배 형식으로 당시 큰 반향을 불러일으켰다. 경동교회 축제예배는 한국 문화예술계 발전에 크게 공헌했다.

"여러분도 알다시피 우리가 그 공연을 하고 나서 말도 참 많았습니다. 그런데 저는 이 자리에서 그 많았던 말 가운데 경동교회 강원용 목사님이 했던 말씀을 들려드리고 싶습니다. 강 목사님은 '내가 믿는 하나님은 바흐나 베토벤만 듣는 그렇게 옹졸하고 편협한 하나님이 아니다. 그분은 어느 나라 누구의 노래든 그것이 하나님을 찬양하는 노래라면 언제든지 듣고 기꺼워하신다'고 하셨습니다. 나는 그 얘기를 듣고 얼마나 용기를 얻었는지 모릅니다."

그런데 나도 놀란 것이, 우리 교회 공연에 그토록 심하게 반발했던 보수 교단에서 얼마 후 있었던 빌리 그레이엄 목사 전도대회 등 그들의 집회에 조영남 같은 대중 가수를 초청하는 일이 생겨났다. 그렇게 논란을 불렀던 복음가요가 얼마 되지 않은 시일 안에 보수 교단으로도 자연스레 퍼져간 것이다.

경동교회에서 시도된 축제예배는 횟수를 거듭하면서 예술적인 면에서도 점차 성숙해갔다. 1974년 4월 부활절에 공연된 연극 「살았다」가 바로 그 예라고 할 수 있다. 이 연극 대본은 내가 영국에 갔을 때 런던 교외의 한 소도시에 있는 기독교 전문 서점에서 입수한 것인데 작가는 휴 마독스였다. 우리는 이 대본을 우리 현실에 맞게 각색해 공연했다. 이 연극예배는 춤과 노래와 연기가 모두 동원된 종합예술 무대인 데다 관람자를 연극에 참여시키고 장면에 따라 같은 인물의 배역을 바꾸는 등 당시에는 매우 실험적인 기법을 도입하여 큰 호응과 화제를 모았다. 이 공연은 사람들의 요청으로 재공연을 할 정도로 성공적이었으며 교계의 큰 관심을 끌었다.

경동교회의 축제예배는 사람들에게 많은 호응을 받았다. 축제예배가 있는 날은 다른 교회 사람들이나 일반인들도 많이 와서 매번 성황을 이루었고 연장 공연을 한 경우도 많았다. 이때 경동교회 교인으로 축제예배를 위해 땀을 쏟은 연극, 무용, 음악 분야의 전문가들은 현재 우리 문화예술계에서 뚜렷한 위치를 차지하고 있는 발군의 실력자들이다. 서울대 미학과 김문환 교수, 극작가 이강백, 연출가 윤호진, 김상열, 양정현, 손진택, 무용가 이정희, 음악가 나영수, 황철익, 조상현 등이 그들이다. 나 역시 축제예배에 특별한 열정을 쏟았다. 어린 시절부터 연극을 사랑했던 나는 대본 만들기부터 연습 과정에 이르기까지 거의 빠지지 않고 참여했다.

1977년 초연한 마임극 「인간화의 길」. 이후 중간집단 교육과정에서 공연했다. 극 중 두 남자는 양극화 현상을 상징하고 이를 해소하려는 여성은 중간집단의 역할을 상징한다. 이정희, 유진규, 이건탁 주연.

1987년, 경동교회 추수감사절(추석) 예배에 참가한 강원용 목사와 교인들.

1976년 무용 발표회 후 관계자들과 함께. 강원용 목사가 드러나지 않게 무용계에 쏟은 열정은 무용계 발전에 큰 힘이 되었다.

2002년 3월 10일, 타워호텔에서 열린 제18차 한국현대무용진흥회 시상식. 강원용 목사는 그간 무용계 발전에 이바지한 공로를 인정받아 'Dancer's Heart Award'를 수상했다.

1990년, 크렌쇼 합창단 내한 기념. 이 합창단은 영화 「시스터 액트 2」에서
성가대 역으로 등장한 실제 모델로, LA 빈민가의 크렌쇼 고등학교의
재학생, 졸업생, 교사로 이루어진 가스펠 합창단이다.

1998년 10월 19일부터 26일까지 열린 '서울국제아트페어'에서
강연하는 강원용 목사.

1975년은 UN에서 정한 '여성의 해'였다. 크리스챤아카데미에서는 성차별이 심한 우리나라 가족법을 개정하는 일이 여성의 해에 걸맞은 일이라 생각해 그해 1월, 가족법 개정을 위한 큰 대화모임을 열었다. 보통 대화모임에는 30명에서 40명 정도가 모이는데, 이 모임에는 120명 정도가 회의장을 꽉 메웠다. 그날 많은 토론이 벌어졌고 그 토론 끝에 세계에 유례가 없는 성차별을 담은 우리 가족법을 개정하기로 의견을 모았다. 그에 따라 가족법 개정위원회를 구성하고 이태영 박사를 위원장으로 선출했다.

그 후 가족법 개정운동은 활발히 전개됐으나 많은 어려움이 있었다. 첫째, 유림 등 일부 종교와 보수적인 지도자들은 우리나라의 아름다운 풍속을 서구식으로 바꾸려 한다며 만만치 않은 반발을 보였다. 거기에다 사태를 더욱 어렵게 한 것은 당사자인 절대다수의 여성이 이 운동에 냉담한 반응을 보인 것이었다. 예를 들어 가족법 개정을 위한 공청회를 열면 항상 나와 이태영 박사가 가족법 개정 편에 섰고, 그 반대편으로는 남자들이 나와서 이야기를 하는데, 그런 모임에 갓을 쓴 유림과 남성들은 가득 차도 여성은 소수에 불과했다. 그러나 우리는 포기하지 않고 가족법을 입법하기 위해 국회의원들과 접촉을 시도했다. 그런데 국회의원 대부분은 개인적으로는 가족법 개정에 동의해도 자신의 선거구민이 지지해줄까 하는 의혹 때문에 찬성표를 던지는 데 몹시 주저했다. 특히 충청도 출신 의원들은 그 염려가 더 심했다. 그들은 가족법 개정에 찬성하면 거의 재선은 불가능하다고 생각하고 있었다. 참으로 놀라운 상황이었다.

1969년 6월 16일부터 17일까지 아카데미하우스에서 열린 '한국 여성 자원의 개발' 대화모임.

1973년 9월 14일부터 15일까지
아카데미하우스에서 열린 '한국 사회와
현행 가족법: 개정 문제를 중심으로'
대화모임. 이태영 변호사의 '가족법 개정,
왜 필요한가'와 이병용 변호사의 '가족법
개정은 과연 필요한가'라는 발제가 있었다.

1974년 7월 10일부터 14일까지 수원
'내일을 위한 집'에서 열린 여성사회
중간집단 교육.

1975년 2월 13일부터 17일까지 수원
'내일을 위한 집'에서 열린 '세계 여성의 해와
한국 여성의 인간화' 대화모임.

1977년 10월 1일부터 4일까지 수원
'내일을 위한 집'에서 열린 여성사회
중간집단 교육.

이러한 숱한 장애를 무릅쓰고 이태영 박사를 중심으로 뜻을 함께하는 여성들이 이 운동을 꾸준히 추진하여 15년 후인 1990년에는 마침내 가족법을 대폭 개정할 수 있게 되었다. 아직도 호주제 같은 문제는 해결되지 못한 채로 남아 있지만, 성차별을 노골적으로 드러낸 가족법은 어느 정도 고쳐진 셈이다. 이 일을 하면서 이태영 박사는 이곳저곳으로 나를 끌고 다녔는데 토론회 중에는 이런 일도 있었다.

한번은 MBC에서 가족법 개정을 반대하는 사람들과 그것을 추진하는 사람들이 나와 토론회를 벌였는데, 추진하는 쪽에는 늘 그렇듯 이태영 박사와 내가 앉고 그 반대쪽에는 성균관에서 나온 이 모라는 변호사가 앉아 있었다. 토론이 진행되면서 분위기가 꽤 격렬해졌는데 성균관에서 온 사람이 그림을 하나 들고 나왔다. 그림은 사과 씨가 떨어져서 사과가 나오고, 그 사과에서 또 사과가 나온다는 것을 설명하는 것이었는데 한마디로 동성동본 결혼을 반대한다는 의미였다. 나는 그 그림을 보면서 이렇게 말했다. "당신 말이 옳다면, 문제는 참 심각하군요. 우리는 다 단군 할아버지 후손이고 결국 같은 핏줄인데 그럼 우리끼리 어떻게 결혼을 할 수 있겠소? 그리고 나는 기독교인인데 기독교로 말하면 인간은 모두 아담의 자손이오. 그럼 우리는 누구와 결혼해야 하오?"

그랬더니 그가 흥분을 감추지 못하며 대답을 했다. "같은 핏줄끼리 혼인한다면 그것은 개나 돼지나 마찬가지지요!" 그러자 방청객 중 한 사람이 뛰어나와서 그 사람의 멱살을 잡고 소리를 질렀다. "그래! 난 동성동본으로 결혼한 개돼지다." 이런 사건이 생기자 녹화는 잠시 중단되었고 우리는 다시 녹화를 해야 했는데, 성균관에서 나온 사람은 얼굴이 붉으락푸르락한 채였다.

1980년대 한 여성 모임에서 고 이태영 박사와 반갑게 인사를 나누는 강원용 목사. 이태영 박사는 강 목사와 오랜 동지적 우애를 나누어왔다.

1999년 가을, 나는 특이한 직책을 하나 맡게 되었다. 9월 4일부터 27일까지 예술의전당에서 열리는 '여성 미술제-팥쥐들의 행진'의 추진위원장이 된 것이다. 처음에 나는 순 여성들로 구성된 예술제에 왜 여성도 아닌 내게, 더구나 미술에 아무 지식도 없는 내게 추진위원장을 맡아달라고 한 것인지 잘 이해가 되지 않았다. 그러나 이 여성 미술제의 특성을 이해하니 나름대로 수긍이 가는 점도 있었다.

여성 미술가 65명이 참가한 이 미술제는 단순한 여성 미술가들만의 전시회가 아니었다. 가부장적 질서에서 팥쥐로 비치는 여성 작가들의 현실을 풍자적으로 비유한 부제에서 알 수 있듯이 이 미술제는 가부장적 권력 체제를 가져온 남성적 질서의 병폐를 진단하고 극복해보자는 의도가 있었다. 여성의 감수성, 여성과 생태(자연)의 상호 관련성, 공간과 매체를 대하는 여성 특유의 감성을 시각화하여 페미니즘 미술의 재인식 기회를 마련한 이 전시회는 1990년대 우리나라에도 급류를 타고 대두한 페미니즘을 미술로 드러내고자 한 것이었다.

이런 관점에서 여성 작가들은 페미니즘 운동이 반 남성 운동이 아닌 화합과 다양성의 조화를 이루어나가는 운동으로 보고 남녀 성차별 철폐를 평생 주장해온 내게 참여의 기회를 준 것이다. 나는 그 기회를 감사하는 마음으로 받아들였고 이 운동의 발전을 기원했다.

미술관에서 여성 문화예술계 인사들과 함께.

2001년 5월 24일부터 31일까지 서울 시립미술관에서 열린 '홍익여성화가협회 20주년 기념 여성-환경전' 제막식. 왼쪽에서 세 번째가 강원용 목사.

1990년 7월 5일부터 11일까지 서울 공간화랑에서 열린 헝가리청년화가전.

WK

가치란 '나'라는 존재에서 비롯되며 '나'란 존재는 전 우주를 주고도 바꿀 수 없는 존재이다. '나'의 이름으로 사는 '나'가 진정한 '나'요, 가치 있는 '나'이다. 이처럼 내 이름으로 사는 주체적인 인간은 연대성으로 연결된다. 나와 너(공동체), 나와 시간(역사)과의 올바른 관계에서 인간은 가치 있는 삶을 살게 된다. 이런 관계와 조화 속에서 창조적인 인간이 생겨난다.

1987년 12월 16일, 대통령 선거에서 노태우 후보가 당선되어 제6공화국이 출범하게 되었다. 나는 선거가 끝나고 얼마 후 당선자 신분이던 노태우 대통령의 면담 요청으로 그를 시내 한 가정집에서 4시간 넘게 독대한 적이 있었다. 나는 그 자리에서 해방 이후 격동의 현대사를 겪어온 증인으로 충심으로 그에게 하고 싶은 말을 다 털어놓았다. 그때 나는 구체적인 사안 가운데 특히 3가지를 강조했다.

첫째는 폐쇄적인 반공이 아니라 개방적인 반공을 추진할 것을 제안했다. "이승만 정권 이후 우리 반공 정책의 맹점은 반공만 외쳤지 정작 반대해야 할 공산주의에 대해서는 그 실체를 전혀 모르게 막았다는 데 있었습니다. 지금은 정보화 시대로 가고 있습니다. 막으려 해도 막을 도리가 없지요. 그러니 정부에서 먼저 규제를 풀고 공산주의의 실체를 알도록 하는 게 여러모로 유익합니다. 그래야, 공산주의에 대한 비판도 제대로 이뤄질 수 있습니다."

다음으로, 국가안전기획부의 개편을 주문했다. 중앙정보부 시절부터 그 폐해를 직접 겪어본 나로서는 안기부의 개편을 누구 못지않게 절감하고 있었다. 그리고 마지막으로 내가 말한 것은 방송의 민주화였다. "방송을 바로잡으려면 지금처럼 방송을 정부 통제 아래 두면 안 됩니다. 전파는 근본적으로 국민이 주인이라는 인식을 하고, 국민의 여론이 제대로 반영되고 공정성과 공익성이 보장될 수 있도록 구조적인 개편을 해나가야 합니다. 그래야 말 그대로 공익을 위한 방송, 국민에게 정서적인 양식을 제공할 수 있는 방송이 될 수 있다고 봅니다."

나는 이상 3가지 문제가 해결되지 않으면 국민의 마음을 잡기가 불가능하며 민주화 또한 이룰 수 없음을 재차 강조했다. 내 말에 노태우 당선자는 상당히 긍정적인 반응을 보였다.

1959년 기독교방송(CBS)의 전신인 HLKY 라디오에서 방송하는 강원용 목사. 강원용 목사의 라디오 설교 방송과 「인생상담」은 당시 사회적으로 큰 반향을 불러일으키며 청취자들에게 사랑을 받았다. 또한 강원용 목사는 1962년 한국 최초로 발족한 방송윤리위원회의 초대 위원장직을 맡아 1966년까지 방송 프로그램을 심의하는 활동도 펼쳤다. 이를 통해 초기 방송 발전에 크게 공헌을 했다. 당시 초대 방송윤리위원회는 종교계 강원용, 언론계 조풍연, 실업계 우대규, 학계 김기석, 음악계 이혜구 등이 위원으로 활동했다.

1973년 11월 3일, 아카데미하우스에서 열린 '방송매체와 언어생활' 대화모임.

1980년 3월 21일부터 22일까지 아카데미하우스에서 열린 'TV 방송 연기자 이대로 좋은가?' 대화모임. 1981년 9월 25일부터 26일까지 열린 '현황과 문제점' 대화모임에서는 한국의 TV 방송의 문제점을 전반적으로 다루기도 했다. 공영방송제도(이강수), 프로그램 편성과 제작(홍기선), 광고방송(강대인) 등의 주제 발표도 이루어졌다.

그렇게 제6공화국이 출범을 하고 얼마 지나지 않아, 새 방송법에 따라 방송위원회가 구성되었는데 대통령, 국회의장, 대법원장이 각각 4명씩 추천하는 방송위원회에 대통령이 추천하는 위원의 하나로 나를 선정했다는 연락을 받았다. 나는 그 얘기를 듣고 거절했다. 그러나 청와대에서 여러 번 사람을 보내 재고를 요청했다. 규정에 따라 시간이 없으니 일단 명부에 올리고 나중에 빠지더라도 이름만 올리게 해달라고까지 했다. 나는 그 요청마저 거절할 수가 없어 위원 명부에 이름을 올리게 되었고, 다시 거듭된 요청에 결국 방송위원이 되는 것을 수락하게 되었다. 그리고 1988년 8월 3일 프레스센터에서 열린 방송위원회 첫 회의에서 위원들의 만장일치로 새 방송위원장에 선출되었다.

새 방송법은 6·29 이후 봇물처럼 터진 민주화 열기 속에서 5공 시절 언론을 통제하고자 만든 언론기본법을 폐지하고 여야 합의로 만든 것이었던 만큼, 비록 문제점이 남아 있다고는 해도 방송 민주화를 바라는 여론이 상당 부분 반영된 것이었다. 내가 방송위원 제의를 받고 처음엔 거절했다가 결국 수락하게 된 것도 그 같은 배경 때문이었다. 특히 방송은 5공 시절 권력의 완전 통제 아래 정권 홍보 매체로서 악명을 떨쳤기에 새 방송위원회에 거는 국민의 기대는 대단했다. 더구나 새 방송법에 따라 방송위원회는 행정, 입법, 사법부의 어느 곳에도 예속되지 않는 독립기구가 되었고 업무에서도 실권을 쥔 방송의 최고 기관으로 규정되어 있었다. 방송의 운용과 편성의 기본 정책을 심의 결정하는 최고 정책기구였고 예산도 방송 광고로 조성되는 막대한 자금의 사용 계획을 심의, 결정할 수 있었으니 보통 자리가 아닌 셈이었다. 그 때문에 나는 방송위원장에 취임하면서 무엇보다도 '방송의 중립성'을 강조하고 나섰다. 앞서 말했지만 내가 1962년에 방송윤리위원장직을 맡아 방송과 첫 인연을 맺었다가 몇 년 후 그만두게 된 이유도 정부가 돈을 대주며 조종하려 했기 때문이다. 방송의 중립성, 특히 권력으로부터 독립하는 것은 이미 그때부터 내 변함없는 소신이었다.

그렇게 방송위원장으로 일을 시작한 나는 우선 민주화 시대에 맞도록 구시대를 정리하는 의미에서 방송위원회의 내부 정리부터 단행했다. 그리고 곧 새 방송법에 따라 방송 체제를 개편하는 작업에 들어갔다. 방송위원회가 가장 먼저 해야 할 일은 KBS의 이사 12명과 새로운 사장을 추천하는 것이었다. 나는 새로 태어나는 KBS 사장이 될 수 있는 조건으로 4가지를 생각했다.

우선 여나 야 한쪽에 몸담았거나 치우친 사람이 아닐 것, 외부의 압력이나 간섭을 배제할 수 있는 사람일 것, 뚜렷한 가치관과 건전한 양식을 가진 사람일 것, 그리고 마지막으로 행정 관리 능력을 갖춘 사람일 것. 나는 적임자 50여 명의 후보를 놓고 이 4가지 조건에 따라 점수를 매겨보았는데, 서영훈이 가장 높고 고른 점수를 받았다. 그렇게 서영훈이 새로 태어나는 KBS 사장이 됨으로써 표류하던 KBS는 일단 자리를 잡게 되었다.

KBS 일이 해결되자 이번엔 MBC 사태가 일어났다. 당시 MBC는 KBS가 70퍼센트, 정수장학회(5·16재단)가 30퍼센트의 주식을 소유하고 있어 사장 임명권이 KBS의 손아귀에 있었다. 그런데 문공부가 내 의견을 듣지 않고 KBS를 조종해 박 정권 때 유정회 국회의원을 지냈던 사람을 사장으로 내세워 노조가 들고일어난 것이었다. 나는 사태 수습을 위해 정부 측과 MBC 노조 양측의 입장을 조정하면서 MBC의 새 위상을 정립하는 법안 마련에 관심을 쏟았다. 그 결과 국회 문공위원회는 방송문화진흥법안을 마련해 공익 재단이 방송문화진흥회를 설립, 이에 KBS가 소유한 주식 70퍼센트를 출연하도록 했다. 1988년 12월 15일 국회에서 통과한 이 법안은 방송문화진흥회 이사 10명 중 4명은 국회가, 그리고 나머지 6명은 방송위원회가 추천하게 되어 있었다. 따라서 방송위원회는 KBS뿐만 아니라 MBC의 이사 선임에도 큰 권한을 가지게 된 셈이었다. 방송위원회는 법안이 통과되고서 닷새 만인 12월 30일에 6명의 MBC 이사를 추천했다. 그리고 곧 새로 구성된 이사진이 새 사장을 선출하게 되었는데 갖은 곡절 끝에 결국은 방송위원회 상임위원이던 최창봉이 선출됨으로써 파업 위기로 치달았던 MBC 사태는 일단락을 지었다. 방송위원회는 이처럼 처음부터 어려운 문제들에 부딪혀 고생했으나 그것은 지난 시절을 청산하고 새 시대를 열려면 어쩔 수 없이 거쳐야 하는 통과 의례이기도 했다.

1988년 11월 10일 국회의장 공관에서 열린 서영훈 KBS 사장 취임 축하 모임.
왼쪽에서 네 번째가 서영훈 사장. 1987년 여야 합의로 개정된 법률에 따라 1988년 5월 27일, 임기 3년의 방송위원회가 출범했다. 강원용 목사가 위원장을 맡았고 김덕보(전 동양방송 사장), 유승국(전 정신문화연구원 원장), 서규석(전 문화방송 상무), 서정우(연대 교수), 최창봉(전 공연윤리위원장), 고중석(서울고법 부장판사), 손진곤(서울형사지법 수석부장판사) 등이 위원으로 위촉되었다.

1989년 12월 7일부터 9일까지 남한강
종합수련원에서 열린 방송위원회 직원 연수.

1990년 4월 16일, 평화방송 개국 축하 리셉션에서
당시 김재순 국회의장과 함께.

1989년 9월, 방송위원들과 함께 유럽 방송 기관을 시찰하는 강원용 목사. 영국, 프랑스, 독일, 네덜란드 등 선진 방송 시스템을 시찰하고 돌아왔다.

1993년 2월 19일
아카데미하우스에서 열린
'방송개혁 어떻게 할 것인가'
대화모임.

KBS 본관 외벽에 노조가 붙인 현수막과 방송 민주화 시위에 나선 시민과 학생들. 방송을 둘러싼 갈등 해소와 방송의 중립화는 아직도 갈 길이 멀다.

한국 현대사에서 최초로 민간에 의한 방송의 중립화를 모색한 방송위원회(위원장 강원용)는 1989년 말부터 정부와의 마찰로 각종 개혁 사업에 제동이 걸리고 결국 정부가 1990년 3월, 서영훈 KBS 사장을 불명예 퇴진시키고 그 자리에 서기원 사장을 임명, 이에 반발한 KBS 노조가 파업에 들어가자 공권력을 투입하는 등 방송 개혁은 커다란 벽에 부딪히고 만다. 이후 노태우, 김영삼, 김종필의 3당 합당 후 날치기 방송법 개정 등 권력의 방송 장악 시도가 드세지자 1991년 3월, 강원용 목사는 스스로 사표를 내고 방송위원장직에서 물러났다. 그 후 강원용 목사는 1999년 2월, 김대중 정부가 들어서자 방송개혁위원장에 위촉, 방송법 개정에 헌신하게 된다.(편집자 주)

1998년 12월에 김대중 대통령은 나의 평생 관심사인 방송법 개혁위원회를 구성하고 나에게 위원장을 맡아달라고 했다. 나는 12월 14일 위촉장을 받고 위원 15명과 수십 명의 실행위원, 연구위원, 실무위원 등과 함께 새롭고 알찬 방송법을 만들어내고자 전력을 다했다. 1999년 2월 28일까지 완결된 보고서를 제출했는데 그 내용은 한마디로 나의 평생 지론인 '방송의 자율권'을 보장하는 것이었다. 방송이 권력이나 자본, 그 어떤 외부 힘에도 침해받지 않고 국민을 위한 방송으로 서려고 방송의 질을 도모하는 길을 법제화한 것으로 여러 민주주의 선진국과 비교해도 손색이 없는 작품이라 생각해 나는 오래간만에 무척 흐뭇했다. 이 법은 우선 미국, 프랑스, 영국, 일본, 캐나다 같은 선진국의 방송법을 전부 참고하고 그 법과 제도를 우리 실정과 비교해가면서 마련한 것이었다. 짧은 시기에 작성하느라 실행위원들은 크리스마스와 연말연시에도 밤늦게까지 작업을 하곤 했다. 수많은 자료를 뒤지고 끝없는 토론과 합의를 거치는 등 참으로 혼신의 힘을 기울여 마련한 것이었다.

그러나 어려움도 많았다. 특히 KBS와 MBC 등 큰 방송사 노조의 격렬한 반대에 부딪혔다. KBS 노조는 KBS2 개편안에 특히 반대했다. 나는 상업방송이나 다름없는 KBS2를 명실상부한 공영방송으로 바꿔야 한다고 생각하고 다음과 같은 제안을 내놓았다. "KBS2는 공영방송으로 하되 교육방송과 합하도록 한다. 지방 방송은 적어도 프로그램의 30퍼센트는 그 지역 문화를 소재로 한 작품을 만들도록 하고, 이렇게 각 지역에서 만들어낸 작품을 통합해 국내외에 보일 수 있는 문화적 소재를 주로 다루는 교육문화방송으로 KBS2를 개편해나가자." 이에 KBS는 재정 문제를 들고나와 반대했고, 나는 시청료를 올리자고 주장했지만, 결국 반대에 부딪혀 내 의견을 관철하지 못했다.

MBC의 개편은 "MBC는 공영방송이라고는 하지만 상업방송인 SBS와 다른 점이 없지 않은가. 만약 MBC가 공영방송을 계속하려 한다면 공영방송다운 특징을 살려야 하고, 그것이 어려우면 차라리 민영방송으로 바꾸는 게 낫다. 앞으로 2년간 공영방송을 시도해보고 안 되면 2년 후에 민영방송으로 바꾸도록 하자"는 의견을 내놓았다. 그러자 노조가 "방송법 개악 절대 반대"를 들고나왔다. 나는 MBC 노조에다 "나와 직접 대화하자"고 제안하고서 아무도 대동하지 않고 혼자 MBC로 들어갔다. 띠를 두르고 고함을 지르는 노조 간부들에게 나는 이런 이야기를 했다.

"MBC는 김지태라는 사람이 자신의 사재를 모두 털어 세운 방송국이오. 그런데 5·16 때 군인들이 방송국을 빼앗아 공영방송으로 만들어버리고, 이후 이 방송국이 해온 일은 반공 방송이었소. 이것도 용공, 저것도 용공. 내가 관계했던 세계교회협의회가 용공이라는 것을 도표를 그려가며 연일 방송한 방송사가 바로 MBC였소. 이제 군사 정부가 끝나고 문민 시대에 들어왔으면, 이 방송이 그렇게 공영이 되어버린 서글픈 역사를 젊은 사람들은 반성하고 바로잡아야 하지 않겠소? 그리고 현재 MBC가 공영이라고 하는 것은 방송문화진흥원의 관리를 받는다는 것인데, 바로 이 방송국을 빼앗은 5·16재단의 박정희 딸인 박근혜 씨가 담당하고 있던 기관이오. 그렇다면, 젊은 당신들이 자진해서라도 이 치욕의 역사를 버리고 본래 김지태 씨가 했던 민영으로 돌아간다고 해야 젊은 사람답지 않겠소. 그런데 어떻게 이럴 수가 있소." 나의 이야기를 한동안 경청하던 그들은 수긍하며 태도를 바꿨다. 그래서 우리는 본격적인 대화를 나눌 수 있었다.

아무튼 대한민국에서 가장 저명한 방송학자와 방송인들이 모두 들어와 일하는 곳에서 방송인도 아닌 내가 위원장을 했지만, 내가 특별히 강조한 것을 포함해 내가 바랐던 방송의 자주성은 결국 많은 부분이 성취되지 못했다. 우리가 제정하여 국회에 올린 법 역시 심의 과정에서 변질되고 말았다. 예를 들면, '문화관광부와 협의한다'를 '합의한다'로 바꾸었고 그 후 시행과정에서 또 많은

1998년 12월 출범한 방송개혁위원회 위원들과 함께. 강원용 목사가 위원장에 위촉되었고 한병기, 성낙승, 한완상, 최광률, 김상근, 한정일, 조강환, 이경자, 박명진, 박범신, 최재승, 이긍규 등 모두 12명의 위원이 선임되었다. "방송의 독립은 절대 타협의 대상이 아니다." 이 말은 강원용 목사가 위원회 출범 당시 언론 인터뷰 때마다 가장 힘주어 강조한 말이다.

부분이 변질되었다. 결국 "방송은 국민을 위한 것으로 권력과 자본으로부터 독립해야 한다"는 나의 소원과 주장은 이 과정에서 제대로 이뤄지지 못했다. 정부로부터도 독립하지 못했고 자본으로부터는 이전보다 더 예속되고 말았다. 광고 시간은 더 길어졌고 광고주를 붙잡으려는 시청률 경쟁으로 방송 내용은 점점 더 저질이 되어갔다.

방송위원회와 강원용

_ 홍기선(고려대학교 언론학부 명예교수)

'방송위원회와 강원용'을 얘기하려면, 먼저 강 목사가 방송을 바라보는 두 가지 관점을 이해해야 한다. 하나는 문화적 측면으로, 방송이 대중문화에 굉장히 중요한 역할을 한다는 것이다. 두 번째는 정치적 측면이다. 방송이 정치 상황과 맞물리면서 보도를 통제당하고 정권 홍보에 나섰던 것이 우리의 현실이었다.

1960-70년대에 아카데미라는 공간은 군사정부 아래서도 나름대로 이러저러한 얘기를 나눌 수 있는 공간으로 역할을 했다. 1980년에 '언론통폐합'이라는 큰 사건이 있었는데, 언론통폐합이 지난 1년 후에, 아카데미 주최로 열린 방송제도에 관한 세미나는 우리나라 최초이면서 큰 규모의 모임이었다. 지금 보면 보잘것없어 보이겠지만, 당시 채택된 보고서는 그 시대의 방송학계의 수준으로 봤을 때 그만한 게 나올 수도 없었고, 이후 방송 공부하는 사람들이 많이 찾아봤던 참고자료이기도 하다. 당시 방송 모임 간사가 이강백 선생이었고, 고려대 홍기선 교수, 계명대 강대인 교수, 중앙대 이대경 교수, 한양대 이강수 교수 등이 참여했다. 이후 강원용 목사는 중요한 때마다 방송 관련 세미나를 아카데미 이름으로 공식적인 모임을 개최했고, 비공식적으로도 김영삼 정부나 김대중 정부를 거치면서 몇 사람이 함께 모여서 방송 방향에 대한 논의들을 제안서 형태로 만들어 아카데미 이름으로 제안하기도 했다.

강원용 목사가 노태우 정부 때 비공식적으로 방송위원장직을 제안받고 거취를 고민할 때, 목회자로 남아 있는 게 좋겠다는 측면도 있었지만, 한편으로는 강 목사가 울타리가 되고, 그 안에서 방송 전문가들이 합리적인 방송 시스템을 만들 수 있도록 정치적인 울타리가 된다는 것도 무시할 수 없는 현실이었다.

그렇게 강 목사는 방송위원장에 취임해 공식적인 방송제도 안에 들어가게 된 셈인데, 그때는 기대 반 우려 반이었다. 노조에서는 좀 의심스러운 눈으로 봤지만, 한편 정치적인 자유의 영역을 보호해줄 수 있을 것이라는 기대 또한 있었다. 강원용 목사는 늘 멋진 프로그램을 만들 수 없을까 하는 데 관심이 있었고, 이런 고민을 현실화한 것이 방송개발원의 출발이기도 했다. 물론 강원용 목사의 취향과 문화적 의욕을 제대로 펼쳐내지 못한 아쉬움은 남아 있다. 또한 강원용 목사의 방송위원장 재직 시절, 우리나라에서는 처음으로 방송제도개혁위원회라는 게 생겼는데, 방송학자와 사회학자 등 학계 분들이 분야별로 망라되어 방송 관련 모임을 가졌고, 그때 했던 제안과 보고서는 지금도 유효하다.

당시의 방송제도개혁위원회는 방송위원회의 산하 기구였고, 강원용 목사가 방송위원장을 그만두고 위원장을 역임했던 방송제도개혁위원회(1999년)는 독립적 기구였다. 이른바 민주화 바람 속에서 방송위원회의 위상을 어떻게 할 것이며, 방송은 어떻게 제대로 할 것인가의 문제로, 약 두세 달 짧은 기간이었지만, 제도권 하에서 많은 논의가 이루어졌다.

강원용 목사가 방송위원장으로 해낸 일도 중요하지만, 사실 크리스챤아카데미가 제도권 밖에서 해왔던 방송 관련 대화모임이 강 목사의 업적에서 더 중요한 부분을 차지한다고 할 수 있다. 전반적인 차원에서, 강원용 목사의 방송위원회 활동을 평가해보면, 방송의 밑거름을 만들었다는 데서 의미를 부여할 수 있을 것이다. 각론에서의 문제에 아쉬움이 있었다면, 총론에서는 방향이 맞았다고 할 수 있는데, 특히 중요한 것은, 합리적이고 지성적인 사람들이 모여서 의견을 수렴하고 총론이 나올 수 있도록 장을 마련해준 것이다. 크리스챤아카데미 방송 대화모임이 그렇고 방송위원장 시절의 방송제도개혁위원회가 그렇다. 그리고 방송제도개혁위원장 시절에도 든든한 울타리가 되어주었는데, 이른바 아카데미 정신이 방송제도개혁위원회 활동과 연결되었다고 할 수 있다.

덧붙이자면, 당시의 방송 환경과 지금의 방송 환경은 너무나 많이 달라져 있다. 방송과 통신이 통합된 부분도 있고 문화적 측면도 있지만, 한편으로는 산업·경제적인 측면도 있다. 또한 당시의 방송에서는 민주사회에서의 방송의 역할이라는 당위성이 있었지만, 지금은 좌우 대립의 수단으로 떨어진 측면이 있다. 과거에는 막아야 할 것이 분명히 있었지만, 지금은 서로 이해관계로만 이용하고, 방송 민주화 얘기를 해도 실속은 딴 데 있고 그것을 이용하려는 측면이 많다. 더욱 중요한 것은 방송 철학이 없다는 것이다. 이른바 방송 선진국이라는 곳에는 방송 철학이 있고 그것을 잡아내는 합의체가 있다. 예컨대, 영국에서는 디지털 상황에서 방송이 해야 할 철학이 무엇이고, 모든 계층에 혜택이 돌아가게 하려면 BBC는 무엇을 해야 하고, 제도는 어떠해야 하는지가 각론까지 일종의 백서 형태로 나와 있다. 우리나라도 서로 이해관계를 떠나 방송의 존재 이유와 방송의 개념 등 공론의 장을 마련하고 철학을 마련해 제도의 운용 원칙이 철학을 반영하는 시스템으로 갈 수 있도록 해주는 지성 집단이 필요한 것이다. 이런 문제를 혼자서 글을 쓴다거나 하는 식으로 혼자 하는 방식은 이제 사회가 그렇게 되지도 않기 때문에, 사실 예전 아카데미 모임처럼 그런 담론과 철학을 만들어내는 기능이 더욱 요구되는 시대라 할 수 있다.

1985년, 스무 돌을 맞는 아카데미는 그간의 사업을 검토하고 아카데미 운동의 한계를 분석, 반성하면서 앞으로의 운동 방향을 제시하는 선언문을 작성했다. 「민주문화 공동체 형성을 지향하며」라는 제목으로 발표된 그 선언문의 주요 부분은 다음과 같다.

"지난 20년간 추구해온 양극화 해소와 인간화 실현을 위한 대화 정신이 우리의 변함없는 기초임을 확신한다. 우리는 창립 10주년의 '지성인의 선언'에서 인간화라는 목표를 향해 점진적으로 가까이 가는 근사적인 방법으로 첨예화한 양극화 현상과 만연한 권력화 현상을 극복해야 한다고 천명했었다. 이 선언에서 밝혔듯이 이념적 차원에서 자유와 평등을 동시에 구현하고, 문화적인 차원에서 시민 문화를 전개하며, 행정적 차원에서 행정 민주화를 실현하며, 구조적 차원에서 중간집단을 육성하고 강화한다는 지향점은 오늘날 한국 상황에서도 그대로 요청된다고 본다. 따라서 크리스챤아카데미가 민간 기구라는 한계를 감안하면서도 문제의 근본과 중심에 대면해야 한다고 할 때, 이 시점에서 담당해야 할 사업으로 민주문화 공동체 형성을 제시코자 한다. 우리는 민주문화 공동체를 형성하는 일이 해방 이후 오늘날까지 우리 사회가 거듭해온 좌절과 혼란을 해결할 수 있는 한 방안이라 확신한다. (…) 이 민주문화 공동체를 형성하는 것은 또한 민주화와 함께 우리 민족의 최대 과제가 되는 통일을 성취하는 데에도 그 이상과 방안 양면에 새로운 조준을 가능하게 해주리라 생각한다. 우선 남북이 서로 자율적인 구조체로 긍정하고 열린 정신으로 가능한 영역과 부문에서 상호 작용과 대화를 확대해가고 공동체로서 연대를 강화할 때, 결국은 통일된 민족 공동체로서 단일성을 성취할 수 있으리라 생각한다. 이 민족 통일 문제에 대한 공동체적 이해는 도전해볼 만한 새 비전을 제시하리라 생각한다."

크리스찬아카데미 창립 20주년 기념식.
기념사를 하는 강원용 목사.

'민주문화 공동체의 형성'이란 주제로 열린 대화모임 '한민족 공동체를 향하여'.
1985년 6월 13일부터 15일까지 아카데미하우스에서 진행되었다.

이 민주문화 공동체 선언과 함께 아카데미는 스무 돌을 기념해 몇 가지 사업과 행사를 벌였다. 우선 1975년 이후의 대화모임과 활동 자료를 모아 20주년 기념 총서 12권을 냈다. 이 총서 편집은 고인이 된 시인 고정희가 맡았고, 문예출판사에서 『민주문화 대전집』이라는 이름으로 출간되었다. 또 20주년 기념 대화모임으로 남북문제에 관한 국제학술회의를 마련했다. 국내외 학자들이 모여 '한민족 공동체를 향하여'라는 제목으로 토론을 벌였다.

기념공연으로는 「말」이라는 뮤지컬 드라마를 제작했다. 그간 아카데미가 해온 대화 활동을 소재로 극작가 이강백이 극본을 쓰고 아카데미 교육생들이 중심이 되어 만든 「말」은 문예회관 대극장에서 이틀간 공연했는데 매우 성공적이었다. 그 밖에 아카데미에서 교육받은 대학생들이 모여 만든 '빛바람 합창단'이 기념 음악회를 연 것도 큰 호응을 얻었다.

크리스찬아카데미 창립 20주년 기념 공연 모습.

88 서울올림픽 국제학술회의와 문화예술축전을 이끌며

나는 평생 일에 쫓긴다기보다 스스로 일을 만들어 잠시도 쉴 새 없이 움직이며 살아왔는데, 1988년 여름은 그 어느 때보다 바쁘게 살았다. 그해 8월에 방송위원회 위원장에 선출되었고, 곧이어 9월에는 서울올림픽 개막을 앞두고 문화예술축전과 국제학술회의를 책임지고 있었기 때문이다. 나는 문화예술행사를 총괄하랴, 대규모 국제학술회의를 준비하랴, 정말 분초를 쪼개가며 움직이고 있었다.

올림픽조직위원회는 '서울올림픽은 몸(스포츠)과 가슴(문화예술) 그리고 머리(학술회의)가 조화된 올림픽'이라는 구상 아래 이 3가지 행사를 주관했는데, 어쩌다 보니 내가 스포츠 분야를 제외한 두 행사의 책임을 지게 되었다. 물론 올림픽의 핵심은 스포츠 행사지만 예술 공연과 학술회의도 한국의 국제 위상을 결정짓는 중대한 행사이므로 결코 소홀히 할 수 없었다. 그때 나는 이미 고희를 넘긴 나이였으나 젊은이 못지않은 의욕과 정열로 그 모든 복잡하고 어려운 일을 이끌어나갔다.

서울올림픽 국제학술회의 리셉션에서.

사실 내가 올림픽 일을 맡으리라고는 상상도 하지 못했다. 운동이나 체육과는 거리가 멀게 살아왔기에 나와는 인연이 없는 분야였다. 그런데 1986년 어느 날, 올림픽조직위원회 박세직 위원장으로부터 만나자는 연락이 왔다.

"올림픽 문화예술행사 추진협의회 위원장을 맡아서 일을 좀 해주십시오."

"나는 올림픽과도 관계가 없고 문화예술인도 아닌데, 왜 내게 그런 부탁을 하는지 잘 모르겠군요. 이 자리에서 확답은 할 수 없고 나중에 연락을 드리지요."

나는 그렇게만 얘기를 해두고 도대체 어떤 연유로 그런 제의가 나오게 되었는가를 알아봤다. 마침 문화예술행사 추진협의회에는 나와 가까운 이어령, 김문환, 서울신문 논설위원 이중환 등이 일하고 있었다. 그들에게 내막을 물어보니 그들이 바로 나를 추천했다는 것이다.

"추진협의회에는 위원이 열다섯 명 있어요. 처음에는 그 위원들 중에서 위원장을 뽑으려 했지요. 그런데 문화예술계 인사들이 워낙 개성이 강해서 그런지 누구를 내세워도 감정 대립과 알력을 조정하기 어려울 것 같아 결국 외부에서 인사를 영입하기로 한 겁니다."

말하자면 나는 문화예술계와 관련이 없다는 역설적인 이유로 위원장감으로 지목되었고, 내 역할은 전문적 실무를 맡은 것이 아니라 일이 잘 진행될 수 있도록 사람들 사이의 대립과 알력을 완화해주는 일종의 조정역이었다.

얘기를 듣고 보니 위원장직을 맡은 것이 그렇게 자랑스러울 것도 없으나, 그렇다고 꺼릴 것도 없었다. 나는 나라의 역사적인 행사에 조금이나마 이바지한다는 마음으로 그 제의를 받아들였다. 그런데 들어가보니 운영에도 문제가 있었고, 이미 계획해 추진하는 일도 명망 있는 외국 예술 단체의 공연이나 유명 조각가들을 초빙해 조각 공원을 만드는 일에 막대한 예산이 배정되어 있었다. 그에 비해 우리 예술을 소개하는 프로그램 예산은 매우 빈약했다. 올림픽 문화예술축전을 계기로 우리 고유의 문화와 수준 높은 우리 예술인들을 세계에 소개해야 한다고 생각했던 나는 그런 문제로 사람들과 토론을 벌였다. 그런 토론의 초점은 곧 그 작품이 세계적 보편성과 한국적 특성을 어떻게 보여주는가 하

1988년 9월 17일부터 10월 2일까지 서울에서 개최된 제24회 올림픽경기대회. 159개국 8,465명의 선수가 참여했다. 23개의 정식종목에서 739개의 메달이 나왔다. 소련이 금메달 55개로 참가국 중 1위를 차지했다. 이 대회는 16년 만에 동서 양 진영 모두 참가한 대회로, 이후 냉전시대를 종식하는 출발점으로 평가받고 있다. 강원용 목사는 올림픽 문화예술행사 추진협의회 위원장을 맡아 개폐회식과 다양한 문화축전을 성공리에 치러냈다.

는 논쟁으로 귀결되었다. 나는 그런 논쟁에 참여하기도 하고 지켜보기도 하면서 '세계는 서울로, 서울은 세계로'라는 슬로건에 맞춰 보편성과 특수성을 조화시키고자 애썼다.

문화예술축전의 꽃은 역시 개폐회식 행사였다. 이 프로그램을 짜는 데는 많은 사람이 고생했으나, 특히 애를 많이 쓰고 탁월한 이바지를 한 사람은 '아이디어맨'으로 통하던 이어령이었다. 그는 자기 이름을 내세우지 않으면서도 총기획을 실제로 담당하는 책임을 졌다. 이어령은 한국 문화를 기반으로 하되 세계인이 함께 느끼고 즐길 수 있는 프로그램을 만든다는 원칙에 따라 아이디어를 쏟아냈다. 서울올림픽은 제3세계에서는 처음 열리는 것이고 동양에서도 일본 다음으로 두 번째였다. 그러나 동경올림픽은 문화예술 행사가 성공적이지 못했다는 것이 대체적인 평이었다. 그러니 서울올림픽은 올림픽을 통해 동양 문화를 세계에 알리는 사실상의 첫 기회였다. 우리는 개폐회식 주제를 동양사상인 '천지인(天地人)' 삼재(三才)로 정하고 특히 분단국가에서 열리는 올림픽이니만큼 '벽을 넘어서'라는 개념을 크게 부각시켰다.

●

내가 서울올림픽 국제학술대회의 책임을 지게 된 것은 문화예술행사 추진협의회 위원장직을 맡은 얼마 뒤인 1987년 6월 들어서였다. 사실 올림픽이 끝날 때까지 약 2년간은 내 시간을 올림픽에 거의 다 바쳤다 해도 과언이 아니다. 앞서 말했듯 서울올림픽을 '몸과 가슴과 머리가 조화된 올림픽'으로 만든다는 구상 아래 올림픽 사상 최초로 국제학술회의를 개최하려는 계획을 세운 조직위원회는 학계를 비롯한 각계 인사들을 초청해 의견을 물었다. 나도 그 자리에 초청되었는데, 박세직 위원장을 비롯한 조직위원회 간부들과 이한빈(전 부총리), 정의숙(전 이대 총장) 등 여러 인물이 모여 있었다.

그날의 주된 논의는 학술회의를 어디에다 맡기느냐 하는 것이었다. 대학이나 학술 단체 등이 거론되었으나, 특정한 곳에서 주관하면 다른 곳과의 형평성에 어긋난다는 것 때문에 반대 의견이 많았다. 그렇게 난상토론을 벌이다 누군가 크리스챤아카데미 이야기를 꺼냈다.

"아카데미는 지난 20년간 대화모임과 숱한 학술회의를 치러낸 경험을 축적하고 있으며 유능한 실무진도 있으니 한번 맡겨볼 만하지 않습니까?"

물론 이 제안에 반대 의견도 있었지만, 그날 나온 안 중에서는 가장 많은 찬성을 얻어 결국 크리스챤아카데미가 주관하게 되었다. 나는 학술회의를 책임지기로 승낙하면서 한 가지 조건을 내걸었다.

"단, 올림픽조직위원회에 소속된 형식으로는 일하지 않겠습니다. 그렇게 되면 운신의 폭이 좁아질 뿐 아니라, 체육 행사인 올림픽을 준비하는 기관에서 부대 행사로 벌이는 학술회의에 학자들이 잘 오려고 하지 않을 것이기 때문입니다."

아카데미는 협약서 체결과 함께 연세대 박홍수 박사, 과학기술처의 박원훈 박사, 서울신문의 이중환 등 7명으로 상임위원회를 구성하고 맨 먼저 기본계획을 수정하고 보완하는 작업에 들어갔다. 그 결과 학자 50명 정도가 모여 3

서울올림픽 국제학술대회 전체 회의에서 패널로 나선 강원용 목사.

박 4일씩 회의를 갖는, 즉 5개 분야에 걸쳐 4일간 연이어 회의를 열고 마지막에 그 다섯 번의 회의를 종합하는 대회를 이틀간 갖기로 했다. 대회의 주제는 '후기산업시대의 세계 공동체'였다. 나는 다섯 개 분야별로 준비위원회도 구성하고 아카데미하우스에 사무국도 설치해 학술회의에 관한 모든 일을 총지휘하기 시작했다. 그런 일은 내 전문 분야나 다름없었기에 아무래도 바깥손님처럼 업혀 있는 듯한 느낌이 없지 않았던 문화예술축전 일과 비교하면 훨씬 일도 익숙했고 신명도 났다.

준비하는 과정은 쉽지 않았다. 남은 시간이 촉박해 초청 인사를 섭외하는 데 가장 큰 애를 먹었다. 유럽 지역 학자들은 그곳 학자들의 연합 모임인 아카데미 연합회를 찾아가 라우델 사무총장에게 협조를 부탁했으며, 북미는 그동안 내가 통하던 채널을 동원해 연락망을 만들어놓았다. 남미 쪽은 연락할 길이 없어 일본 죠치 대학에 와 있던 남미 교수를 통해 연락했으나, 아프리카 지역은 연락망을 찾기가 매우 어려웠다. 그래도 그쪽은 WCC의 도움으로 다행히 성사가 되었다. 마지막까지 어려웠던 것은 소련, 중국, 동유럽 등 공산권 학자들을 초청하는 일이었다. 나는 포기하지 않고 끝까지 노력해 동유럽 학자들은 그런대로 섭외를 했으나, 소련과 중국은 올림픽 개회 직전까지 그쪽 학자들이 자기네 정부에서 여권만 발급해주면 오겠다고 연락을 해왔지만, 애석하게도 그들은 끝내 오지 못하고 말았다.

크고 작은 산고를 거쳐 마침내 올림픽 국제학술회의의 막이 올라간 것은 8월 21일이었다. 국제학술회의는 19일간 아카데미하우스와 힐튼호텔에서 열렸다. 저명한 국내외 학자 270명이 참가한 가운데 150편의 논문이 발표된 이 회의는 언론의 큰 관심을 끌어 매일 TV와 신문에 기사가 올라왔다. 다섯 주제로 각각의 토론이 아카데미하우스에서 진행되고 9월 7일에는 그 토론을 종합하는 대회가 힐튼호텔에서 6백 명이 모인 가운데 성황리에 열렸다. 사마란치 IOC 위원장과 이현재 국무총리가 축사했고 갤브레이스 박사가 「지구촌의 새로운 현실, 전환기에 있는 자본주의와 사회주의」라는 제목으로 특별 강연을 해 많은 사람들의 관심이 쏠렸다. 다음 날인 9월 8일 오후에는 역시 특별 초청한 미셸 크로지에 박사와 토마스 박사의 강연이 이어졌다. 그리고 마침내 내가 "우리의 공식 일정은 이것으로 끝나지만, 서울에서 19일간 토의한 이 문제는 이야기의 시작에 불과하다는 것을 다시 한번 말씀드리고 싶습니다. 그동안 후기산업사회니 세계 공동체니 지구촌이니 하는 말들에 여러 가지 논란이 있었습니다만, 대회의 주제 강연을 맡은 세 분 석학이 그 방향을 보여주신 것에 무척 고맙게 생각합니다. 이런 중대한 문제들이 앞으로 논의될 때마다 서울에서 한 이야기가 배경이 되고 참고가 되리라고 저는 믿습니다. 이 회의를 시발점으로 이후 세계 곳곳에

1988년 8월 21일부터 9월 8일까지 아카데미하우스와 힐튼호텔에서 열린 서울올림픽 국제학술대회 '후기산업시대의 세계 공동체'. 서울올림픽 국제학술회의는 모두 5개의 주제로 이루어졌다. 1. 가족의 변화와 전망, 2. 커뮤니케이션의 단절과 회복, 3. 윤리 가치관의 혼란과 새로운 윤리의 정립, 4. 동서 문화의 만남과 세계 문화의 창조, 5. 자연의 훼손과 재창조.

서울올림픽 국제학술대회 '가족의 변화와 전망' 분과 토론.

서울올림픽 국제학술대회 '윤리 가치관의 혼란과 새로운 윤리의 정립' 분과 토론.

서 이와 같은 문제가 계속 추구되기를 바랍니다"는 내용의 폐회사를 함으로써 대단원의 막을 내리게 되었다. 회의에 참가한 스리랑카의 고명한 불교학자이자 성직자인 월폴라 라울하는 떠나면서 내게 이런 인상적인 말을 남겼다.

"이런 학술회의는 큰 광산에서 작은 보석을 캐는 일이라 생각하시오."

나로서는 세계적인 규모의 학술회의를 대과 없이 치러냈다는 것이 무엇보다 기쁘고 고마웠다. 프랑스 석학인 알랭 투렌 교수는 인사말을 하면서 "세계에서 일을 제일 짜임새 있게 하는 사람은 독일인이고 손님 접대를 가장 잘하는 사람은 한국인이라 들었는데, 이번 학술회의는 이 두 가지 모두가 잘되었다"고 칭찬하기도 했다. 동아일보에서도 매우 긍정적인 총평을 해주었다. 나로서는 미흡하게 느껴지는 부분이 많았지만, 사람들이 그런 평을 해주니 우선은 고마운 일이 아닐 수 없었다.

강원용 목사는 서울올림픽 국제학술대회를 조직하고 준비하는 등 한국 지성을 대표하는 목사로서의 책임을 다하기도 했다.

아카데미하우스에서 서울올림픽 국제학술대회에 참여한 학자들과 함께.

아카데미하우스에서 서울올림픽
국제학술대회 참가자들과 환담하는
강원용 목사.

1997년 8월 31일 서울에서 제27회 세계연극제가 열렸다. 나는 8월 29일 이준 열사 90주기 기념행사가 열린 네덜란드 헤이그에 있다가, 8월 31일에 돌아와 곧바로 개회식장으로 갔다. 내가 이 대회의 대회장이었기 때문이다. 1995년 베네수엘라에서 모인 세계연극제(ITI) 총회에서 1997년 연극제 개최지를 서울로 정하면서 한국의 공연예술계는 2년간 이를 준비해왔다. 특히 세계본부장인 김정옥, 한국본부장인 정진수, 한국연극협회 이사장 김의경 등이 중심이 되어 연극계, 무용계 인사들이 대거 참가했다. 이들이 이 대회를 준비해오다가 나 같은 비연극인을 대회장으로 선출한 이유에 대해 김정옥 회장은 다음과 같이 설명했다. "이 대회는 연극인, 무용인들만의 축제가 아니라 범 문화예술계의 축제로 넓혀가기 위하여 강원용 목사를 대회장으로 추대한 것입니다." 또한 그는 내가 단순한 명예직이 아니라 실질적인 운영위원회 의장 노릇을 잘하여 이 예술제를 성공적으로 이끌어갔다고 치하했으나 내가 한 일은 별로 없었다고 생각한다. 다만, 이런 명예로운 직책을 맡아 최선을 다했을 뿐이다.

개막 1년 전부터 본격적으로 대회 준비에 들어간 우리는 세계적인 극단들도 많이 초대했다. 이 연극제는 정부 예산으로 진행되었으나, 애초에 우리가 기대했던 기업체 모금은 거의 이루어지지 않았다. 그 바람에 예산에 차질이 생겨 몇몇 중요한 극단들과 계약을 취소해야 했지만, 그런대로 별 탈 없이 진행되었다. 국립극장에 1,500여 명이 모인 가운데 거행된 개회식은 KBS로 생중계되었고 나는 개회사에서 세계연극제가 한국에서 열리게 된 의의를 다음과 같은 요지로 말했다.

"20세기는 이데올로기에 따른 동서 간의 대립, 경제를 중심으로 한 남북 대립이 문제였으나, 21세기는 문화권 사이의 조화가 과제다. 21세기에는 지구의 수십 개 문화권 중 중동의 이슬람 문화권과 동양 문화권이 주목을 받게 될 것이다. 물리적인 힘에 좌우되는 시대에는 우리가 부득이 강대국에 예속되어 지냈지만, 옛날 중국 문화가 한반도에 머물며 다듬어지고서 일본에 갔고 또 일본 문화가

1975년 1월 20일부터 22일까지 아카데미하우스에서 열린 '국제 여성의 해와 여성 연극인의 역할' 대화모임. 강연하는 강원용 목사. 여성 연극인들과 환담하는 강원용 목사.

1967년 2월 25일부터 26일까지 아카데미하우스에서 열린 '한국 연극의 현실-한국 연극은 어디까지 와 있는가' 대화모임.

한반도를 거쳐 대륙으로 갔기 때문에, 다가오는 '문화권 시대'에는 한국 문화가 동양 문화권 중에서도 중심이 될 것이다. 이러한 시기에 세계연극제가 서구 문화권을 벗어난 제3세계로 옮겨오고 더욱이 아시아 문화권에서도 한반도 문화권에서 열리는 것은 매우 뜻깊은 일이라 생각한다."

개회식에서는 환영사와 김영삼 대통령의 축하 메시지 낭독도 있었고 하이라이트 공연이라고 할 다국적 연극 「리어왕」, 독일의 무용극 「코스무니누런 거리에서」 등이 공연되었다. 공식 행사가 끝나고 국립극장 야외무대에서는 축하 극 「오우제」가, 대극장에서는 국립극단의 연극 「시집가는 날」이 선보였다. 26개국 공연 단체가 참가하여 45일간 열린 '서울세계연극제'는 세계의 유수한 연극, 무용, 오페라 등이 다채롭게 펼쳐져 공연 축제의 올림픽이라 할 만했다.

1978년 3월 13일부터 17일까지 수원 '내일을 위한 집'에서 열린
농촌사회 중간집단 교육 제1차 17기 교육에서 공연된 봉산탈춤.

1975년 크리스챤아카데미 10주년 기념행사로 진행된 탈춤 공연.

1981년 2월 28일부터 3월 1일까지 아카데미하우스에서
진행된 '한국 공연예술과 비평의 기능' 대화모임.

1997년 서울과 경기도에서
열린 '세계연극제'의 공연 장면.
대학로 마로니에 공원에
있는 '세계연극제' 기념조형물.
연극배우 박정자와 윤석화가
후원해 설치된 작품이다.

나는 지금껏 살아오면서 역사의 현장에서 단 한 치도 비켜나지 않고 그 격랑 속에 고스란히 몸을 담그고 살아왔다고 생각한다. 그러한 격랑 속에서 무언가 새 일을 해나가려고 할 때면 얼마나 자주 기성세대에 절망하곤 했던가. 그리고 그 절망에 빠져 있을 때마다 나를 구원해준 것은 자라는 청소년들이었고 그들의 미래였다. 내가 처음으로 펴낸 『새 시대의 건설자』 역시 그러한 나의 희망에서 나온 책이었다. 나는 그 후에도 청소년 일에 죽 관여해왔는데 2002년 들어서는 청소년과 관련한 몇 개 단체의 자문 역할을 맡게 되었다.

세계뿐 아니라 우리 한국도 지난 몇 년 사이 큰 변화를 겪었다. 특히 인터넷, 홈페이지, 사이버 등으로 불리는 컴퓨터 문화의 영향력은 혁명적이라고 할 만큼 우리 생활에 큰 영향을 주고 있다. 특히 청소년과 가정에 끼치는 영향은 엄청나다. 나는 이런 세태 변화를 방임도 배척도 하지 않는다. 변화를 수용하되 폐해는 최소화시켜야 한다고 생각한다. 이제 인터넷 문화는 거스를 수 없는 대세가 되었으니 그 영향력을 적극적으로 연구하고 개발해야 하며, 인터넷이 청소년과 가정에 끼치는 엄청난 영향력을 고려할 때 그 역기능을 순화시키고 순기능을 강화하는 대책을 시급히 세워야 할 때다.

1974년 7월, 여성사회 중간집단 교육에서 탈춤을 배우는 이화여대 학생들.

1980년대, 4·19의거 기념탑에서 참배하는 크리스찬아카데미 대화모임 '민주세대의 성장과 과제' 참가자들.

이런 막대한 과제는 어느 시민 단체에 의존할 것이 아니라 국가 차원에서 광범위하고 조직적인 대책을 세워 진행해야 한다. 그러나 오늘 우리의 현실은 그렇지 못하니 우선 민간 운동이 일어나야 한다는 생각을 가져왔다. 그러나 나로서는 구체적인 행동으로 실천할 능력이 없음을 안타깝게 여긴 차에 '밝은청소년지원센터' 이사장직 제의가 들어왔다. 구체적으로 내가 할 역할이 있는 것은 아니라고 생각되지만, 그 뜻이 갸륵하고 힘이 되어주고 싶어 수락했다. 이 기관에서 해온 가장 중요한 일은 첫째, 사이버 가정 운동과 청소년 인성교육 프로그램이다. 사이버 시대에 자칫 소홀해지기 쉬운 가족 유대와 청소년의 인성을 함양하는 좋은 프로그램을 만들어 일선 중학교에서 시행하기도 했다. 이 밖에도 학교 폭력과 집단 따돌림 문화를 추방하기 위해 각별한 노력을 기울이고 있다. 이와 함께 나는 '클린인터넷 운동' 자문위원장직도 맡고 있다. 올바른 인터넷 문화가 우리 사회에, 특히 자라는 청소년 세대에 건강하게 자리 잡길 기원해본다.

1978년 6월, 청년사회 중간집단 교육에서 촛불 의식에 참여한 대학 졸업 예정자들.

●

2002년의 월드컵과 아시안게임에서 보여준 우리 국민의 저력은 한마디로 놀라웠다. 나는 이런 흐뭇한 광경을 보면서 붉은 악마들이 보여주는 저 열광적이면서도 질서 정연한 응원은 이 지구 어느 나라 어느 민족도 흉내 낼 수 없으리라고 생각했다. 그것은 우리 민족만이 가진 기층 문화에서 나오는 것이기 때문이다. 우리 샤머니즘을 살펴보면 가무강신(歌舞降神)의 과정이 나온다. 노래와 춤으로 신바람을 일으켜 신이 들리면 허약해 보이던 무녀가 무거운 나무를 올린 채 춤을 추거나 칼날 위에 맨발로 서서 춤을 춘다. 바로 이 '신바람', '신들림'의 문화가 우리 민족에 깊이 깔린 것이다. 이것은 이번 월드컵 때 느닷없이 일어난 예외적인 사건이 아니다. 멀리 고대 역사에서 고증할 것 없이 4·19학생의거 때, 한국전쟁의 그 비참하고 고된 시련 때, 그리고 88서울올림픽 때, 그리고 IMF사태 때 '금 모으기 운동'에서도 나타났다. 우리 역사의 표면을 보면 악의 영이 지배하는 빈 들이지만 깊은 광맥 같은 것을 찾아보면 완전히 다른 모습을 보인다. 그것이 내가 늘 주장하는 신바람의 기층 문화의식이다. 민속학자들은 우리의 기층 문화의식의 광맥이 'ᄒᆞᆫ' '멋' '삶'의 삼태극(三太極)이라고 한다. 나는 이런 문화적 광맥에 동의하고 수십 년간 사람들에게 이를 설명해왔다. ᄒᆞᆫ은 하나라는 뜻이다. 항상 여럿으로, 다양한 모습으로 나타나더라도 언제나 하나다. 하나로 모든 것을 포용한다. ᄒᆞᆫ은 한님, 하나님이다. 이것은 생명의 님이고 생명 자체다. 만물이 다양하게 가지를 치고 있되 분열과 분리는 없다. 분열은 곧 병듦이고 죽음이고 죄의 뿌리가 된다. 초월은 내재와 하나요, 시간과 공간은 하나다. 그러기에 우리의 영성은 개별화가 아니고 포용하는 것이다. 둘째는 멋이다. 전통적 사고에서 한국 사람이 추구하는 첫째는 떡이 아니라 '멋'이다. 자본주의, 공산주의, 경제 제일주의 같은 것은 본래 우리 민족의 최우선 가치가 될 수 없다. '멋있다', '멋없다', '멋진 사람'이라고 할 때의 이 '멋'은 영어나 일어로 정확히 번역할 수 없는 한국인 특유의 감성이자 의식이다. 셋째는 삶이다. 외세의 침략과 내부 지배층의 수탈에도 우리는 다시 일어서는 오뚝이처럼, 들풀과 같은 강인한 삶의 에너지를 가지고 살아왔다. 우리는 이 에너지로 단일 언어와 우리의 한글을 지켜왔고 전통문화를 지켜냈다.

이 세 가지가 우리 안에서 신바람을 불러일으키면 못할 것 없는 힘을 발휘한다. 나는 21세기 우리 민족 지도자로 나타날 사람들은 이 창조적인 신바람을 일으킬 사람들이어야 한다고 생각한다. 파괴적인 신바람, 즉 무질서, 대립, 탐욕, 무관심 등의 독가스 같은 것은 나가고 건설적이고 창조적인 신바람이 민중 속에서 일어나야 한다. 이 신바람 속에서 우리 민족은 수천 년간 축적된 민족의 얼을 전 세계 역사 위에 남김없이 발휘하리라고 기대한다.

우리는 우리가 한국인이라는 것을 결코 잊어서는 안 되지만 더 중요한 것은 한국인이기 전에 인간이라는 것, 이 점을 잊어서는 안 된다. 오늘날 우리 민족의 마음 바탕에 씨를 심고 비료를 주어 키워야 할 것은 자유와 정의, 사랑이다. 이것이야말로 우리 민족의 것이면서 동시에 세계인의 것이다.

2000

생명과 평화를 향해 나아가다

"욕심과 죽음을 만들어가는 세상 속에서 우리의 생명을 나누어 가지는 것은, 곧 그리스도의 사랑의 윤리를 몸으로 실천하는 것이다."

우리는 힘과 지혜를 다해 생명을 아껴야 한다. 생명은 오직 가장 값있는 사랑 이외에 딴 목적이 있을 수 없고 그 사랑은 어디까지나 그 사람만이 판단할 수 있는 자유의사여야 할 것이다. 이런 의미에서 인간을 비인간화하는, 구체적으로 말하면 사람의 자유나 사랑을 억압하거나 사람의 생명을 수단으로 삼는 일체의 제도나 철학은 악이다.

지난 몇 년간 남북 교류 문제와 함께 내 생각이 집중된 주제는 생명 문제였다. 이미 출간된 『빈들에서』에도 그 싹이 나와 있지만, 나는 이후 매스컴을 통해서나 설교 강연 등 기회 있을 때마다 이 문제를 깊이 다루곤 했다. 내가 살아오는 동안, 특히 박정희 정권 때 견딜 수 없었던 비극은 인간이 수단이 되어버리는 현상이다. 경제 역시 인간이 인간답게 사는 데에 필요한 것이다. 따라서 경제는 수단이고 인간이 목적이어야 한다. 그런데 이것이 거꾸로 되어 가치 전도 현상이 나타났던 것이 박 정권 시절이었고, 나는 그것을 받아들일 수 없었다. 박 정권 시절 나는 여러 문제로 정부와 대립했지만, 그중에서도 박 정권이 권력과 경제를 상위 목적에 두고 인간을 수단으로 취급하는 데서 특히 많은 갈등을 빚었다. 정치와 경제뿐 아니라 종교와 문화도 인간을 위한 수단이어야 한다. 인간이 수단이 되는 비인간화된 사회는 악의 영이 지배하는 '빈 들'이 되고 만다. 그래서 나는 1970년대의 가치 기준을 인간화에 두고 양극화의 해소와 인간화에 총력을 집중했던 것이다. 그런데 1980년대 말부터 생각에 작은 변화가 일어났다. 물론 인간화에 대한 믿음을 버린 것은 아니다. 다만, 진정한 인간화의 길은 인간 중심이 아닌, 생명 중심으로 패러다임을 바꿔야 한다고 생각하게 되었다.

20세기 후반에 접어들면서 이른바 환경 문제가 부각됐고, 1972년 UN 주최로 스톡홀름에서 '하나뿐인 지구'라는 주제로 국제회의가 열리면서 자연계를 보호하자는 목소리가 비로소 정당화되기 시작했다. 그러나 지금도 현실은 경제발전이라는 미명 아래 자연 파괴 현상이 더욱 빠르게 진행되고 있다. 크리스찬아카데미는 1960년대 후반, 우리나라에 본격적인 공업화가 시작될 무렵부터 공해 없는 경제발전을 주장했다. 국내의 그 어떤 단체나 기관보다 환경 문제에 일찍이 관심을 가졌던 것이다. 이 문제를 다루는 과정에서 경제 제일주의를 밀고 나가는 정부와 갈등을 빚고 정부의 탄압을 받기도 했다.

바람과 물 연구소 전경. '바람과 물'은 시인 김지하가 생명운동을 위해 지어준 이름이다. 이 이름은 김지하 시인의 시 「님」에 그 뿌리를 두고 있다. "바람과 물. 니고데모의 영. / 창세기 1장의 '저 하나님의 영이 깊음 위에 감돌았다'의 뜻, / 감도는 영의 바람과 혼돈한 깊음의 물. 생명은 그런 것이다. / 풍류요 풍수(風水)다. / 그것은 신령의 기화요 변역(變易)이며 간단없이 흘러 변화하는 / 삼보(三寶)의 실상이요 무위이화(無爲而化)다. / 처음도 끝도 없는 무궁무궁한 흐름. 그것이 생명이니……"

1980년대 말, 본격적으로는 1990년대에 들어와 우리는 공해나 환경이라는 말을 '생명 중심'이라는 말로 바꾸었다. 그리고 나는 환경 문제를 고민하는 조직체의 고문 자격으로, 혹은 다른 직책으로 참여하면서 나름대로 노력을 계속해왔다. 나는 우선 이 운동의 밑바탕이 되는 센터를 하나 만들어야겠다고 생각했으나, 문제는 돈이었다. 하는 수 없이 수원에 있는 사회교육원을 팔기로 했다. 수원 사회교육원은 1970년대 인간화를 실현하기 위해 지은 집이었는데, 생명 중심주의를 위한 집으로는 적당하지 않아 내놓기로 한 것이다. 그래서 경기도 가평에 설립한 것이 1995년 10월 8일 개원한 '바람과 물 연구소'이다.

1995년 10월 8일 열린 바람과 물 연구소 개소식 장면(왼쪽)과
축사를 하는 강원용 목사(오른쪽).

1995년은 나에게 역사적인 한 해였다. 해방 50주년을 맞이하는 해이자 내가 세운 경동교회도 설립 50주년을 맞이했다. 아울러 크리스챤아카데미가 30주년을 맞은 해였다. 이해에 나는 크리스챤아카데미 원장직에서 은퇴했다. 국가적으로나 개인적으로나 하나씩 매듭을 지어가는 해였다.

돌이켜보면 8·15해방, 미군정, 대한민국 건국, 한국전쟁, 4·19와 5·16, 군사정권과 민주화운동, 문민시대 개막 등 숱한 역사의 굴레를 헤쳐 나온 50년이었다. 그해에 잊을 수 없는 일 중 하나는 '해방 50년, 일본 패전 50년'이라는 주제로 크리스챤아카데미와 일본 이와나미 서점이 공동으로 심포지엄을 개최한 것이었다. 이와나미 서점의 야스에 료스케 사장은 일본에서 가장 양심적이고 진보적인 지식인으로 알려진 사람이다. 유명한 월간지 『세카이(世界)』 편집장 출신이기도 한 그는 탁월한 저널리스트였고, 우리나라 민주화운동에도 영향을 끼친 인물이다.

심포지엄은 서울과 도쿄를 오가면서 진행됐는데, 그해 노벨 문학상을 받은 오에 겐자부로를 비롯해 사카모토 요시카즈 도쿄대 명예교수 등 일본을 대표하는 지식인들이 내한해 언론에서도 대단한 관심을 보였다.

서울에서는 2월 1일부터 3일까지 다채로운 프로그램으로 진행됐고 도쿄에서는 두 달 후인 4월 7일부터 9일까지 심포지엄이 열렸다. 일본에서도 이 심포지엄은 해방 후 그 많은 한일 간의 모임 중 가장 뜻깊은 것이었다는 평을 받을 정도로 뜨거운 호응을 얻었다.

1995년 2월 1일부터 5일까지
아카데미하우스에서 열린
'해방 50년과 일본 패전 50년-
화해와 미래를 위하여' 심포지엄.

'해방 50년과 일본 패전 50년-화해와 미래를 위하여' 심포지엄 참가자 기념사진.

심포지엄의 반응이 워낙 좋았기 때문에 행사가 끝나고서 크리스챤아카데미와 이와나미 서점은 해마다 이 같은 모임을 하기로 했는데, 얼마 후 야스에 료스케 사장이 뇌일혈로 쓰러져 아쉽게도 중단되고 말았다. 야스에 사장은 안타깝게도 끝내 재기에 성공하지 못하고 예순둘이라는 아까운 나이로 1998년 1월 타계했다.

당시 야스에 료스케 사장은 심포지엄에서 「한일조약의 본질: 한일 관계의 기본 문제」라는 논문을 발표했는데, 이 논문에서 그는 "한일 관계의 출발점은 한일 기본 조약 제2조의 개정에서 출발해야 한다"고 거듭 강조했다. 이는 구한말 경술국치의 강제 합방 조약을 소급 무효화하는 데에서 재출발해야 한다는 주장이어서 일본의 '살아 있는 양심'의 면모를 엿볼 수 있었다.

'해방 50년과 일본 패전 50년-화해와 미래를 위하여' 심포지엄 문화행사.

1995년 4월 6일부터 9일까지 일본 도쿄에서 열린
'패전 50년과 해방 50년-화해와 미래를 위하여' 심포지엄.

1995년 '종교 간의 대화 30주년 기념 심포지엄-
종교 대화 30년: 그 회고와 전망'.

나의 마지막 소명, 평화 | 니와노평화상을 받다

2000년 5월 한 달은 내 생을 마감하기 전에는 결코 잊을 수 없는 시간이 될 것이다. 5월 7일 크리스챤아카데미 35주년을 맞이해 나는 지난 41년간 심혈을 기울여 봉사해온 아카데미에서 물러나기로 결단을 내렸다. 눈물겨운 고난의 길에서 못다 한 일들을 남겨놓은 채, 떠날 결심을 한 것은 20세기 인물이 21세기에도 계속 자리를 지켜서는 안 된다는 판단에서였다. 그러나 오랫동안 지켜온 자리를 내놓는 것은 쓸쓸하고 서운하고 슬프기마저 한 것이 사실이었다. 그럴 때에 하나님께서 길을 열어주신 것인지, 5월 12일에 일본 도쿄에서 니와노 평화상을 받게 되었다. 나에게는 더없는 영광이었지만 이것은 많은 동료가 내 곁에서 아낌없는 사랑과 마음을 준 결과였다. 더구나 이 상은 내게 단순한 영예만 안겨준 것이 아니라, 앞으로 나의 생을 어디에 헌신하여야 하는지를 제시해주는 길이기도 했다.

그해로 16회를 맞는 니와노 평화상은 세계 평화 실현에 크게 이바지한 인물이나 기관에 수여되는데, 세계 135개국 1천 명의 종교인과 종교 단체의 추천을 받은 후보자들을 대상으로 불교, 기독교, 이슬람교, 기타 종교 지도자들로 심사위원을 구성, 엄정한 심사를 거쳐 해마다 한 명, 혹은 한 단체에 수여하는 상이었다. 첫 수상자는 남미 군사 독재 정권 아래서 민주화와 인권을 위해 노력하다가 희생된 브라질의 유명한 카마라 대주교였고, 중국의 중국불교협회장 차오푸추, 도미니카공화국의 필립 포터 WCC 총무, 인도의 아람 박사, 오늘날 살아 있는 세계 3대 부처로 높임을 받는 캄보디아의 고승 고사난다 등이 역대 수상자였다. 이런 상이 나 같은 사람에게까지 돌아왔다는 것은 매우 기쁜 일이었다. 수상 사유는 다음과 같았다.

"강 박사는 한국 종교계를 대표하는 지도자이자 국제적인 종교 대화 활동의 지도자로 활동해왔습니다. 강 박사는 한국 내의 사회 정의에도 깊은 관심과 정열을 가지고 1970년대 군사 정권 아래서도 인권 보호와 민주화를 위해 적극적으로 사회운동을 해왔으며 '민주회복국민회의' 대표위원으로 리더십을 발휘했습니다. 또한 남북한의 통일운동, 노동쟁의의 화해 교섭, 언론의 자유 실현, 여성과 노동자 등의 교육 프로그램 추진 등 강 박사는 대단히 넓은 범위에 걸쳐 활동해왔습니다.

이상의 활동과 더불어 강 박사가 걸어온 자취 중에서 주목해야 할 것은 문화, 예술(방송·연극·영화·전통문화) 진흥에 대한 공헌입니다. 자신이 이들 분야에 관심이 깊었던 연유로 서울아시아영화제 심사위원장, 한국신체장애자대회장, 세계연극제 대회장, 서울올림픽 문화예술행사 추진위원장, 동 올림픽 국제학술회의 위원장 등을 역임하고 문화, 학술, 예술의 진흥을 통하여 평화운동에도 힘을 쏟아왔습니다. 니와노 평화재단은 이러한 강 박사의 장년에 걸친 평화 활동과 종교 협력을 기반으로 한 평화에의 헌신에 깊은 경의를 표하고, 수많은 공적을 현창(顯彰)함과 동시에 더욱 많은 동지가 배출될 것을 기원하며 이에 제17회 니와노 평화상을 드립니다."

수상식은 5월 12일에 있었다. 일본 정부의 대신과 일본 종교인연맹 이사장, 최상용 주일 대사가 축사했고 나는 '21세기 종교의 역할'을 주제로 기념 강연을 한 뒤 평화를 위한 기도로 수상식을 마감했다. 나는 강연에서 앞으로 한반도의 평화통일이 동북아 평화와 번영에 큰 역할을 할 것이며, 그러려면 동아시아의 종교인들이 힘을 합해 평화에 이바지해야 할 때라고 강연했다.

の過去と未来」
カン・ウォンヨン 博士
安永祖堂

Niwano Peace Foundation Special Symposium
シンポジウム
テーマ「京都発―二十一世紀への提言」
―宗教協力の未来―
基調講演
「宗教協力の過去と未来」
カン・ウォンヨン 博士
基本目標
あたたかく人を育む佼成会
たのしく信仰生活ができる佼成会
たのもしい道をひらく佼成会
総合目標
一人ひとりの心田を耕す佼成会

2000년 5월 12일부터 15일까지
일본 도쿄에서 열린 니와노 평화상
시상식. 아래 사진은 상패와 기념품.

세계의 평화와 화합을 위해

_ 제17회 니와노 평화상 수상소감(2000년 5월 12일, 도쿄)

저는 지금 이 자리에서 우리 곁을 이미 떠나신 여러분과 제가 존경하는 니와노 가이소 선생을 생각하게 됩니다. 1964년 5월 15일, 그분은 이 화려한 대성당을 세우고 이 자리에 서서 이런 말씀을 하셨습니다.

"우리는 들뜬 마음으로 우리의 교세를 과시하고 건물의 위용을 자랑하는 데에 만족해서는 안 됩니다. 법을 구하고 도를 구하며 매일 이 자리에 모여드는 회원들이 한 지붕 아래서 수행에 정진할 수 있도록 하는 것이 목적입니다. 동양, 아니 전 세계에 자랑할 만한 종교의 전당이 완성되었다 하더라도 여기서 설파하는 내용이 이익 종교, 기복 종교를 구하는 태도나 행동이라면 그것은 아무런 의미가 없습니다. 그저 불상을 만들고자 대성당을 찾는다면 아무리 훌륭한 건물이라도 공허한 낡은 집과 다름없습니다. 무엇보다 부탁하고 싶은 것은 모든 분이 이 대성당에 어울리는 신자로 성장해달라는 것입니다."

저는 지금 바로 이 시간, 이 자리에서 이미 우리 곁을 떠난 니와노 선생께서 저희에게 똑같은 말씀을 들려준다고 생각합니다. 선생의 말씀대로 일본뿐만이 아니라 한국에서도 종교가 개인의 이익만을 추구하고 집단이기주의에 빠지는 것은 매우 심각한 문제입니다.

오랜 전통을 가진 고등 종교로 기독교나 불교는 같다고 생각합니다. 예수님은 마지막 세상을 떠날 때 자기에게 남은 마지막 한 벌의 옷까지 제비 뽑아 나누어주셨고 불교 신도들은 무소유의 생활을 강조하지만, 많은 기독교인과 불교인이 자기 욕심만을 충족하려는 것이 오늘의 현실입니다. 이러한 종교는 사회에 역기능을 미치고, 자기 종교만이 복을 받을 수 있고 영원한 생명을 줄 수 있다고 주장하는 닫힌 종교가 되어버리고 마는 것입니다.

니와노 선생의 당부는 특별히 그분이 호게교를 통해 부처님이 설파한 교훈에서 욕망을 제어하고 욕망의 제어가 고통을 멸하는 길이라는 것을 깨달았기 때문입니다. 호게교의 기둥 사상 가운데 '내가 믿는 종교의 소중함을 알면 알수록 다른 종교를 존중하라'는 융화의 정신이 있습니다. 니와노 선생은 그러한 융화의 정신과 사명감으로 변화하는 세계에서 옛것에 집착하지 않고 과거를 뛰어넘는 종교적 실천을 해오신 분입니다.

저는 불교신자가 아니고 기독교의 목사이며 일본 사람이 아니고 한국 사람이지만 평소 니와노 선생의 생각에 깊은 감명을 받아 세계종교인평화회의(WCRP)에서 적은 힘이나마 그분과 함께 일해온 바 있습니다. 제가 사는 한국에서는 저와 뜻을 같이하는 이들이 기독교의 성서를 통해 '나의 종교를 소중하게 여기면 여길수록 다른 종교를 소중하게 여겨야 한다'는 말씀을 늘 실천해오고 있습니다. 우리가 믿는 성서는 세상의 막혀버린 담을 헐어버리고,

갈라진 둘을 하나로 만들어야 한다는 융화의 정신과, 네 이웃을 네 몸과 같이 사랑하라는 계명을 실천해 닫힌 종교를 넘어 열린 종교로 나가라고 말합니다.

제가 설립한 한국의 크리스챤아카데미는 지난 1965년 10월 18일, 한국 역사에서는 처음으로 서로 다른 여섯 종교가 한자리에 모이는 자리를 마련했습니다. 이후 지금까지 꾸준히 종교 간의 대화와 협력을 통해 여러 가지 일을 함께 해오고 있습니다. 1995년부터는 종교 간의 대화 30주년을 기념해 여섯 종교가 모여 굶주리는 북한 주민을 위해 '우리 민족 서로 돕기 운동'을 계속해오고 있습니다. 또 1998년 말부터 IMF 사태를 맞아 200만 이상이 일자리를 잃는 아픔을 당했을 때, 가톨릭의 김수환 추기경과 불교 조계종의 송월주 총무원장, 그리고 저, 이렇게 세 사람이 '실업극복국민운동본부'를 조직, 공동위원장이 되어 범 종교계와 사회 단체의 협력을 이끌어내 실업자를 돕기도 했습니다. 이는 일본에서 니와노 선생의 사상을 이어받은 니쇼이 고세카이 회원들이 가난한 이웃을 돕고 세계 평화를 위해 노력해온 것과 그 취지가 일맥상통한 일들이라 하겠습니다.

우리는 지난 40년간 크리스챤아카데미를 통해 종교 간의 대화는 물론 사회, 정치, 경제, 문화, 환경, 노사 문제 등 다양한 분야에 걸쳐 화해와 협력을 이끌어내는 '대화운동'을 펼쳐오고 있습니다. 따라서 저의 니와노 평화상 수상은 한국에서 우리와 함께해온 많은 사람들에게 돌아가는 커다란 영광이며 격려입니다.

과거 36년간 일본의 식민지였던 한반도 사람들과 일본 사람들 사이에는 아직도 풀리지 않는 불신과 갈등이 남아 있으나 이제 새 천년이 시작되는 지금, 우리는 같은 지구촌에 살면서 이러한 과거를 정리하고 두 민족 사이에 참된 평화가 실현되도록 함께 노력해야 할 것입니다. 특별히 저는 이 시간에 기대를 담아 여기 계신 여러분께 간곡한 부탁을 하고자 합니다. 일본에 사는 한국인, 혹은 조선인들과 마음으로부터 우러나오는 따뜻한 손길을 내밀어, 우리 두 나라가 서로 평화와 공존으로 갈 수 있도록 힘을 모아주시기를 바랍니다. 더욱이 제가 이 상을 받은 것을 계기로 우리 양국 사이에서 따뜻한 우정과 협력의 기운이 더욱더 힘차게 솟구쳐, 그것이 우리의 새 길을 밝혀주는 등불이 되리라고 저는 믿습니다.

저는 이제 여러분이 저에게 베풀어준 영광과 애정과 따뜻한 기대를 가슴속 깊이 담아 돌아가지만, 그 기대에 부응하고자 앞으로 더욱더 세계 평화와 화합을 위해 노력해갈 것을 다짐하면서, 감사의 인사를 대신하고자 합니다.

1998년 6월 23일,
실업극복국민운동위원회
발대식. 공동위원장을 맡은
강원용 목사, 김수환 추기경,
송월주 총무원장.

우리민족서로돕기운동본부
활동에 나선 강원용 목사와
종교·사회계 지도자들.

모든 분야가 대립 구조로 이어진 역사 속에서 내가 어느 한편에도 분명한 입장을 취하지 못하고 애매한 회색 지대에서 정(正)과 사(邪)를 분명히 밝히지 못한 것을 탓하는 사람도 있으리라고 추측해본다. 그러나 내가 살아오며 가지게 된 생각은 현실은 정과 사, 선과 악, 정의와 부정으로 양분할 수 없다는 것이다. 선한 것 속에도 악이 있고 악한 것으로 보이는 것 속에도 선의 요소가 있다. 그러기에 나의 선택은 선과 악 사이의 양자택일이 아니라 둘 다 선에 속할 때에는 그중에 더 큰 선, 둘 다 악일 경우에는 더 적은 악(lesser evil)을 택하는 것이었다. 우리 사회를 계속 악의 순환 속으로 몰아넣은 근본 원인은 이른바 흑백이론이다. 이런 흑백이론은 폐쇄적이고 배타적이고 독선적이 되기 쉽다. 양극은 뒤집어놓고 보면 동전의 양면과 같다. 이상과 현실은 같지 않은데, 현실을 이상으로 바꾸어버리려는 정열은 혁명의 길이요 현실을 미화하고 고수하려는 현상 유지는 굳어진 보수라고 한다면, 나는 이상 혹은 규범을 향해 점진적으로 접근해가는 개혁자의 길을 걸으려고 노력했다.

나의 마지막 소명, 평화 — 만해 평화상과 명예박사

2002년 6월에 나는 한 통의 편지를 받았다. '만해사상실천선양회'로부터 온 이 편지는 만해상 수상 통지문이었다. 2002년도 제6회 만해상에는 학술상에 강만길 총장, 시문학상에 신경림 시인, 예술상에 조각가 박찬수 관장, 평화상 부문에 내 이름이 올라와 있었다. 수상 이유는 다음과 같았다.

"해방 직후인 1945년 경동교회를 창립하고 1965년 한국 크리스찬아카데미를 설립하여 이 땅에 기독교 복음과 사랑의 실천을 위해 전력하였으며, 아울러 독재정권의 안보 독재 논리에 맞서 민주, 민권 운동으로 평화운동과 생명운동에 헌신해왔다. 특히 한국종교인협의회 회장, 한국기독교협의회 회장, 민주회복국민회의 대표위원, 아시아종교인평화회의 추진위원장과 한국방송위원장, 통일 고문회의 의장 등을 역임하면서 우리 민족의 평화 공존과 인류 평등, 상생의 문화를 일궈나감으로써 이 시대에 올곧고 바람직한 정신적 지표를 마련하는 데 크게 이바지한 것으로 평가된다."

2002년 8월 3일, 백담사에서 열린 제6회 만해상 시상식.

21세기와 만해의 정신

_ 만해 평화상 수상 소감(2002년 8월 3일, 백담사)

총무 원장님, 그 이외 이 일에 관계된 여러분과 이 자리에 오신 모든 분께 감사의 인사를 드립니다. 위대한 불교 지도자일 뿐 아니라 민족의 지도자이면서 학자, 시인이었던 만해 한용운 선생을 기리는 이 상을 제가 수상하게 되어 참으로 영광입니다.

제가 만해상을 받게 되자 인터넷에 말이 참 많습니다. '예수를 믿어야 만해상을 받는 것이냐' 하는 이야기도 있고 '어떻게 불교의 상을 기독교 목사에게 주느냐' 하는 이야기도 있습니다. 그러나 저는 섭섭하게 생각하지 않습니다. 왜냐하면, 아마 제가 속한 기독교에서 총무 원장님이나 오현 스님께 이런 큰 상을 준다면 아마 우리 기독교인들은 그보다 더 험한 말을 할 것이라는 것을 잘 알기 때문입니다. 그렇기에 오히려 저 같은 사람에게 명예스러운 만해 평화상을 주신 여러분께 진심으로 감사하게 생각합니다.

우연인지는 몰라도 만해 선사의 호는 만해(萬海), 제 스승이 지어준 호가 여해(如海), 둘 다 '바다 해'자입니다. 그리고 아버님이 지은 제 이름에도 우연히 한용운 선사의 용(龍) 자와 같은 자가 있습니다. 한편으론 만해 선사가 불교 개혁을 부르짖으면서 많은 어려움을 겪었듯이 저 또한 기독교의 개혁을 부르짖으면서 많은 어려움을 겪은 것이나, 만해 선사가 불교를 넘어 다른 종교와 손잡고 민족의 독립을 위해 애쓰신 것처럼, 저 또한 종교 간의 대화와 공동의 사회참여를 위해 평생 노력해왔다는 것은 결코 우연이라 할 수 없고, 제가 부지불식간에 만해 선사의 그 길을 뒤따른 것은 아닌가 생각해봅니다.

오늘날 우리는 남과 북으로 갈려 전쟁의 위기를 겪으며 살아가고 있습니다. 우리 앞에 도사리고 있는 공멸의 위기에서 우리는 자유로울 수 없습니다. 또한, 지금은 공기와 물이 병들고, 오존층 파괴로 하늘에는 구멍이 뚫려, 생명 전체가 죽어가고 있습니다. 생명의 위기입니다. 그뿐만 아니라 남편이 아내를 죽이고, 자식이 부모를 죽이고, 부모가 자식을 죽이는 잔인한 시대입니다. 우리는 이런 시대에 살고 있습니다.

그러면 어떻게 할 것인가? 만해 선사의 가르침대로 이것은 기독교나 불교만이 할 일이 아닙니다. 21세기에는 불교와 기독교 혹은 천도교가 어떻게 다르냐, 어떻게 같으냐 하는 문제는 이미 때를 넘어갔습니다. 앞으로는 열린 종교만이 살아남고 내 종교의 울타리를 넘지 못하는 닫힌 종교는 역사 외곽지대로 밀려나고 말 것입니다. 진정으로 열린 자세로 남과 북을 전쟁이 아닌 평화통일로 몰고 가는 것, 죽어가는 생명을 살리는 것, 도덕적 타락과 영성의 고갈로부터 우리를 지켜내는 것, 이것이 바로 불교가 하는 일이요, 기독교가 하는 일이요, 천도교가 하는 일이어야 합니다.

그런 점에서 각 종교 안에 있는 닫힌 사람들만 문제 삼을 것이 아니라, 만해 선사가 가졌던 투철하고 철저한 의지로 기독교인은 기독교의 울타리를 뛰어넘고, 불교인은 불교의 울타리를 뛰어넘어 지금의 위기를 헤쳐나가야 할 것입니다. 평화를 사랑하고, 생명을 살리며 인간이 인간답게 살도록 하는 그런 참된 사회를 만들어가고자 우리가 바로 이 시대에 태어났다는 점을 우리 종교인들이 가장 먼저 깨달아야 합니다. 만해 선사는 이미 우리에게 그 모습을 보여주셨습니다.

이제 저는 이 뜻깊은 자리에서, 만해 선사가 보여준 그 뜻과 행동을 마음에 새겨 평화를 위해, 생명을 위해, 영성의 회복을 위해, 여러분과 함께 더욱 힘차게 전진할 것을 다짐하며 제 인사를 대신하고자 합니다.

만해상 상패.

1994년 2월 25일, 원광대학교에서 열린 강원용 철학 명예박사 학위수여식. 학위수여식이 끝나고 가족, 후배들과 함께.

1994년 내게 경사스러웠던 일은 그해 2월 26일, 원불교가 설립한 원광대학교에서 명예철학박사 학위를 받은 것이다. 6대 종교 모임을 주도하면서 종교 간 화합을 도모하였다는 공로로 받았는데, 불교계 대학에서 기독교 목사에게 그런 학위를 준 것은 세계에서 처음이 아닌가 생각하며 무척 감사해했다.

1995년 8월 26일,
이화여자대학교에서 열린 강원용 명예박사 학위수여 기념행사에서 인사하는 강원용 목사.

1995년 8월 26일, 이화여자대학교에서 열린 강원용 명예박사 학위수여 기념행사. 강원용 목사 왼쪽은 제9대 총장 정의숙 박사. 오른쪽은 제10대 총장 윤후정 박사.

2003년 6월 12일, 강원용 목사의 저서 『역사의 언덕에서』 출판 기념회. 왼쪽부터 이홍구 전 총리, 서영훈 전 대한적십자 총재, 김수환 추기경, 강원용 목사, 송월주 전 총무원장.

니와노 평화상을 받고 한 달 후, 김대중 대통령의 평양 방문이 이뤄졌다. 이때 발표된 '6·15공동선언문'을 접한 나는, 하나님이 나에게 주신 마지막 소명이 무엇인지 깨닫게 되었다. 그것은 '평화운동'이었다. 이미 나는 그 한 해 전인 1999년 4월 19일부터 21일까지 크리스챤아카데미에서 '동북아시아의 평화와 협력을 위한 새로운 대안' 대화모임을 연 바가 있었다. 이 자리에서 독일의 바이제커 전 대통령, 김수환 추기경, 사카모토 요시카즈 도쿄대 명예교수, 강쇼우더 베이징 대학교 국제관계학 교수, 제임스 레이니 전 주한 미국 대사, 미국 조지아 대학 북한 전문가인 박한식 교수의 발제가 있었다. 이 대화모임에서 '앞으로 남북 당사자는 물론 주변국의 인사들이 자주 모이는 다양한 대화 통로를 만들어야 한다'는 데 뜻을 같이했고 이는 나의 평화포럼 구상에 상당한 용기를 주게 되었다.

1999년 4월 19일부터 21일까지 신라호텔에서 열린 '한반도 평화를 위한 동북아시아 국제평화회의'에 참가한 강원용 목사와 김수환 추기경. 이 회의는 이 다음 해의 평화포럼 창립에 밑거름이 되었다.

나는 니와노 평화상 상금을 내놓고 린나이코리아 강성모 회장의 재정 도움을 받아 '평화포럼'을 창립하게 되었다. 2000년 8월 18일, 우리는 각계 대표 40여 명을 초청해 평화포럼의 역할에 대해 4시간에 걸쳐 기탄없는 대화를 나누었다. 이 자리에서 우리는 평화포럼을 통해 하고자 하는 일을 크게 두 가지로 보았다.

첫째는 남북이 바야흐로 새로운 역사를 열어가는 시기에 남쪽 사람들의 의견이 분열돼 있으니 이를 극복하여 통일된 공론을 만들어낼 필요가 있다는 것이었다. 둘째는, 남북 협력을 위해 우리를 둘러싼 주변국과의 관계를 잘 해나가는 일이었다. 이는 한반도를 둘러싼 강대국의 이해관계를 조정해 한반도의 평화 정착으로 그 물줄기를 트는 일이기도 했다.

'한반도 평화를 위한 동북아시아 국제평화회의'에 참석한 제임스 레이니 전 주한 미국 대사.

2000년 10월 3일 올림피아호텔에서 열린 평화포럼 '남북 협력에서 시민·사회단체의 역할' 대화모임. 오른쪽부터 강원용 목사, 남재희, 오재식.

그날 간담회에 참석한 사람들은 모두 일치된 견해로 평화포럼을 조직해 새로운 평화통일운동을 추진해야 한다는 결론에 이르렀다. 특히 그 자리에는 몸이 불편해서 참석하기 어렵다고 했던 김수환 추기경도 오셔서 다음과 같이 말씀하셨다. "이번에 남북이 대화의 물꼬를 트게 됐는데, 만일 어느 편이든 잘못돼서 대화가 무산되고 만다면 우리에게 희망은 없습니다. 그렇기에 대화를 통해서, 또 전문가들이 의견을 나눔으로써 관계가 발전할 수 있도록, 반드시 그렇게 해나가야 합니다."

우리는 그렇게 발기인 모임으로 준비를 마친 후 2000년 10월 3일 세종문화회관 세종홀에서 첫 이사회를 열었다. 그리고 11월 10일 올림피아호텔에서 '남북 평화를 향한 초당적인 협력 방안'과 '남북 협력에서 시민·사회단체의 역할'이라는 주제로 깊은 토의를 가졌다. 그리고 이 토의 기록은 그해 12월 『평화포럼 대화록』이라는 책으로 묶여 나왔다. 2001년 1월에는 평화포럼 공식 출범을 기념해 「남북 평화 체제 수립을 위한 우리의 제언」이라는 문서를 작성, 배포하였다.

남북 평화 체제 수립을 위한 우리의 제언

_ 2001년 1월 평화포럼 출범에 즈음하여 발표한 선언문

6·15 남북 공동선언은 강대국들에 의해 강요되었던 분단을 극복하고 남북한 문제를 민족 공동체 정신에 입각해 우리 스스로 해결하겠다는 의지를 세계에 천명한 민족사적 쾌거이다. 그러나 한반도 평화 체제 수립을 위한 일련의 과정들이 민족의 진정한 화해와 남북의 평화 정착을 굳건히 하기보다는 오히려 국론 분열을 심화시키는 쟁점이 되고 있어 이를 우려하지 않을 수 없다. 이에 우리에게 다가온 이 중요한 시기를 지혜롭게 대처해 남북 평화 체제 수립과, 나아가 동북아시아와 세계 평화를 다지는 기회로 만들기 위해 다음과 같이 우리의 입장을 밝힌다.

1. 남북 평화 정착은 범국민적 지지와 초당적 협력 기반 위에서 추진되어야 한다.
1. 남북 경제 협력과 대북 지원은 민족 공동체 정신에 입각해 지속되어야 한다.
1. 평화 체제 수립을 위해 남과 북은 상호 체제를 존중해야 한다.
1. 한반도 평화 정착은 한민족이 주체가 되어야 한다.

평화포럼 주최, '제16대 대선후보 초청 강연 및 토론회-남북 평화정책의 방향과 비전 모색'.
왼쪽부터 손봉숙 의원, 노무현 후보, 강원용 목사.

2002년 7월, 아카데미하우스에서 열린 '한반도 평화를 위한 국제 NGO 워크숍'.

평화포럼 '한반도 위기의 평화적 해결을 위한 시민포럼' 회의 장면.

●

2001년 부시가 대통령에 오르면서 미국의 한반도 정책은 급속도로 경직되었다. 우리는 젊은 학자 그룹을 중심으로 「부시 대통령에게 드리는 글」을 작성하고 약 120명의 저명인사들의 서명을 받아 5월 3일 기자회견을 열고, 그날 오후 미국 대사관을 방문하여 미국 대리 대사와 참사관에게 전달했다.

"이 서한이 부시에게 반드시 전달되어 좋은 결과가 있도록 도와주십시오." 우리의 요청에 대리 대사는 호의적인 반응을 보였다. "나는 미국인이지만, 이 내용에 대부분 동의합니다. 반드시 전달하겠습니다."

이 서한은 미국 상하 의원 중 관계되는 의원과 한반도 문제에 관계된 기관들에 약 70부가 전달됐고 미국 행정부, 국회, 재야의 한반도 관련 단체들에도 배포됐다. 국내외 여론은 대체로 긍정적이었으나 일부 우익 진영에서는 거친 반발을 보이기도 했다. 그러나 부시 대통령이 이 편지를 읽고 "조건 없이 대화하자"는 뜻을 보였다는 얘기를 주한 미 대사관 대리 대사를 통해, 또 미국에 있는 우리 동료를 통해 듣고 흐뭇하게 생각하였다.

부시 정부에 대한 우리의 제안

우리는 귀하가 이끄는 미국 정부가 미국과 한반도, 이웃 국가들의 공동의 이익을 발견하고 제고하기 위해, "조용한 가운데 북한의 과거와 현재를 관찰하고, 객관적 정보를 모으고, 동맹국들의 의견을 경청하며, 그 후에 올바른 노선을 선택할 수 있도록" 다음과 같이 건의합니다.

1. 우리는 미국이 남한의 대북 화해 협력 정책과 남북 정상회담을 계속 지지할 것을 권고합니다. 그렇게 함으로써 미국은 한반도의 냉전체제를 해체하는 과정을 촉진할 수 있을 것입니다. 한반도의 평화와 안정은 미국의 가장 가까운 동맹국이기도 한 한국을 시장민주주의가 번영할 수 있는 곳으로 만들 것이기 때문입니다.

2. 북한이 현재 남한뿐 아니라 미국의 이익을 위협할 수 있다는 가능성을 부정하지는 않으나, 우리는 미국이 그러한 문제를 해결하기 위한 효과적이고 효율적인 수단으로서 대북 대화와 협상의 중요성을 이해하길 바랍니다.

2.1. 구체적으로, 1994년의 북미 기본합의서는 북한의 핵 관련 시설을 동결시켜왔고, 아울러 북한을 좀 더 안정적이고 개방적인 국가로 인도하기 위한 이정표를 제공했습니다. 따라서 우리는 미국과 북한이 북미 기본합의서를 완전하고 엄격하게 준수하는 것이 모두의 이익이라고 믿습니다. 북미 기본합의서의 성사와 이행은 북한과의 대화 및 협상이 건설적인 결과를 낳을 수 있다는 사실을 보여주었습니다.

2.2. 나아가, 우리는 북미 기본합의서를 기초로 삼아 미국이 대북 미사일 협상을 가능한 한 신속히 재개하도록 권고합니다. 미사일 문제와 관련하여 북한이 보여주고 있는 전례 없는 유연한 태도를 고려할 때, 협상은 상당한 상호 이익을 산출하게 될 것입니다. 또한 미사일 협상과 NMD 개발은 양자 모두 완료되려면 상당한 시간이 소요될 것입니다. 따라서 우리는 미국이, 비록 NMD를 포함한 어떤 대안도 배제하지 않는 복궤 전략을 추진하더라도, 북한과의 미사일 협상을 추진하기를 권고합니다. 미사일 협상의 타결은 미국의 안보 우려를 크게 덜어주게 될 것입니다.

3. 우리는 북한이 국제 사회에 참여할 수 있도록 미국이 좀 더 적극적으로 방법을 모색할 것을 촉구합니다. 고립은 불안감의 원천이고, 그것은 공격성을 조장할 수도 있습니다.

귀하가 필요하다고 판단하시면, 미국은 북한에서든 미국에서든 북미 정상회담 개최를 제안할 수 있을 것입니다.

우리는 미국의 제43대 대통령이신 귀하와 미국의 지도자들이 냉전의 완전한 종식이라는, 전임자들이 남겨놓은 해묵은 과제를 해소하는 과정에 평화의 이름으로 참여하기를 진심으로 부탁드리는 바입니다.

2001년 5월 3일

종교계 | 강원용(평화포럼 이사장) 김철(천도교 교령) 김광욱(전 천도교 교령) 김동완(한국기독교협의회 총무) 김상근(대한기독교서회 사장) 김수환(추기경) 김종수(한국천주교중앙협의회 사무총장) 도법(실상사 주지스님) 문정현(신부) 박청수(원불교 강남교당 교무) 박형규(목사) 법륜(좋은벗들 대표) 변진흥(한국종교인평화회의 사무총장) 성해용(한국기독교사회문제연구원 원장) 송월주(전 조계종 총무원장) 조정근(전 원불교 교정원장, 원광학원이사장) 진월(URI KOREA 대표) 최창규(성균관 관장) 한양원(한국민족종교협의회 회장)

사회·평화 | 강대인(대화문화네트워크 원장) 강성모(한국정치발전연구원 이사장) 고범서(대화문화아카데미 이사장) 김민하(민주평화통일자문회의 상임부의장) 김성곤(한민족평화통일연대 이사장) 김성훈(경실련 통일협회 이사장) 김창수(민족회의 정책실장) 남중구(동아일보 21세기평화연구소 소장) 동훈(평화통일연구소 소장) 서경석(우리민족서로돕기운동본부 집행위원장) 서영훈(대한적십자사 총재) 여상환(철강협회 고문) 오재식(월드비전 코리아 회장) 윤식(사월회 회장) 이기택(민예총 남북교류위원장) 이우정(평화를 만드는 여성회 이사장) 이종률(통일시대 새정치연구소 이사장) 이현숙(평화를 만드는 여성회 상임대표) 조성우(민화협 집행위원장) 조영식(일천만이산가족재회추진위원회 위원장)

학계 | 곽병선(한국교육개발원 원장) 김경(국제정경연구원 원장) 김문환(서울대 교수) 김하수(연세대 교수) 박광수(원광대 교수) 박명철(연세대 교수) 성염(서강대 교수) 신인령(이화여대 교수) 이상화(이화여대 교수) 이신행(연세대 교수) 이영자(가톨릭대 교수) 이장희(아시아사회과학연구원 원장)

이종오(계명대 교수) 장필화(이화여대 교수) 정갑영(연세대 교수) 정용근(동국대 교수) 정현백(성균관대 교수) 조형(이화여대 교수) 지명관(한림대학교 일본학연구소 소장)

교육계 | 강만길(상지대 총장) 김정배(고려대 총장) 김종량(한양대 총장) 김성수(성공회대 총장) 장상(이화여대 총장)

법조계 | 김창국(전 변협 회장) 김태청(전 대한변협 회장) 박무용(동수원법무법인 대표) 박재승(서울지방변호사 회장) 송두환(민변 회장) 이돈명(전 민변 회장, 덕수법무법인 대표) 한승헌(전 감사원장)

정치·외교·국제관계 | 오자복(전 국방부 장관) 박세직(88서울올림픽 조직위원회 위원장) 정원식(전 총리) 손장래(현대모비스 고문) 김정례(전 보건사회부 장관) 윤재철(상이군경회 회장) 강문규(새마을운동중앙협의회 회장) 이삼열(유네스코 한국위원회 원장) 박경서(인권대사) 이인호(전 러시아대사, 한국국제교류재단 이사장) 전팔근(아시아 종교인 평화회의 공동의장) 황병태(전 중국대사) 박종화(경동교회 담임목사) 신혜수(UN 여성차별철폐위원회 위원)

언론 | 권호경(기독교방송 사장) 김근(연합뉴스 사장) 송도균(SBS 사장) 이경자(한국방송진흥원 원장) 이계경(여성신문사 사장) 이형모(시민의 신문 사장) 최영희(내일신문사 사장)

문화 | 고은(시인) 김지하(시인) 박경리(소설가) 박노해(시인)

NGO | 김경래(한국기독교백주년기념사업회 사무총장) 박영숙(한국환경사회정책연구소 소장) 박원순(참여연대 사무처장) 이남순(한국노총 위원장) 이남주(YMCA 사무총장) 이석연(경실련 사무총장) 이용선(우리민족서로돕기 사무총장) 이효재(전 정신대대책협의회 공동대표) 임삼진(녹색연합 사무처장) 정강자(한국여성민우회 대표) 지은희(한국여성단체연합 대표) 채수일(국제민주연대 공동대표) 최열(환경연합 사무총장) 최영애(한국성폭력상담소 소장)

2003년 2월 26일 평화포럼 초청 강연회에 참가한 바이제커 전 독일 대통령과 함께.

2004년 1월 28일, 프레스센터에서 열린 제6회 한겨레통일문화상 시상식 및 기념강연회.

2004년 4월 30일 올림피아호텔에서 열린 평화포럼 정치·시민사회 대화모임 '상생의 정치문화와 한반도 평화'.

2004년 10월 21일부터 23일까지 올림피아호텔에서 열린 평화포럼 '한반도 평화와 동아시아 평화공동체의 구축' 심포지엄. 이 회의는 아시아종교인평화회의, 세계종교인평화회의, WCC 등의 공동 참여로 진행되었다.

'한반도 평화와 동아시아 평화공동체의 구축' 심포지엄 만찬 자리에서.
가운데는 필립 포터 WCC 총무.

당신은 정치가요

아니요.

당신은 사회운동가요

아니요.

그러면 당신은 누구요

"나는 빈 들에서 외치는 소리요."

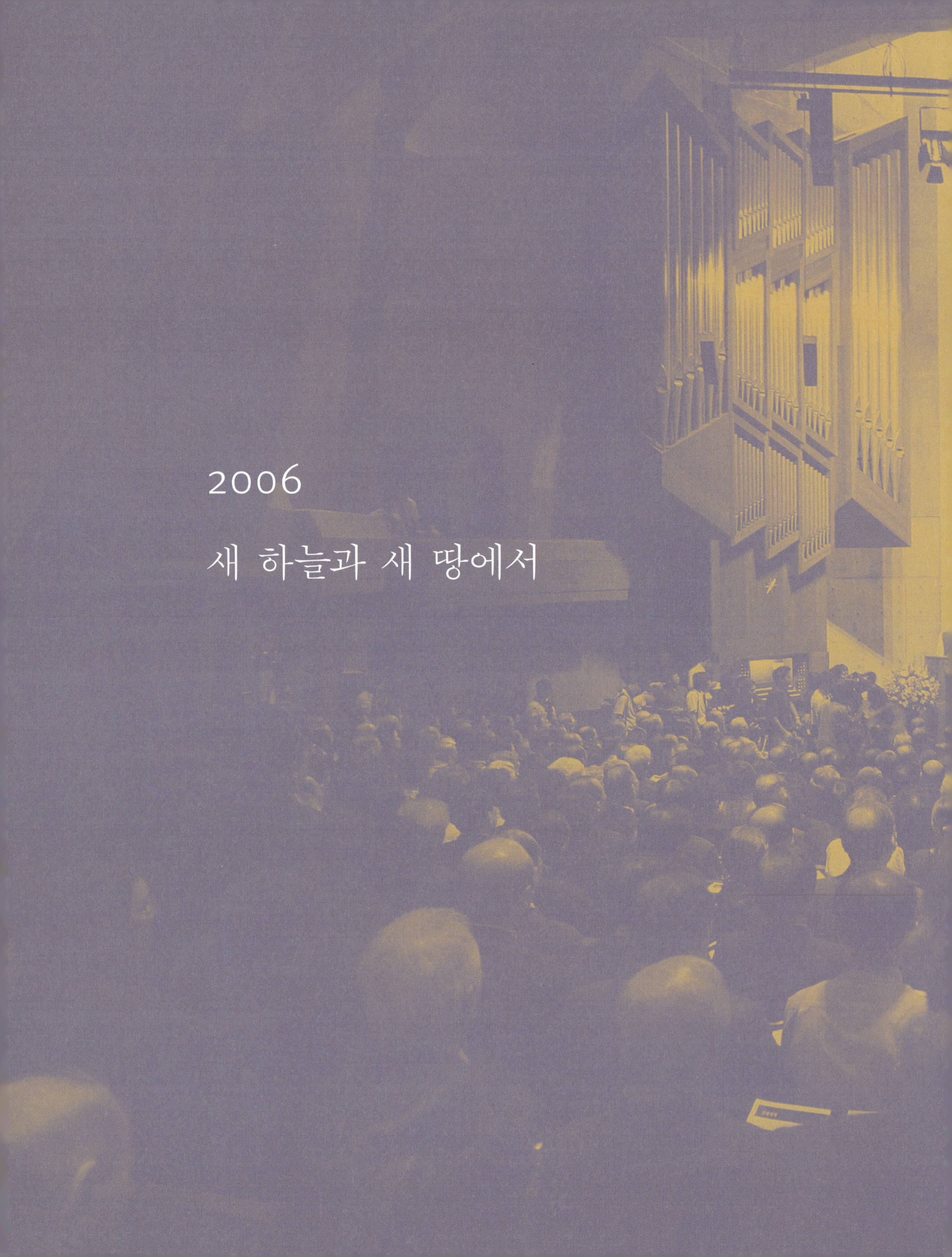

2006

새 하늘과 새 땅에서

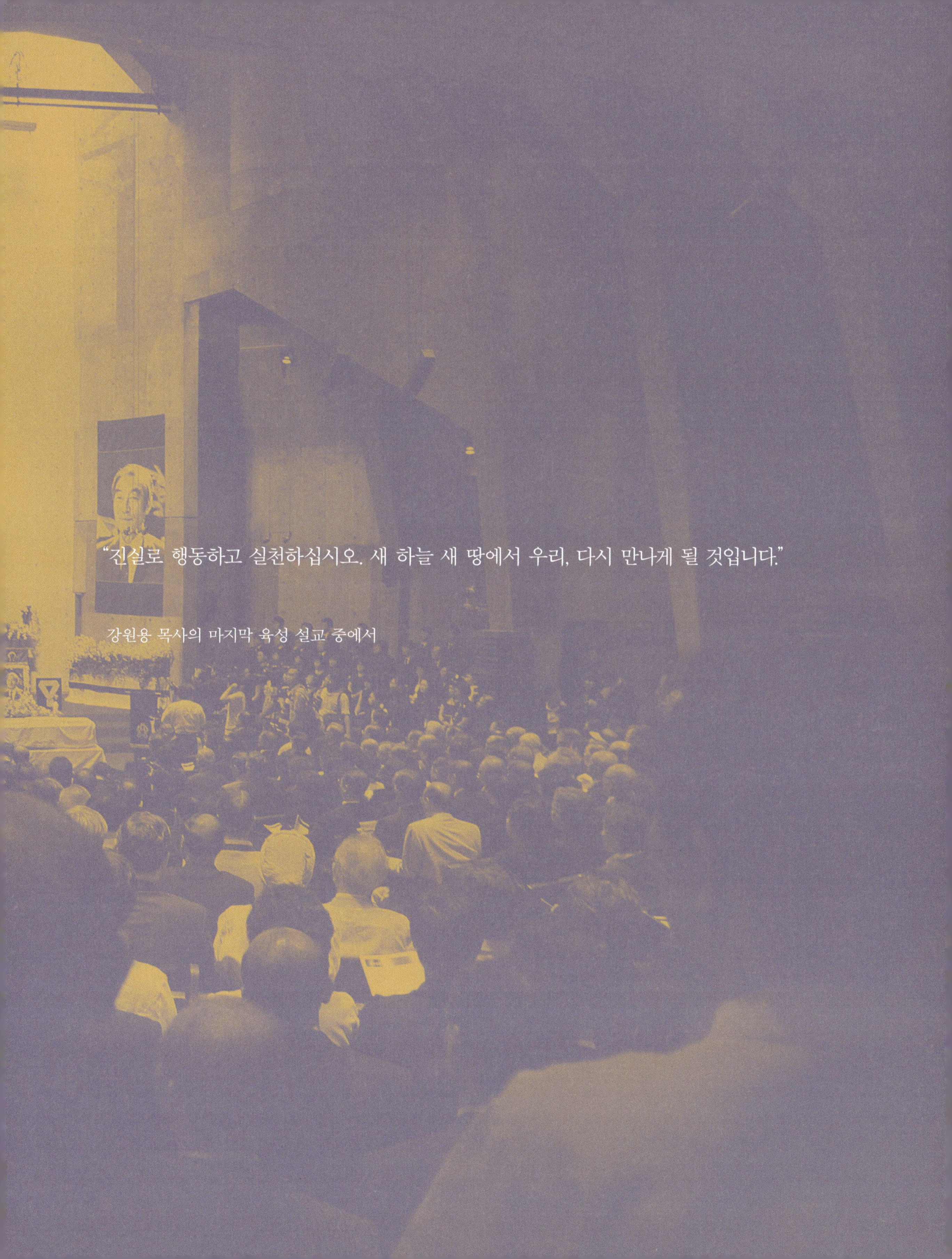

"진실로 행동하고 실천하십시오. 새 하늘 새 땅에서 우리, 다시 만나게 될 것입니다."

강원용 목사의 마지막 육성 설교 중에서

弔
대통령 노무현

목사님, 그곳 하늘나라에서는 목사님이 평생토록 마음을 다하고 힘을 다하여 사랑하신 하느님을 얼굴과 얼굴을 마주하듯 뵈옵고 계시겠지요. 그 하느님께 우리를 위하여 빌어주십시오. (…) 그토록 세상을 사랑하신 그 그리스도께, 이 땅, 이 겨레를 위해 기도해주십시오.

2006년 8월 21일, 추기경 김수환

여해 강원용 가시다. 아직도 우리는 햇빛이 뜨거운 대낮과 춥고 어두운 한밤이 지배하는 극단의 사막을 건너고 있는 중이다. 이제 어디에서 그 서늘한 구름기둥과 방향을 밝히는 불기둥을 볼 것인가. 하지만 너무 걱정하지 말자. 대화의 힘은 산 자와 죽은 자의 벽도 넘는다.

2006년 8월 18일, 이화여대 명예교수 이어령

목사님
당신은 그런 분이셨습니다.
사람 없는 대지에 홀로 우뚝 서 잃어버린
민족의 북두를 가리키신 분입니다.

그것은 삭풍의 땅, 북간도의 밤길을 홀로
뚜벅뚜벅 걸어오신 혼돈적 질서요,
혼돈 그 나름의 길이었습니다.
그것이 또한 다름 아닌 바람과 물의
길이었습니다.

목사님
하늘이 흐립니다.
하늘만큼 땅도 흐리고 사람은 더욱 흐립니다.
서러움이 아닌 한줄기 그리움입니다.

2006년 8월 20일, 시인 김지하

가난한 성직자, 따뜻한 스승, 여성주의자, 평화주의자 우리 목사님.
비록 부족하지만 목사님의 유업을 깨닫고 있는 많은 '작은 강원용'이 있으므로
이제 목사님의 관심과 과제를 내려놓으시고 편히 가십시오.

2006년 8월 18일, 전 이화여대 총장 신인령

"죽음은 그 자체가 슬픈 것이 아니고, 그 사람을 다시 만나지 못하는 것 자체가 슬픔이다"라고 하신 말씀과 아홉 살 어린 나이에 목사님과 이별했던 어린 대영이가 유난히 보고 싶다고 하셨던 목사님. 저희는 이 세상 어디에서도 만날 수 없는 어버이 같은 목사님을 모실 수 있어 행복했습니다. 떠나셨음에도 항상 우리 곁에 계실 것을 굳게 믿습니다.

2006년 8월 21일, 경동교회 박대희·이온표 집사

목사님이 돌아가시기 전날 아주 깊은 밤, 아카데미의 전 현직 스태프인 이은희, 남궁명, 강영숙 세 사람이 목사님을 뵈었다. 남궁명이 목사님께 말했다. 목사님 빨리 일어나세요. 목사님이 좋아하시는 은희와 영숙이가 왔어요. 목사님이 큰 목소리로 꾸짖는 것 같았다. 밤중에 왜 왔니? 이은희는 목사님의 손을 잡았고 남궁명은 목사님의 눈가를 닦았다. 그리고 강영숙은 목사님의 발을 잡았다. 목사님이 위독하다는 소식을 들은 모든 분들이 목사님의 몸 어딘가를 꼭 잡아드리고 싶었을 것이다. 꿈과 같은 일이었다. (…) 목사님이 가시고 선선한 저녁 숲에서 귀뚜라미가 울고 있다. 더위가 조금만 덜했다면, 조금만 기운을 내셨다면 금세 이렇게 선선해지는 가을을 맞이하셨을 것이다. 목사님이 평소 아끼던 어느 선생님의 말씀처럼 '목사님을 위한 마지막 프로그램'은 이제 끝이 났다. 어떤 핑계도 소용이 없다. 목사님은 실천하라고 말씀하신다. 그 모든 것이 더없이 우리들의 몫이다.

2006년 9월, 소설가 강영숙

우리는 어찌할 수 없는
이 암흑과 절망 속에서라도
부활하신 주님을 똑바로 바라보면서
증오에는 사랑으로,
억압에는 자유로,
불의에는 정의로, 도전할 것이다.
죽음과 생명,
억압과 자유,
패배와 승리의 갈림길에 서서
우리는 생명과 자유와 승리를
우리 것으로 삼아야겠기에
역설적으로
죽음의 길과 억압받는 길과
패배의 길을 걷고자 하는 것이다.
우리가 잠잠하면
돌들이 소리를 지르리라.

강원용

DANGER
KEEP CLEAR

여해 강원용 목사(1917~2006)

학력

이화여자대학교 문학 명예박사

원광대학교 철학 명예박사

매니토바 대학교 신학 명예박사

뉴욕 뉴스쿨 대학교 대학원 사회학 석사

미국 뉴욕 유니언 신학교 대학원 기독교사회윤리학 석사

캐나다 매니토바 대학교 조직신학 학사

한신대학교 신학 학사

일본 도쿄 메이지 학원 영문학부

만주 용정 은진중학교

경력

2000~2006	평화포럼 이사장
2004	재단법인 실업극복국민재단 이사장
2000~2006	대화문화아카데미 명예이사장
1998~2000	통일부 통일고문회의 의장
1998	대통령자문기구 방송개혁위원회 위원장
1998	실업극복국민운동위원회 공동위원장
1996~2000	크리스찬아카데미 이사장
1994	세계종교인평화회의 공동의장
1988~1991	방송위원회 위원장
1987~1988	서울올림픽 문화예술추진위원회 위원장
1986~2006	경동교회 명예목사
1973~1977	아시아기독교협의회 회장
1972	세계 기독교사회운동기관협의회 회장

1970~1974	아시아 기독교사회운동기관협의회 회장
1968~1975	세계기독교교회협의회 중앙위원
1968~1973	아시아기독교교회협의회 부회장
1965~1967	한국종교인협회 회장
1965	한국기독교장로회총회 회장
1965	한국기독교연합회 회장
1961~1966	방송윤리위원회 위원장
1949~1986	경동교회 목사
1946~1953	한국기독교연합회 청년부 간사
1946	좌우합작위원회 위원

상훈

모란장(사회교육 공로) 1969. 12. 5

동백장(사회교육 공로) 1972. 10

청룡장(올림픽 공헌) 1988.

한신상 1997. 4. 17

니와노 평화상 2000. 5. 12

만해 평화상 2002. 6. 5

국민훈장 무궁화장 2006. 8

감사드리며

이번에 제작된 강원용 목사의 사진집 『사이·너머 between & beyond-여해 강원용의 삶과 현대사의 발자취』가 출간되기까지 도움을 주신 모든 분들께 감사를 드립니다.

사진집 출간에 관한 아이디어를 내주시고 편집 방향을 세우는 일에 큰 도움을 주신 한신대 채수일 총장, 사진집의 기초 작업 단계에서 편집 방향의 구체적인 안을 만드는 일에 도움을 주신 김남석 목사, 인터뷰를 해주신 박경서 박사, 홍기선 교수께 감사를 드립니다.

이 사진집에 실린 청년 시절의 몇몇 사진은 강원용 목사도 생전에 본 적이 없는 것들로, 지난 30년간 간도 사료를 연구하고 수집해온 규암 김약연의 증손자 김재홍 선생의 수고에 힘입어 최근에 발견된 것입니다. 귀중한 사료를 선뜻 제공해주신 김재홍 선생께 특별한 감사를 드립니다.

또 경동교회 설립과 관련한 고 김수근 건축가의 드로잉 사진을 제공해주신 공간 그룹SPACE GROUP에도 큰 감사를 드립니다. 아울러 사진 정리 작업 공간을 제공해주시고 사진 자료도 제공해주시는 등 물심양면으로 큰 도움을 주신 경동교회와 박종화 목사께 감사드립니다.

무엇보다 사진 한장 한장, 묻은 먼지를 닦고 매만지는 일에서부터 사진 작업의 전 과정을 꾸준히 뒷받침해준 김훈 님의 노고가 컸습니다. 사진집을 만드는 작업에 동참하면서 강원용 목사와 처음 만난 한신대 신학과 대학원생들인 차은혜, 권영림, 김용훈, 심민정 님께도 고마움을 전합니다.

이 모든 준비에도 불구하고 안상수 님의 도움이 없었더라면 저희는 이 사진집을 출판할 수 없었을 것입니다. 사진집을 높은 격의 작품으로 만들어주신 안상수 님께 마음 깊은 곳으로부터 감사의 뜻을 전합니다. 또 정성스럽게 책을 만들어주신 디자이너 신혜정 님께도 큰 감사를 드립니다.

마지막으로 이 사진집을 출간할 수 있도록 재정적 후원을 해주신 후원회원 여러분들께 진심으로 감사드립니다.

2011. 12. 1

여해와 함께

사진집 발간을 후원해주신 분들

*가나다순

강구한
강근송
강대희
강문규
강승
강신용
강신자
강영숙
故 강원용(강대인)
강형용
강혜숙
강혜자, 강혜원
강혜정
고건
故 고범서
곽병선
국혜자
권인혁
김경래
김경재
김광명
김광영
김근화
김남석
김동성
김명자
故 김명주
김문환
김범일
김봉기
김삼규
김상진, 고순희
김선욱
김성재
김수
김수학
김순옥
김시은
김영관
김영화
김옥라
김완숙
김용기
김용태
김용호
김융희
김이곤
김인규
김일영
김재희
김정례
故 김정순
김정후
김종화, 황영자
김철재
김춘자
김학천
김현자
김형규
김형문
김혜경
나영수
나윤선
남재희
노복미
노정자
동훈
류민자
문경란
박경서
박남표
박명남
박무용
박수길
박영숙
박유희
박은정
박재윤
박재하
박정숙
박청수
박현진
박형기
박홍섭
배정희
백남례
법륜
서명선
서정도
소흥렬
손용석
손창욱
송영자
송월주
신낙균
신익호
신인령
신필균
심영철
양일선
안덕균
안병찬, 이정자
안재웅
안혜초
양승인
양종회
어경택
오재식
오정림
오현주
원불교청수나눔실천
유순형, 김정애

윤응진
윤호미
윤후정
이강백
이강태
이경자
이계경
이광애
이광택
이근배
이기래
이동석
이명철, 강혜금
이범준
이부영
이삼열
이상만
이상화
이선종
이승신
이신행
이어령
이영순
이영일
이영희
이우재
이윤
이은애
이은희
이인호
이정숙
이정희
이종덕
이주원
이김현숙
이현숙
이혜경
이홍구
이화수
이회환
임연철
임종률, 차옥혜
장도송
장우주
장춘자
장필화
전덕기
전용준
전팔근
전혜숙
정갑영
정동기
정동수
정숙자
정숙화
정승일
정용근
정원식
정윤식
정의숙
정지강
정진위
정현백
조규영
조두금
조영미
죽산상철
진민자
차명희
차미경
채문경
채수일
최근덕
최동한
최문자
최순영
최승태
최일선
최재승
최정옥
최종학
최준식
최진옥
한명숙
한송죽
함청숙
허영환
형난옥
홍기선
홍성혜
무명
경동교회
기독교백주년기념사업협의회
수유회
실업극복국민재단
한신대학교

2006. 12. 1 ~ 2011. 7. 31